基础单词

3500,

学1个会3个

王全民 编著

江苏凤凰科学技术出版社 · 南京

图书在版编目（CIP）数据

基础单词3500，学1个会3个 / 王全民编著. — 南京:
江苏凤凰科学技术出版社, 2023.2
ISBN 978-7-5713-2991-4

Ⅰ.①基… Ⅱ.①王… Ⅲ.①英语—词汇—自学参考
资料 Ⅳ.①H313

中国版本图书馆CIP数据核字(2022)第094617号

基础单词3500，学1个会3个

编　　　著	王全民	
责 任 编 辑	祝　萍	
责 任 校 对	仲　敏	
责 任 监 制	方　晨	

出 版 发 行	江苏凤凰科学技术出版社
出版社地址	南京市湖南路1号A楼，邮编：210009
出版社网址	http://www.pspress.cn
印　　　刷	河南瑞之光印刷股份有限公司

开　　　本	718 mm×1 000 mm　1/16
印　　　张	16
字　　　数	154 000
版　　　次	2023年2月第1版
印　　　次	2023年2月第1次印刷

标 准 书 号	ISBN 978-7-5713-2991-4
定　　　价	68.00元

图书如有印装质量问题，可随时向我社印务部调换。

前言 Preface

对于众多英语学习者来说，学习过程中最重要、最困难的部分就是单词。英语语言中的大量单词非常不利于我们记忆，就算当时记住了，很快又会忘记。如果说学习英语就像是盖房子，那么单词既是地基也是砖块，学好英语必须掌握足够的词汇量以便支撑起房子。鉴于英语单词的重要性和记忆单词的困难性，我们特别编写了这本书，以帮助众多英语学习者攻克英语单词这一难关。

首先，本书选取的词汇是英语词汇中最核心的，也是最常用的 3500 个单词。学好这 3500 个单词后，不管是日常英语口语交流，还是各类英语考试中的阅读和写作，都将不再是问题。其次，和常见的按字母表顺序排列的单词书不同，本书是按照单词的结构，把含有相同结构的单词归纳到一起；记住一个结构、一个单词的同时，还能够举一反三，甚至举一反多，记住多个单词。这样不仅避免了以往那些刻板繁琐的学习方法，而且能够帮助学习者以单词为中心，学会一些基本句型和单词的应用。最后，本书把含有相同结构的单词通过一个句子串联起来，这样做既能够极大地帮助英语学习者记忆单词，又有助于学习者了解单词在句子中该如何使用，可谓是一石二鸟。

站在英语学习者的角度，直面其在学习过程中面临的困难和需要，立体提供一揽子方案，是作者的追求。相信本书一定会对你的学习产生很大的帮助。

1

使用说明 User's Guide

1. 词汇丰富，满足需求

本书涵盖了英语词汇中的 3500 个核心单词，能够满足日常交流、英语阅读和写作等各种需求，适合各类英语学习者。

-alm

-alm 结构：
calm [kɑːm] *adj.* 平静的；沉着的 *v.* 平静；（使）镇定
palm [pɑːm] *n.* 手掌；棕榈树；掌状物
realm [relm] *n.* 领域，范围；王国
psalm [sɑːm] *n.* 诗篇；圣歌

单词串联
In the realm of the sun, the palms

ambiguously [æm'...
清地；模棱两可地

单词串联
It's better not to...
ambitions. 最好不要...

ambi-

ambi- 结构：
ambition [æm'bɪʃn] *n.* 野心，雄心，抱负
ambitious [æm'bɪʃəs] *adj.* 野心勃勃的；有雄心的
ambitiously [æm'bɪʃəsli] *adv.* 雄心勃勃地；劲头十足地
ambitiousness [æm'bɪʃəsnɪs] *n.* 不凡的抱负；野心勃勃
ambiguity [æmbɪ'ɡjuːəti] *n.* 含糊；不明确；暧昧；模棱两可的话

顺从的 *v.* 驯服

单词串联
Winning the same ...
tame, and the fame ...
同一款游戏中获胜会...而名声也毫无用处。

2. 结构归类，轻松记忆

本书对具有相同结构的单词进行了系统的归类，有助于英语学习者根据单词的结构，举一反三，轻松记忆多个单词。

3. 单词串联，一句多词

通过把几个单词写进一个句子里面，有助于英语学习者借助一个句子记忆多个单词，同时又能了解单词的用法，一举两得。

ambi- 结构：
ambition [æm'bɪʃn] *n.* 野心，雄心，抱负
ambitious [æm'bɪʃəs] *adj.* 野心勃勃的；有雄心的
ambitiously [æm'bɪʃəsli] *adv.* 雄心勃勃地；劲头十足地
ambitiousness [æm'bɪʃəsnɪs] *n.* 不凡的抱负；野心勃勃
ambiguity [æmbɪ'ɡjuːəti] *n.* 含糊；不明确；暧昧；模棱两可的话
ambiguous [æm'bɪɡjuəs] *adj.* 模糊不清的；不明确的；引起歧义的

单词串联
Winning the same ...
tame, and the fame ...
同一款游戏中获胜...而名声也毫无用处。

frame [freɪm] *n.* 框架

psalm [sɑːm] *n.* 诗篇；圣歌

单词串联
In the realm of the sun, the palms sway with clam and joy. 在阳光的国度里，棕榈树平静且欢快地摇曳着。

-ame

-ame 结构：
fame [feɪm] *n.* 名声，声望
game [ɡeɪm] *n.* 游戏
same [seɪm] *adj.* 相同的事物或人 *adv.* 同样

4. 精美插图，辅助记忆

每单元的句子串联，都配有精美图片。图片加文字，让学习更加有趣。辅助记忆相关单词，加深英语学习者的记忆。

目录 Contents

A

able

able ['eɪbl] *adj.* 能够的；有才智的；有才能的

-able 结构：

unable [ʌn'eɪbl] *adj.* 没有所需技能的；不能够的

available [ə'veɪləbl] *adj.* 可获得的；有空的

portable ['pɔ:təbl] *adj.* 手提的；轻便的；便于携带的

valuable ['væljuəbl] *adj.* 有价值的；贵重的；值钱的

reasonable ['ri:znəbl] *adj.* 合理的；通情达理的

> **单词串联**
>
> These **portable** and **valuable** suitcases are **available** at a **reasonable** price. 这些轻便贵重的手提箱正在以合理的价格出售。

reliable [rɪ'laɪəbl] *adj.* 可靠的；可信赖的

enjoyable [ɪn'dʒɔɪəbl] *adj.* 快乐的；有乐趣的；令人愉快的

admirable ['ædmərəbl] *adj.* 令人钦佩的；极好的；值得赞扬的

believable [bɪ'li:vəbl] *adj.* 可信的

changeable ['tʃeɪndʒəbl] *adj.* 无常的；可改变的；易变的

comfortable ['kʌmftəbl] *adj.* 舒适的

uncomfortable [ʌn'kʌmftəbl] *adj.* 不舒服的；不安的

> **单词串联**
>
> Although he is **changeable**, he is **reliable**, and what he says is **believable** and **admirable**. 他虽然性情多变，但很可靠，他说的话也可信并令人钦佩。

ace

ace [eɪs] *n.* 佼佼者 *adj.* 一流的

-ace 结构：

mace [meɪs] *n.* 狼牙棒；权杖

peace [pi:s] *n.* 和平；平静

furnace ['fɜ:nɪs] *n.* 火炉，熔炉

menace ['menəs] *n./v.* 威胁；恐吓

单词串联

The **mace** beside the **furnace** is a **menace** for people who seeking for **peace**. 熔炉旁的权杖对寻求和平的人们来说是一个威胁。

-ach

-ach 结构：

attach [ə'tætʃ] *v.* （使）依附；贴上；系上；（使）依恋

detach [dɪ'tætʃ] *v.* 分离；派遣；使超然

spinach ['spɪnɪtʃ] *n.* 菠菜

stomach ['stʌmək] *n.* 胃；腹部；胃口

单词串联

A part of his **stomach** is **detached** from his body for he is over **attached** to **spinach**. 由于他太喜欢吃菠菜了，他的一部分胃被切除了。

ache

ache [eɪk] *n.* 疼痛 *v.* 痛

○ **身体部位名词 + ache 结构：**

headache ['hedeɪk] *n.* 头痛；麻烦；令人头痛之事

stomachache ['stʌməkeɪk] *n.* 腹痛；胃痛

toothache ['tu:θeɪk] *n.* 牙痛

单词串联

I don't **ache** for **toothache**, **headache** or **stomachache**. I **ache** for three acres of lands. 我不是渴望牙痛、头痛或胃痛。我渴望三英亩土地。

-acious

-acious 结构：

gracious ['greɪʃəs] *adj.* 亲切的；高尚的；和蔼的；雅致的

capacious [kə'peɪʃəs] *adj.* 宽敞的；广阔的；容积大的

audacious [ɔ:'deɪʃəs] *adj.* 无畏的，有冒险精神的；鲁莽的

单词串联

She is a **gracious** and **audacious** lady in this **capacious** world. 在这个广阔的世界里，她是一位亲切且无畏的女士。

-ack

sack [sæk] *n.* 麻布袋；洗劫 *v.* 解雇；把……装入袋；劫掠

jack [dʒæk] *n.* 千斤顶；[电] 插座

pack [pæk] *n.* 包装；一群；背包

unpack [ˌʌn'pæk] *v.* 打开包裹；分析

hijack ['haɪdʒæk] *v.* 劫持（尤指飞机）；操纵（会议等）

crack [kræk] *v.* 使破裂；将（谷物）粗磨；砸开 *n.* 裂缝；爆裂声

quack [kwæk] *n.* 鸭叫声；庸医；江湖骗子 *v.*（鸭子）嘎嘎叫

snack [snæk] *n.* 小吃；快餐；易办到的事

attack [ə'tæk] *n./v.* 攻击；抨击

> **单词串联**
>
> A man **hijacked** the plane, then took a **jack** out of his **pack** and **sacked** the passengers. 一名男子劫持了飞机，然后从包里拿出千斤顶，把乘客洗劫一空。
> A **quacking** duck **attacked** us for more **snacks.** 一只嘎嘎叫的鸭子袭击我们，为了得到更多的零食。

act

act [ækt] *v.* 行动；扮演（角色）；担任；假装 *n.* 行为；假装；（戏剧等的）幕；表演

action ['ækʃn] *n.* 行动；活动；功能；战斗；情节

active ['æktɪv] *adj.* 积极的；活跃的；主动的

actress ['æktrəs] *n.* 女演员

actor ['æktə(r)] *n.* 男演员

> **单词串联**
>
> The **actress** and the **actor act** with **active** attitude. 女演员和男演员以积极的态度表演。

fact [fækt] *n.* 事实；实际

react [rɪ'ækt] *v.* 反应，作出反应

overact [ˌəʊvər'ækt] *v.* 举止过火；表现做作；（尤指）过分夸张地表演

interact [ˌɪntər'ækt] *v.* 互相影响；互相作用

> **单词串联**
>
> Just **react** to the **fact** and don't **overact.** 只要对事实作出反应，不要表现过度。

-acy

lacy ['leɪsɪ] *adj.* 花边的；蕾丝的

3

legacy ['legəsɪ] *n.* 遗产；遗赠财物

delicacy ['delɪkəsɪ] *n.* 美味；微妙；精密；精美；敏锐

privacy ['prɪvəsɪ] *n.* 隐私；秘密；隐居

单词串联

This notebook containing the family **privacy** is a **legacy** from my grandma, so I always handle it with **delicacy**. 这个含有家族秘密的笔记本是我奶奶留下的遗物，所以我总是轻拿轻放。

-ade

-ade 结构：

fade [feɪd] *v.* 褪色；凋谢；逐渐消失

jade [dʒeɪd] *n.* 翡翠；[宝] 碧玉

wade [weɪd] *v.* 跋涉；涉水；费力行走

blade [bleɪd] *n.* 叶片；刀片；剑

shade [ʃeɪd] *n.* 树荫；阴影部分；遮阳物；百叶窗

decade ['dekeɪd] *n.* 十年；十

单词串联

A man, with a **blade**, **waded** for a **decade** to find the **fading jade** under the **shade**. 一个男人，拿着一把剑，涉水十年，在树荫下寻找褪色的玉石。

age

age [eɪdʒ] *n.* 年龄；时代 *v.* （使）成熟 / 变老

-age 结构：

cage [keɪdʒ] *n.* 笼；牢房 *v.* 把……关进笼子；把……囚禁起来

page [peɪdʒ] *n.* 页；时期；历史篇章

rage [reɪdʒ] *n.* 愤怒；狂暴，肆虐

wage [weɪdʒ] *n.* 工资；报酬

village ['vɪlɪdʒ] *n.* 村庄；村民；（动物的）群落

voyage ['vɔɪɪdʒ] *n.* 航行；航程；旅行记 *v.* 飞过；渡过；航行；航海

bandage ['bændɪdʒ] *n.* 绷带

cabbage ['kæbɪdʒ] *n.* 卷心菜，甘蓝菜，洋白菜

garbage ['gɑːbɪdʒ] *n.* 垃圾；废物

package ['pækɪdʒ] *n.* 包，包裹 *v.* 打包；将……包装

单词串联

People in this **village** put their **wage** in the **cage** and **voyaged** to the island with **rage**. 村民们把他们的报酬放进笼子里，并愤怒地航行去了那座岛屿。

We **package** the **bandage**, **cabbage** and **garbage** in one bag. 我们把绷带、卷心菜和垃圾装在一个袋子里。

(-arri)age 结构：

carriage ['kærɪdʒ] *n.* 运输；运费；四轮马车；车辆

marriage ['mærɪdʒ] *n.* 结婚；婚姻生活；密切结合

> **单词串联**
>
> They lead a happy **marriage** life in a **carriage**. 他们在马车里过着幸福的婚姻生活。

agen-

agen- 结构：

agency ['eɪdʒənsɪ] *n.* 代理，中介；代理处

agent ['eɪdʒənt] *n.* 代理人，代理商

agenda [ə'dʒendə] *n.* 议程；日常工作事项；日程表

> **单词串联**
>
> This **agency** made an **agenda** for each **agent**. 这个代理机构为每个代理人制定了日程表。

aid

aid [eɪd] *n./v.* 援助；帮助

aid- 结构：

aide [eɪd] *n.* 助手；副官

-aid 结构：

raid [reɪd] *n.* 突袭；搜捕；抢劫 v. 突袭

braid [breɪd] *n.* （装饰家具和军装的）彩色穗带；发辫

afraid [ə'freɪd] *adj.* 害怕的；担心的

> **单词串联**
>
> The **aide** who is afraid of being **raided** has long **braided** hair and likes to aid people. 那个害怕受到袭击的助手有长长的发辫并喜欢帮助别人。

ail

ail [eɪl] *v.* 困扰；使烦恼

-ail 结构：

bail [beɪl] *n.* 保释（人 / 金）v. 保释，帮助某人脱离困境

fail [feɪl] *n.* 失败，不及格；v. 不及格；使失望；忘记

jail [dʒeɪl] *n.* 监狱；监牢；拘留所

sail [seɪl] *v.* 航行；启航，开船

wail [weɪl] *v.* 哀悼某人 *n.* 哀号；悲叹；恸哭声

trail [treɪl] *n.* 足迹；（跟踪某人的）踪迹 v. 拖，拉；（尤指植物）蔓延；追踪

nail [neɪl] *n.* 指甲；钉子 v. 把……钉牢，固定；揭露

snail [sneɪl] *n.* 蜗牛

avail [ə'veɪl] *v.* 有助于；（使）对某人有利 *n.* 效用，利益

-ain

-ain 结构：

pain [peɪn] *n.* 疼痛；努力

vain [veɪn] *adj.* 徒劳的；自负的；无结果的；无用的

chain [tʃeɪn] *n.* 链；束缚；枷锁 *v.* 束缚；囚禁；用链条栓住

disdain [dɪs'deɪn] *n.* 蔑视 *v.* 鄙弃

villain ['vɪlən] *n.* 坏人；戏剧、小说中的反派角色

porcelain ['pɔːsəlɪn] *n.* 瓷；瓷器

> **单词串联**
>
> I **disdain** the **villain** who broke the **porcelain** and was **chained** in **pain**, but still struggled in **vain**. 我鄙视那个打碎了瓷器，被痛苦地锁住，却仍然徒劳挣扎的恶棍。

air

air [eə(r)] *n.* 空气，大气 *v.*（使）通风，晾干

-air 结构：

hair [heə(r)] *n.* 头发；毛发

stair [steə(r)] *n.* 楼梯，阶梯

chair [tʃeə(r)] *n.* 椅子；讲座；（会议的）主席位；大学教授的职位

wheelchair ['wiːltʃeə(r)] *n.* 轮椅

> **单词串联**
>
> Under the **stairs** are a **chair** and a **wheelchair**, on which there is some cat **hair**. 楼梯下面的椅子和轮椅上有一些猫毛。

-ait

-ait 结构：

bait [beɪt] *n.* 饵；诱饵；诱惑物

wait [weɪt] *v.* 等候；伺候用餐 *n.* 等待

await [ə'weɪt] *v.* 等候；期待

trait [treɪt] *n.* 特点；品质

portrait ['pɔːtreɪt] *n.* 肖像；描写；半身雕塑像

> **单词串联**
>
> The **portrait** whose **trait** is like a **bait** **awaits** people who want it. 这幅肖像的品质就像一个诱饵，等待着想要它的人。

-ake

bake [beɪk] *v.* 烤，烘焙

cake [keɪk] *n.* 蛋糕

fake [feɪk] *adj.* 假的 *n.* 假货；冒充者；*v.* 伪造；假装

lake [leɪk] *n.* 湖

make [meɪk] *v.* 使得；进行；布置，准备，整理；制造

sake [seɪk] *n.* 目的；利益；理由

wake [weɪk] *v.* 唤醒；醒来

awake [ə'weɪk] *adj.* 醒着的 *v.* 觉醒，意识到；使醒来

shake [ʃeɪk] *v.* 动摇；握手；发抖 *n.* 摇动；哆嗦

snake [sneɪk] *n.* 蛇

quake [kweɪk] *v.* （因恐惧或紧张）发抖，哆嗦；（大地、建筑物等）震动，摇晃

brake [breɪk] *n.* 刹车；阻碍（物）*v.* 刹车；阻碍

drake [dreɪk] *n.* 公鸭

单词串联

Let's **bake** a **fake cake** by the **lake** and **make** people surprised. 我们在湖边烤一个假蛋糕，让大家大吃一惊。

For your own **sake**, can you not **wake** somebody who doesn't want to be **awake**? 为了你自己，你能不能别去叫醒不想醒来的人？

He, on seeing a **drake shaking** in front of a **snake**, slammed on the **brake** and **shaked**. 他看见一只公鸭在一条蛇面前颤抖着，就猛踩刹车，身子也直抖。

ale

ale [eɪl] *n.* 麦芽酒

gale [geɪl] *n.* （气象）大风；（突发的）一阵；微风

pale [peɪl] *adj.* 苍白的；无力的；暗淡的

sale [seɪl] *n.* 销售；销售活动；拍卖；销售额；廉价出售

tale [teɪl] *n.* 故事；传说；叙述

Yale [jeɪl] *n.* （美）耶鲁大学

male [meɪl] *adj.* 男性的；雄性的 *n.* 男人；雄性动物

female ['fi:meɪl] *adj.* 女性的；雌性的 *n.* 女人；雌性动物

scale [skeɪl] *n.* 规模；等级；等级体系；刻度；比例

finale [fɪ'nɑ:lɪ] *n.* 结局；终曲；最后一场；尾声

单词串联

The **pale** salesman made up a **tale** of **gale** to increase his **sale** of **ale**. 这位面色苍白的推销员编造了一个关于大风的故事来增加他的麦芽酒销量。

The **scale** of **female** students and **male** students in **Yale** is even. 耶鲁大学男女学生的比例相当。

-alf

-alf 结构:

calf [kɑːf] *n.* 小腿；小牛；（象、鲸等的）崽，幼兽

half [hɑːf] *n.* 一半；半场 *adv.* 一半地；部分地

behalf [bɪˈhɑːf] *n.* 代表；利益

> **单词串联**
>
> On farmers' **behalf**, they should have more than **half** of the cow **calves**. 为了农民的利益，他们应该拥有一半以上的小牛。

-alk

-alk 结构:

talk [tɔːk] *v./n.* 说话；谈论；谈心；谈判

stalk [stɔːk] *n.* （植物的）茎，秆 *v.* 追踪；偷偷接近

chalk [tʃɔːk] *n.* 粉笔

> **单词串联**
>
> The man, who carried a stick of **chalk**, **stalked** me and tried to **talk** to me. 那个带着一根粉笔的男人跟踪我，还想跟我说话。

all

all [ɔːl] *det.* 所有；全部 *pron.* 所有；一切 *adv.* 完全；十分

all- 结构:

allow [əˈlaʊ] *v.* 允许；给予

allocate [ˈæləkeɪt] *v.* 分配；划拨；指定

> **单词串联**
>
> **All** students are **allowed** to **allocate** their spare time on their own. 所有的学生都可以自行分配课余时间。

-all 结构:

call [kɔːl] *v.* 呼叫；拜访；称呼；召集 *n.* 电话；呼叫；要求

recall [rɪˈkɔːl] *v.* 召回；回想起 *n.* 记忆；召回令

hall [hɔːl] *n.* 过道，走廊；门厅；会堂，大厅

shall [ʃæl] *aux.* 应；会；将；必须

mall [mɔːl] *n.* 商场，购物广场；步行商业区

small [smɔːl] *adj.* 少的，小的；微弱的；不重要的；幼小的

tall [tɔːl] *adj.* 高的；有……高的

wall [wɔːl] *n.* 墙壁，围墙

> **单词串联**
>
> **Call** the man who is on the other side of the **tall wall** in the **hall**. 打电话给大厅高墙另一边的那个人。
>
> I **shall recall** a **small mall** that I used to go. 我会回想起我过去常去的一个小商场。

-alm

-alm 结构：

calm [kɑːm] *adj.* 平静的；沉着的 *v.* 平静；（使）镇定

palm [pɑːm] *n.* 手掌；棕榈树；掌状物

realm [relm] *n.* 领域，范围；王国

psalm [sɑːm] *n.* 诗篇；圣歌

单词串联

In the **realm** of the sun, the **palms** sway with **clam** and joy. 在阳光的国度里，棕榈树平静且欢快地摇曳着。

ambi-

ambi- 结构：

ambition [æm'bɪʃn] *n.* 野心，雄心，抱负

ambitious [æm'bɪʃəs] *adj.* 野心勃勃的；有雄心的

ambitiously [æm'bɪʃəslɪ] *adv.* 雄心勃勃地；劲头十足地

ambitiousness [æm'bɪʃəsnɪs] *n.* 不凡的抱负；野心勃勃

ambiguity [ˌæmbɪ'gjuːətɪ] *n.* 含糊；不明确；暧昧；模棱两可的话

ambiguous [æm'bɪgjuəs] *adj.* 模糊不清的；不明确的；引起歧义的

ambiguously [æm'bɪgjuəslɪ] *adv.* 含糊不清地；模棱两可地

单词串联

It's better not to have **ambiguous ambitions.** 最好不要有模棱两可的野心。

-ame

-ame 结构：

fame [feɪm] *n.* 名声，名望；传闻

game [geɪm] *n.* 游戏；比赛；猎物

same [seɪm] *adj.* 相同的；同一的 *pron.* 同样的事物或人 *adv.* 同样地

tame [teɪm] *adj.* 驯服的；平淡的；乏味的；顺从的 *v.* 驯服

单词串联

Winning the **same game** feels pretty **tame**, and the **fame** is of no use. 在同一款游戏中获胜会让人觉得很平淡，而名声也毫无用处。

frame [freɪm] *n.* 框架；结构；眼镜框

shame [ʃeɪm] *n.* 羞耻，羞愧；憾事，羞耻

心 *v.* 使丢脸，使羞愧

madame ['mædəm] *n.* （用于已婚女士）夫人，太太

The generosity of the madame who has a large frame puts me to shame. 这位身形较大的太太的慷慨使我感到羞愧。

-amp

-amp 结构：

damp [dæmp] *adj.* 潮湿的 *n.* 潮湿 *v.* （使）潮湿

lamp [læmp] *n.* 灯；照射器

cramp [kræmp] *n.* 痉挛，绞痛 *v.* 束缚，限制

tramp [træmp] *n.* 流浪汉；流浪乞丐；长途步行；徒步旅行

stamp [stæmp] *n.* 邮票；印记；标志；跺脚 *v.* 跺脚；盖章于……

swamp [swɒmp] *n.* 沼泽，低地，水洼；湿地

A tramp had a cramp and found a stamp in the damp swamp.

一个流浪汉突然身体抽筋，随后在潮湿的沼泽里发现了一张邮票。

-ance

➡ **-ance** 作为名词后缀，表示"动作，过程"：

advance [əd'vɑːns] *n.* 发展；前进；预付款 *adj.* 预先的；先行的

performance [pə'fɔːməns] *n.* 性能；表演；表现

-ance 结构：

chance [tʃɑːns] *n.* 机会；运气；可能性

finance ['faɪnæns] *n.* 财政；金融 *v.* 供给……经费

allowance [ə'laʊəns] *n.* 津贴，零用钱；限额

significance [sɪg'nɪfɪkəns] *n.* 意义；重要性；意思

Your chance of getting more allowance depends on your performance and your mother's finance situation. 你获得更多零用钱的可能性取决于你的表现和你母亲的经济状况。

and

and [ænd] *conj.* 和，与；就；而且；然后

-and 结构：

wand [wɒnd] *n.* 魔杖；棒；权杖

band [bænd] *n.* 带，环；（物）波段；（演奏流行音乐的）乐队

husband ['hʌzbənd] *n.* 丈夫

expand [ɪk'spænd] *v.* 扩张；使膨胀；详述

demand [dɪ'mɑːnd] *n.* 要求；需求 *v.* 强烈要求；需要；逼问

> **单词串联**
>
> Her **husband demands** to buy a **wand** and watch the music **band**. 她的丈夫要求买一根魔杖，然后去看乐队表演。

-ane-

ane- 结构：

anemia [ə'niːmɪə] *n.* 贫血；贫血症

-ane 结构：

lane [leɪn] *n.* 小巷；（航）（水运）航线；车道

pane [peɪn] *n.* 窗格；边；面；窗格玻璃

sane [seɪn] *adj.* 健全的；理智的；神志正常的

insane [ɪn'seɪn] *adj.* 疯狂的；精神病的；极愚蠢的

> **单词串联**
>
> The person walking down the **lane** is **insane** and has **anemia**. 走在小巷子里的这个人精神不正常，且患有贫血症。

-ang-

ang- 结构：

angle ['æŋgl] *n.* 角，角度；视角；立场

angry ['æŋgrɪ] *adj.* 生气的；愤怒的；发怒的；狂暴的

angel ['eɪndʒl] *n.* 天使；守护神

> **单词串联**
>
> Seen from this **angle**, the **angel** appears **angry**. 从这个角度看，天使显得很生气。

-ang 结构：

bang [bæŋ] *n.* 刘海；重击；突然巨响

fang [fæŋ] *n.* （犬，狼等的）尖牙；（解剖）牙根；（毒蛇的）毒牙

gang [gæŋ] *n.* 群；一伙；一组

hang [hæŋ] *v.* 悬挂，垂下；装饰；绞死；使悬而未决

pang [pæŋ] *n.* （肉体上）剧痛；苦闷；（精神上）一阵极度的痛苦

> **单词串联**
>
> A **gang** of teens, wearing necklaces made of **fangs** and having thick **bangs**, seem in the **pangs** of hunger. 一群戴着尖牙做的项链、留着浓密刘海的青少年好像在挨饿。

-ank

tank [tæŋk] *n.* （存放液体或气体的）箱，罐，缸；一箱（或一桶）的量；坦克

blank [blæŋk] *adj.* 空白的；空虚的；单调的；茫然的

thank [θæŋk] *v./n./int.* 谢谢，感谢

单词串联

Thank you for filling the **blank** label on the **tank**. 谢谢你填写油箱上的空白标签。

ann-

ann- 结构：

annoy [əˈnɔɪ] *v.* 骚扰；惹恼；打搅

➔ **ann 作为词根，表示"年，一年"：**

annual [ˈænjuəl] *adj.* 年度的；每年的 *n.* 年刊；一年生植物

annually [ˈænjuəlɪ] *adv.* 每年；全年；一年一次

anniversary [ˌænɪˈvɜːsərɪ] *n.* 周年纪念日

单词串联

It **annoys** me when he **annually** forgets our **annual anniversary**. 他每年都忘记我们的周年纪念日，我很生气。

ant

ant [ænt] *n.* 蚂蚁

-ant 结构：

elegant [ˈelɪɡənt] *adj.* 高雅的，优雅的

arrogant [ˈærəɡənt] *adj.* 自大的，傲慢的；妄自尊大的

infant [ˈɪnfənt] *n.* 婴儿；幼儿；未成年人；初学者

elephant [ˈelɪfənt] *n.* 象

relevant [ˈreləvənt] *adj.* 紧密相关的；切题的；有价值的；有意义的

单词串联

An **ant** and an **infant** are **arrogant** in front of an **elegant elephant**. 一只蚂蚁和一个婴儿在一头优雅的大象面前傲慢自大。

The servant has **relevant** working experience. 这名仆人有相关的工作经验。

-antic-

antic- 结构：

anticipate [ænˈtɪsɪpeɪt] *v.* 预料，预期；预见，预计

-antic 结构：

frantic [ˈfræntɪk] *adj.* 狂乱的，疯狂的；心烦意乱的

gigantic [dʒaɪˈɡæntɪk] *adj.* 巨大的，庞大的

romantic [rəʊˈmæntɪk] *adj.* 浪漫的；多情的 *n.* 浪漫的人

I **anticipate** that there will be a **gigantic** and **frantic** monster in this **romantic** scene. 我预计在这浪漫的场景中会有一个巨大而疯狂的怪物。

any

any [ˈenɪ] *det.* 任何的；任一 *pron.* 任何数量；任一 *adv.* 一点也（不），丝毫

any- 结构：

anyone [ˈenɪwʌn] *pron.* 任何人；某个人；（没有）一个人

anything [ˈenɪθɪŋ] *pron.* 任何东西，任何事物；无论什么东西

anywhere [ˈenɪweə(r)] *adv.* 在任何地方；无论何处

anyway [ˈenɪweɪ] *adv.* 无论如何，不管怎样；总之

-any 结构：

many [ˈmenɪ] *det.* 许多 *pron.* 许多；许多人 *adj.* 许多的

Germany [ˈdʒɜːmənɪ] *n.* 德国

Anyway, many people in **Germany** think that you can be **anyone**, go **anywhere** and do **anything**. 总之，许多德国人认为你可以成为任何人、在任何地方、做任何事。

ape

ape [eɪp] *n.* 猿 *v.* 模仿

-ape 结构：

cape [keɪp] *n.* 海角，岬；披肩

rape [reɪp] *n./v.* 强奸，掠夺

nape [neɪp] *n.* 颈背；项

tape [teɪp] *n.* 胶带；磁带；带子

videotape [ˈvɪdɪəʊteɪp] *n.* 录像带

shape [ʃeɪp] *n.* 形状；模型；身材

grape [ɡreɪp] *n.* 葡萄；葡萄酒

scrape [skreɪp] *v.* 用工具刮；刮掉；擦伤 *n.* 刮掉；擦痕；刮擦声

The **apes** in the **videotape** wear **capes** and have beautiful **napes**. 录像带里的猩猩都披着斗篷，且有着漂亮的颈背。
The heart-**shaped** bottle that contains **grape** wine has some **scrapes** on it. 这个装葡萄酒的心形瓶子上有一些刮痕。

appro-

appro- 结构：

approve [ə'pru:v] *v.* 同意，赞成；批准

approval [ə'pru:vl] *n.* 批准；认可；赞成；审核；审批

appropriate [ə'prəupriət] *adj.* 合适的，相称的

单词串联

It's not **appropriate** for you to **approve** of anything, because we need to win your father's **approval**. 你不应该赞成任何事，因为我们需要赢得你父亲的同意。

-ar

-ar 结构：

bar [bɑ:(r)] *n.* 条，棒；酒吧；障碍；法庭 *v.* 禁止；阻拦

car [kɑ:(r)] *n.* 汽车；火车车厢

far [fɑ:(r)] *adv.* 很；遥远地；久远地 *adj.* 远的；久远的

war [wɔ:(r)] *n.* 战争；军事；冲突

cigar [sɪ'gɑ:(r)] *n.* 雪茄

pillar ['pɪlə(r)] *n.* 柱子，柱形物；栋梁；墩

单词串联

A man with a **cigar** in hand, coming out of the **bar**, leans on a **pillar** and waits for a **car**. 一个手里拿着雪茄的男人从酒吧出来，靠在一根柱子上等车。

arch

arch [ɑ:tʃ] *n.* 拱形；拱门

arch- 结构：

architect ['ɑ:kɪtekt] *n.* 建筑师，设计师；缔造者

architecture ['ɑ:kɪtektʃə(r)] *n.* 建筑学；建筑风格

archaeology [,ɑ:kɪ'ɒlədʒɪ] *n.* 考古学

archaeologist [,ɑ:kɪ'ɒlədʒɪst] *n.* 考古学家；考古学者

单词串联

Mr. **Arch** is an **architect** and studies **archaeology** at the same time. 阿奇先生是一名建筑师，同时还研究考古学。

-arch 结构：

March [mɑ:tʃ] *n.* 三月

march [mɑ:tʃ] *n./v.* 行进；行军

search [sɜ:tʃ] *n./v.* 搜索；调查

research [rɪ'sɜ:tʃ] *n./v.* 研究；调查

单词串联

The **archaeologists** shouldn't **march** to the desert to do **research** in **March**. 考古学家们不应该在三月份到沙漠去做研究。

-ard-

ard- 结构：

ardor ['ɑːdə] *n.* 热情；狂热；灼热

ardent ['ɑːdnt] *adj.* 热情的；热心的；激烈的

arduous ['ɑːdʒuəs] *adj.* 努力的；费力的

> **单词串联**
>
> He is **arduous** in learning Chinese, with **ardent ardor**. 他以炽热的热情，勤奋地学习汉语。

-ard 结构：

hard [hɑːd] *adj.* 硬的；困难的；努力的；*adv.* 努力地；严重地

heard [hɜːd] *v.* 听到（hear 的过去式和过去分词）；闻知

regard [rɪˈgɑːd] *n.* 尊重；问候；凝视 *v.* 注重；看待；尊敬；把……看作

disregard [ˌdɪsrɪˈgɑːd] *v./n.* 忽视，无视，不尊重

billiard ['bɪlɪəd] *n.* 台球，桌球

orchard ['ɔːtʃəd] *n.* 果园；果树林

drunkard ['drʌŋkəd] *n.* 酒鬼，醉汉

> **单词串联**
>
> I **heard** that you had been trying **hard** to **disregard** the fact that he was a **drunkard**. 我听说你一直努力不去理会他是个酒鬼这一事实。

Is it true that you **regard** the **billiard** game more important than your **orchard**? 你真的把台球比赛看得比你的果园还重要吗？

are

are [ɑː(r)] *v.* 是（be 的第二人称复数现在式）

are- 结构：

area ['eərɪə] *n.* 区域，地区；面积；范围；储存区

-are 结构：

bare [beə(r)] *adj.* 空的；赤裸的，无遮蔽的

rare [reə(r)] *adj.* 稀有的；稀薄的；半熟的；罕见的

dare [deə(r)] *v.* 胆敢；激（某人做某事）

stare [steə(r)] *v./n.* 凝视；注视

care [keə(r)] *v./n.* 照顾；关心；喜爱

scare [skeə(r)] *v.* （使）害怕；受惊吓；吓跑 *n.* 恐惧；惊吓

hare [heə(r)] *n.* 野兔

share [ʃeə(r)] *v.* 分享；分配；分担 *n.* 份额；股份；责任

glare [gleə(r)] *v./n.* 怒目而视；（发出）刺眼的光

declare [dɪˈkleə(r)] *v.* 宣布，声明；断言，宣称

square [skweə(r)] *adj.* 平方的；正方形的；公平的 *n.* 平方；广场；正方形

mare [meə] *n.* 母马 / 驴

nightmare ['naɪtmeə(r)] *n.* 恶梦，噩梦；可怕的事

Don't you **dare**, with your **bare** eyes, **glare** at the one who has **rare hares**. 你竟敢用你赤裸裸的眼睛瞪着那个有稀有野兔的人。

It **scares** me when I am **aware** of your **stare**. 当我意识到你盯着我看时，我很害怕。

Do you **care** about my **spare share**? 你在意我的额外的股份吗？

He **declares** that the fare for this **square** car is too expensive. 他声称这辆方形汽车的票价太贵了。

-arf

-arf 结构：

scarf [skɑːf] *n.* 围巾

dwarf [dwɔːf] *n.* 侏儒，矮子

wharf [wɔːf] *n.* 码头；停泊处

The man wearing a **scarf** is going to the **wharf** to meet a **dwarf**. 这个戴围巾的男人正赶往码头去见一个小矮人。

-arge

-arge 结构：

large [lɑːdʒ] *adj.* 大的；多数的

enlarge [ɪnˈlɑːdʒ] *v.* 扩大；放大；详述

charge [tʃɑːdʒ] *n.* 费用；电荷；掌管；控告；命令 *v.* 使充电；使承担；指责

discharge [dɪsˈtʃɑːdʒ] *v.* 准许离开；排出；放电 *n.* 出院，免职；释放

I couldn't afford the **charge**, so they **discharged** me from the hospital. 我付不起费用，所以他们就让我出院了。

Though my vocalulary is **large**, there is still room to **enlarge** it. 虽然我的词汇量很大，但仍有扩大的空间。

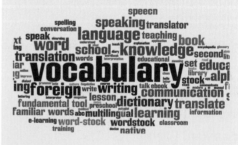

-ark

ark [ɑːk] *n.* 方舟，诺亚方舟

-ark 结构：

bark [bɑːk] *n.* 树皮；狗叫 *v.* 狗叫；尖叫

dark [dɑːk] *adj.* 深色的；模糊的；无知的；忧郁的 *n.* 黑暗；夜；黄昏；模糊

lark [lɑːk] *n.* 云雀；百灵鸟

shark [ʃɑːk] *n.* 鲨鱼

单词串联

Sharks swimming in the sea, **larks** singing in the tree, dogs **barking** in the **dark** ... they all are in the **ark** now. 海里游泳的鲨鱼，树上歌唱的云雀，黑暗中吠叫的狗……它们现在都在方舟里了。

arm

arm [ɑːm] *n.* 手臂；武器

arm- 结构：

army [ˈɑːmɪ] *n.* 陆军，军队

armour [ˈɑːmə(r)] *n.* 盔甲 *v.* 为……装甲

armchair [ˈɑːmtʃeə(r)] *n.* 扶手椅

单词串联

The **army** in **armour** sit in **armchairs**, **arm** in **arm**. 穿着盔甲的军人手挽手地坐在扶手椅上。

-arm 结构：

harm [hɑːm] *n./v.* 伤害；损害

charm [tʃɑːm] *n.* 魅力，吸引力

warm [wɔːm] *adj.* 温暖的；热情的 *v.*（使）变温暖

swarm [swɔːm] *n.* 一大群；蜂群；人群 *v.* 成群来回移动

farm [fɑːm] *n.* 农场

alarm [əˈlɑːm] *n.* 闹钟；警报；惊慌

disarm [dɪsˈɑːm] *v.* 解除武装；裁军；缓和

forearm [ˈfɔːrɑːm] *n.* 前臂 *v.* 预先武装；准备

单词串联

The **alarm** on the **farm harmed** my **warm** heart. 农场上的警报伤害了我温暖的心。

People **swarmed** to the front, then **disarmed** the firearms on their **forearms**. 人们蜂拥直前，然后解除了他们前臂上的枪支。

-arn

-arn 结构：

barn [bɑːn] *n.* 谷仓；畜棚

darn [dɑːn] *v.* 织补；缝补

warn [wɔːn] *v.* 警告，提醒；通知

yarn [jɑːn] *n.* 纱线；奇谈，故事

单词串联

The **farmer warns** me not to **darn yarn** in the **barn**. 这位农夫警告我不要在谷仓里织补纱线。

arrow

arrow ['ærəʊ] *n.* 箭，箭头；箭号；箭状物

-arrow 结构：

narrow ['nærəʊ] *adj.* 狭窄的，有限的；勉强的

sparrow ['spærəʊ] *n.* 麻雀

单词串联

A **sparrow** is flying through a **narrow** street to look for an **arrow**. 一只麻雀正飞过一条狭窄的街道去寻找一个箭头。

art

art [ɑ:t] *n.* 艺术（品），美术（品）

-art 结构：

chart [tʃɑ:t] *n.* 图表

smart [smɑ:t] *adj.* 聪明的；衣着讲究的，时髦的

heart [hɑ:t] *n.* 心脏；感情；心形

sweetheart ['swi:thɑ:t] *n.* （称呼语）亲爱的；特别可爱的人

单词串联

A **smart** boy is drawing a **heart**-shaped **chart** on a cart. 一个聪明的男孩正在一辆马车上画一个心形的图表。

arti-

arti- 结构：

artist ['ɑ:tɪst] *n.* 艺术家；美术家

artistic [ɑ:'tɪstɪk] *adj.* 艺术的；风雅的；有美感的

article ['ɑ:tɪkl] *n.* 文章；物品；条款；冠词

artificial [ˌɑ:tɪ'fɪʃl] *adj.* 人造的；仿造的；虚伪的

单词串联

The **article** says that the **artistic** air in that **artist's** house is **artificial**.
这篇文章说那个艺术家家里的艺术氛围很不自然。

-ary

-ary 结构：

vary ['veərɪ] *v.* 不同；变化；（略做）改变

diary ['daɪərɪ] *n.* 日志；日记簿

weary ['wɪərɪ] *adj.* 疲倦的；（令人）厌烦的 *v.* （使）疲倦；（使）厌烦

salary ['sælərɪ] *n.* 薪水，工资

dreary ['drɪərɪ] *adj.* 沉闷的，枯燥的

January ['dʒænjuərɪ] *n.* 一月

February ['februərɪ] *n.* 二月

boundary ['baʊndrɪ] *n.* 边界；（学科或活动的）范围；分界线

necessary [ˈnesəsəri] *adj.* 必要的；必需的；必然的 *n.* 必需品

Don't read my **diary**, which is the **necessary boundary**. 不要读我的日记，这是必要的界限。

Though the **salary** is handsome, the job **varies** from being **dreary** to being **weary**. 虽然薪水很高，但这份工作不是枯燥乏味，就是令人厌倦。

After **January** is **February**. 一月之后是二月。

-ase

-ase 结构：

vase [vɑːz] *n.* 瓶；花瓶

base [beɪs] *n.* 基底；基础；基地

phase [feɪz] *n.* 时期，阶段

erase [ɪˈreɪz] *v.* 抹去；擦除

phrase [freɪz] *n.* 短语，习语，措辞，乐句

purchase [ˈpɜːtʃəs] *v./n.* 购买；获得

chase [tʃeɪs] *v./n.* 追逐；追捕

At that **phase**, she **purchased** a **vase** whose **base** is made of clay and **erased** the **phrase** on it. 那个时候，她买了一个底座是黏土做的花瓶，然后擦掉了上面的字样。

ash

ash [æʃ] *n.* 灰，灰烬

-ash 结构：

cash [kæʃ] *n.* 现款，现金

dash [dæʃ] *n.* 猛冲；匆忙；少量，些许；破折号 *v.* 猛冲；猛撞，猛击

hash [hæʃ] *n.*（尤指电话上的）井号键（#）*v.* 搞糟，把……弄乱

crash [kræʃ] *v.* 碰撞；（使）坠毁；（使）摔碎 *n.*（交通工具）坠毁；碰撞声

trash [træʃ] *n.* 垃圾；废物

Passengers had **dashed** out of the bus with their **cash** before it **crashed** into the **trash** and burned everything to **ashes**. 在巴士撞向垃圾堆、将一切烧成灰烬之前，乘客们带着现金冲出了巴士。

ask

ask [ɑːsk] *v.* 问，询问；要求；邀请；讨价

-ask 结构：

cask [kɑːsk] *n.* 木桶，桶

task [tɑːsk] *n.* （困难的）任务，工作；（语言教学中的）活动

mask [mɑːsk] *n.* 面具；口罩；掩饰 *v.* 掩饰；戴面具

单词串联

Put on your **mask**, and **ask** him to finish the **task** of moving the **casks**. 戴上你的口罩，并要求他完成搬运木桶的任务。

-asm

-asm 结构：

spasm ['spæzəm] *n.* [临床] 痉挛；抽搐

orgasm ['ɔːgæzəm] *n.* [生理] 性高潮；极度兴奋

sarcasm ['sɑːkæzəm] *n.* 讽刺；挖苦；嘲笑

单词串联

Spasm, **orgasm** and **sarcasm** are not the same thing. 痉挛、兴奋和讽刺不是一回事。

-asp

-asp 结构：

gasp [gɑːsp] *v.* 喘气；喘息；渴望 *n.* 喘息

wasp [wɒsp] *n.* 黄蜂

grasp [grɑːsp] *v./n.* 抓牢，握紧；试图抓住；理解，领悟

单词串联

I **gasped** at the sight of the **wasps**, then **grasped** my sister's arm and ran away. 看到大黄蜂，我倒吸了一口气，然后抓住姐姐的胳膊跑开了。

ass

ass [æs] *n.* 蠢人；笨蛋；驴

ass- 结构：

asset ['æset] *n.* 资产；优点；有价值的人或物

assess [ə'ses] *v.* 评定；估价

单词串联

It's not the way we **assess** people's **asset**. You dumb **ass**. 这不是我们评估别人资产的方式，你个笨蛋。

-ass 结构:

mass [mæs] *n.* 团；民众；众多 *adj.* 大批的；数量极多的

amass [əˈmæs] *v.* 积聚，积累

bass [beɪs] *n.* 鲈鱼；男低音；低音部

brass [brɑːs] *n.* 黄铜；黄铜制品

glass [glɑːs] *n.* 玻璃；玻璃制品；镜子

单词串联

Around the **glass** statue which has a **brass** frame, a **mass** of people **amassed** and listened to the **bass** performance. 在有黄铜框架的玻璃雕像周围，聚集了一群人听贝斯演奏。

-ast

-ast 结构:

past [pɑːst] *adj.* 从前的 *n.* 过去的事情 *prep.* 经过；（指钟点）在……之后

repast [rɪˈpɑːst] *n.* 就餐，饮食

mast [mɑːst] *n.* 桅杆；柱

vast [vɑːst] *adj.* 辽阔的；巨大的；庞大的；大量的

aghast [əˈgɑːst] *adj.* 吓呆的，惊骇的；吃惊的

gymnast [ˈdʒɪmnæst] *n.* 体操运动员

contrast [ˈkɒntrɑːst] *n.* 明显的差异，对比 *v.* 对照；显出明显的差异

单词串联

In **past** times, I once saw a ship on which there was a **vast mast** and the sailors were having a **repast**. 之前，我曾看到一艘船，船上有一根巨大的桅杆，水手们正在吃饭。

-aste

-aste 结构:

paste [peɪst] *n.* 糨糊；面团；肉（或鱼等）酱；（制陶、瓷器用的）湿黏土

toothpaste [ˈtuːθpeɪst] *n.* 牙膏

taste [teɪst] *n.* 味道；品味；审美 *v.* 尝；体验

distaste [dɪsˈteɪst] *v./n.* 厌恶；讨厌

haste [heɪst] *n.* 匆忙；急忙；轻率

waste [weɪst] *v./n.* 浪费；废物；荒地；损耗；徒劳

chaste [tʃeɪst] *adj.* 纯洁的；贞洁的；有道德的

单词串联

She always squeezes the **toothpaste** in **haste**, therefore she has **wasted** a lot of it. 她挤牙膏总是匆匆忙忙，结果浪费了不少。

I accidently **tasted** the **paste** once and I truly **distasted** it. 我曾经不小心尝过这种酱，我真的很讨厌它。

astron-

astron- 结构：

astronaut ['æstrənɔ:t] *n.* 宇航员；航天员

astronomer [ə'strɒnəmə(r)] *n.* 天文学家

astronomy [ə'strɒnəmɪ] *n.* 天文学

单词串联

The **astronaut** studies **astronomy** and will become an **astronomer**. 这位宇航员学习天文学并将会成为一名天文学家。

-asty

-asty 结构：

hasty ['heɪstɪ] *adj.* 轻率的；匆忙的；草率的

nasty ['nɑ:stɪ] *adj.* 极差的；恶心的；恶意的；有害的；严重的

tasty ['teɪstɪ] *adj.* 美味的；可口的；高雅的；有趣的

单词串联

He overturned both the **nasty** and the **tasty** cakes in his **haste** departure. 匆忙离开时，他把不好吃的蛋糕和美味的蛋糕都打翻了。

-atch

-atch 结构：

catch [kætʃ] *v.* 赶上；抓住；感染；了解

hatch [hætʃ] *v.* 孵；策划

patch [pætʃ] *n.* 眼罩；斑点；碎片 *v.* 修补；解决；掩饰

match [mætʃ] *n.* 火柴；比赛，竞赛；对手；相配的人（或物）

watch [wɒtʃ] *v.* 观察；注视；看守；警戒 *n.* 手表；监视；守护；值班人

scratch [skrætʃ] *n.* 擦伤；抓痕；刮擦声；乱写 *v.* 抓；刮；挖出；乱涂

单词串联

We **watched** a football **match**, during which a player in **patched** clothes **scratched** another player. 我们看了一场足球比赛，一名穿着打补丁的衣服的运动员抓伤了另一名运动员。

ate

ate [eɪt] *v.* 吃（**eat** 的过去式）

-ate 结构：

fate [feɪt] *n.* 命运

gate [geɪt] *n.* 大门；出入口；门道

hate [heɪt] *v.* 憎恨；厌恶；遗憾

late [leɪt] *adj.* 晚的；迟的；已故的；最近的

adv. 晚；迟；最近；在晚期

create [krɪ'eɪt] *v.* 创造，创作；造成

recreate [ˌriːkrɪ'eɪt] *v.* 再创造

> ### 单词串联
>
> My **fate** is waiting for him to **create** a **gate**, so we don't go home **late**. 我的命运就是等着他造成一扇门，这样我们好早点回家。
>
> I **hate** that you **ate** my dinner. 我讨厌你吃了我的晚餐。

-ater

-ater 结构：

water ['wɔːtə(r)] *n.* 水；海水；水面 *v.* 使湿；供以水；给……浇水

heater ['hiːtə(r)] *n.* 加热器；热水器

sweater ['swetə(r)] *n.* 毛线衣，套头衫

> ### 单词串联
>
> Put on your **sweater** and switch on the **water heater**. 穿上你的毛衣，然后打开热水器。

-ation

-ation 结构：

irrigation [ˌɪrɪ'geɪʃn] *n.* 灌溉；冲洗；滋养；冲洗法

occupation [ˌɒkju'peɪʃn] *n.* 职业；占有；消遣；占领期

information [ˌɪnfə'meɪʃn] *n.* 信息；消息；情报；资料；资讯

conversation [ˌkɒnvə'seɪʃn] *n.*（非正式）交谈，谈话

> ### 单词串联
>
> The **information** in their **conversation** is that the **irrigation** is poor. 他们谈话中有一条信息说是灌溉条件很差。

-ative

⊙ **-ative 作为形容词后缀，表示"与……相关"：**

relative ['relətɪv] *adj.* 相对的；有关系的 *n.* 亲戚；相关物

creative [krɪ'eɪtɪv] *adj.* 创造性的

conservative [kən'sɜːvətɪv] *adj.* 保守的

> ### 单词串联
>
> At a **conservative** estimate, he is **relative** to this **creative** activity. 保守估计，他与这种创造性活动有关。

-atter

latter ['lætə(r)] *adj.* 后者的；近来的；后面的；较后的

flatter ['flætə(r)] *v.* 向……奉承；谄媚；使高兴

chatter ['tʃætə(r)] *v.* 唠叨；喋喋不休；（动物等）吱吱叫 *n.* 唠叨

shatter ['ʃætə(r)] *v.* 粉碎；打碎；破坏 *n.* 碎片

matter ['mætə(r)] *n.* 物质；事件 *v.* 有关系；要紧

scatter ['skætə(r)] *v.* 撒播；散开；散布 *n.* 零星散布的东西

单词串联

To **shatter** his dream or to **scatter** his secret **matters** to me, because the **latter** can help me **flatter** my boss. 粉碎他的梦想或散布他的秘密对我来说很重要，因为后者可以帮助我讨好我的老板。

-ature

nature ['neɪtʃə(r)] *n.* 自然；性质；本性；种类

mature [mə'tʃʊə(r)] *adj.* 成熟的；成年人的；到期（应支付）的

immature [ˌɪmə'tjʊə(r)] *adj.* 不成熟的；未长成的；冒失的

premature ['premətʃə(r)] *adj.* 早产的；不成熟的；比预期早的

feature ['fiːtʃə(r)] *n.* 特色，特征；容貌；特写或专题节目

creature ['kriːtʃə(r)] *n.* 动物，生物；人；创造物

literature ['lɪtrətʃə(r)] *n.* 文学；文献；文艺；著作

temperature ['temprətʃə(r)] *n.* 温度；体温；气温；发烧

单词串联

Being born with **mature** limbs is the **feature** of this **creature**. 出生时四肢成熟是这种生物的特征。

An emotionally **immature** girl gave birth to a **premature** baby. 一个感情不成熟的女孩生了一个早产的婴儿。

There's been a noticeable rise in the **literature temperature**. 文学的热度明显上升了。

-aud-

◎ **aud** 作为词根，表示"听"：

audio ['ɔːdiəʊ] *adj.* 声音的

audience ['ɔːdiəns] *n.* 观众；听众；读者

-aud 结构：

laud [lɔːd] *v.* 赞美；称赞

applaud [əˈplɔːd] *v.* 赞同；称赞；向……喝彩；鼓掌

fraud [frɔːd] *n.* 欺骗；骗子；诡计

defraud [dɪˈfrɔːd] *v.* 欺骗；诈取（……的钱财）；诈骗

> **单词串联**
>
> The **audience applaud** for the amazing **audio** performance. 观众为精彩的声音表演鼓掌。

> A **fraud** tried to **defraud** the old, but a man saw through it and was therefore **lauded** by the public. 一个骗子企图诈骗老人，但是一个人识破了这件事，并因此受到了公众的赞扬。

-ault

-ault 结构：

fault [fɔːlt] *n.* 故障；错误；缺点

vault [vɔːlt] *n.* 金库；拱顶；撑竿跳；地下墓室

default [dɪˈfɔːlt] *n.* 拖欠；系统默认值 *v.* 不履行，拖欠，违约；默认，预设

> **单词串联**
>
> It's your **fault** that you **default** on the debts. 拖欠债务是你的错。
>
> He keeps his money in the **vault**. 他把钱放在金库里。

-ause

-ause 结构：

cause [kɔːz] *n.* 原因；事业；目标 *v.* 引起；使遭受

because [bɪˈkɒz] *conj.* 因为，由于

pause [pɔːz] *v.* 暂停，停顿，中止；踌躇

clause [klɔːz] *n.* 条款；从句

> **单词串联**
>
> We need to **pause** and discuss this **clause because** it is unreasonable. 我们需要停下来讨论一下这个条款，因为它不合理。

auto

auto [ɔ:təʊ] *n.* 汽车（= automobile）；自动

● **auto-** 作为词根，表示"自主、自己、自动"：

automate ['ɔ:təmeɪt] *v.* 使自动化，使自动操作

automatic [ˌɔ:tə'mætɪk] *adj.* 自动的；无意识的；必然的

automatically [ˌɔ:tə'mætɪklɪ] *adv.* 自动地；机械地；无意识地

autonomous [ɔ:'tɒnəməs] *adj.* 自治的；自主的；自发的

autobiography [ˌɔ:təbaɪ'ɒɡrəfɪ] *n.* 自传；自传文学

单词串联

Mrs. **Auto** wrote an **autobiography** **automatically** in this **autonomous** state. 奥托太太在这个自治州里自发地写了一本自传。

-ave

-ave 结构：

cave [keɪv] *n.* 山洞，洞穴；窑洞

pave [peɪv] *v.* （用石板或砖）铺（路），铺砌，铺设

save [seɪv] *v.* 节省；保存；储蓄；解救

shave [ʃeɪv] *v.* 剃须；剃，削去；修剪 *n.* 刮脸，剃胡子

slave [sleɪv] *n.* 奴隶

enslave [ɪn'sleɪv] *v.* 束缚；征服；使某人成为奴隶

weave [wi:v] *v.* 编织；编排 *n.* 织物；织法

单词串联

The boy **paved** the road leading to the **cave** and **saved** money for school. 这个男孩铺好了通往洞穴的路，并为上学攒了钱。

The villain **enslaved** a lot of people, then **shaved** their heads and made them **weave** cloth. 这个坏人奴役了很多人，剃光了他们的头发，并逼迫他们织布。

away

away [ə'weɪ] *adv.* 离去，离开；在远处；在远方

-away 结构：

runaway [ˈrʌnəweɪ] *adj.* 迅猛发展而难以控制的；（车辆或动物）失控的 *n.* 逃跑；离家出走者

giveaway [ˈɡɪvəweɪ] *n.* 免费样品

takeaway [ˈteɪkəweɪ] *n.* 外卖食品；外卖餐馆

> **单词串联**
>
> A **runaway** car careered into a **takeaway** store and people in the car took all the food **giveaway** and then drove **away**. 一辆失控的汽车冲进一家外卖店，车里面的人拿走了所有赠送的食物后便开走了。

-ayer

-ayer 结构：

layer [ˈleɪə(r)] *n.* 层，层次；膜

payer [ˈpeɪə(r)] *n.* 付款人；支付者

player [ˈpleɪə(r)] *n.* 运动员；游戏者；演奏者；选手，比赛者

prayer [preə(r)] *n.* 祈祷，祷告；恳求；祈祷文

> **单词串联**
>
> The lawyer asks the **payer** to apologize to the **player**. 律师要求付款人向球员道歉。
>
> A man in many **layers** of clothes is saying **prayers**. 一个穿着多层衣服的人在祈祷。

B

back

back [bæk] *n.* 背部；背面；末尾 *adj.* 后面的；背后的 *adv.* 向后地；在背面

back- 结构：

backup ['bækʌp] *n.* 支持；后援
backbone ['bækbəʊn] *n.* 脊骨；骨气

-back 结构：

setback ['setbæk] *n.* 挫折；退步；逆流
feedback ['fi:dbæk] *n.* 反馈的意见
horseback ['hɔ:sbæk] *n.* 马背 *adv.* 在马背上

> **单词串联**
>
> If you have the **backbone** to hurt my people, my **backup** will give you the most terrible **setback** in your life. 如果你敢伤害我的人，我的后援团会给你带来你人生中最可怕的挫折。
> We came here on **horseback**. 我们骑马来的。

bag

bag [bæg] *n.* 包；袋

-bag 结构：

teabag ['ti:bæg] *n.* 袋泡茶
gasbag ['gæsbæg] *n.* 气囊；夸夸其谈的人；贫嘴子
mailbag ['meɪlbæg] *n.* 邮袋；邮差背包
sandbag ['sændbæg] *n.* （用于防洪、防爆等的）沙袋
handbag ['hændbæg] *n.* 手提包
schoolbag ['sku:lbæg] *n.* 书包

> **单词串联**
>
> He is a **gasbag** and likes to put his **teabags** everywhere, for example, in the **mailbags**, **handbags** and **schoolbags**. 他是一个夸夸其谈的人，还喜欢把他的茶包放得到处都是，比如放在邮袋、手提包和书包里等。

-bal-

bal- 结构：

balcony ['bælkənɪ] *n.* 阳台；包厢

-bal 结构：

global ['gləʊbl] *adj.* 全球的，全世界的；总体的；球形的

verbal ['vɜːbl] *adj.* 口头的；言语的

cannibal ['kænɪbl] *n.* 食人者；吃同类的动物

单词串联

Global people are terrified of **cannibals**.
全球人民都很害怕食人族。

ball

ball [bɔːl] *n.* 球；舞会

ball- 结构：

ballet ['bæleɪ] *n.* 芭蕾舞，芭蕾舞曲，芭蕾舞剧

ballad ['bæləd] *n.* 歌谣，民谣

ballot ['bælət] *n.* 投票 *v.* 投票；抽签决定

balloon [bə'luːn] *n.* 气球；热气球

单词串联

There are **balloons** at the **ball**; besides boys are singing **ballads** and girls are dancing **ballet**. 舞会上有气球；此外，男孩们在唱民谣，女孩们在跳芭蕾舞。

-ball 结构：

eyeball ['aɪbɔːl] *n.* 眼球

football ['fʊtbɔːl] *n.* 足球，橄榄球

baseball ['beɪsbɔːl] *n.* 棒球

snowball ['snəʊbɔːl] *n.* 雪球

volleyball ['vɒlɪbɔːl] *n.* 排球

basketball ['bɑːskɪtbɔːl] *n.* 篮球；篮球运动

单词串联

I like sports. I can play **football**, **baseball**, **volleyball** and **basketball**. 我喜欢运动。我会踢足球、打棒球、排球和篮球。

ban

ban [bæn] *v.* 禁止，取缔；把（某人）逐出某地 *n.* 禁止，禁令，禁忌

ban- 结构：

bank [bæŋk] *n.* 银行；岸；浅滩；储库 *v.* 将……存入银行

bankrupt ['bæŋkrʌpt] *adj.* 破产的 *v.* 使破产 *n.*（经）破产者

bankruptcy ['bæŋkrʌptsɪ] *n.* 破产；垮掉；枯竭；沦丧

banquet ['bæŋkwɪt] *n.* 宴会 *v.* 宴请，设宴款待

The **banquet** in the **bank** was **banned**.
银行里的宴会被禁止了。

-ban 结构：

urban ['ɜ:bən] *adj.* 城市的；住在都市的

turban ['tɜ:bən] *n.* 穆斯林的头巾；女用头巾 *adj.* 包着头巾的

suburban [sə'bɜ:bən] *adj.* 郊区的，城郊的；土气的

People live in the **urban** and the **suburban** can be **bankrupt**. 住在城市和郊区的人都可能破产。

bate

bate [beɪt] *v.* （鹰）鼓翅躁动；使软化；压制，屏息

-bate 结构：

debate [dɪ'beɪt] *n./v.* 辩论；（正式的）讨论；思考

probate ['prəubeɪt] *n.* 遗嘱检验；遗嘱副本 *v.* 遗嘱认证；加以监护

incubate ['ɪŋkjubeɪt] *v.* 孵化；培养；温育 *n.* 孵育物

Those students are **incubated** to enter into a **debate**. 这些学生被培养去参加辩论。

bath

bath [bɑ:θ] *n.* 沐浴；浴室；浴盆 *v.* 给……洗澡

bath- 结构：

bathe [beɪð] *v.* 沐浴；用水洗

bathtub ['bɑ:θtʌb] *n.* 浴缸

bathroom ['bɑ:θru:] *n.* 浴室；厕所；卫生间；盥洗室

-bath(e) 结构：

sunbath ['sʌnbɑ:θ] *n.* 日光浴；太阳灯浴

sunbathe ['sʌnbeɪð] *v.* 沐日光浴；太阳灯浴；晒太阳

I like to take a **bath** in the **bathroom**; she likes to have a **sunbath** at the beach. 我喜欢在浴室洗淋浴，她喜欢在沙滩上晒日光浴。

-bble

-bble 结构:

bubble ['bʌbl] *n.* 气泡，泡沫

nibble ['nɪbl] *v./n.* 细咬；一点一点地咬

pebble ['pebl] *n.* 卵石

【单词串联】

A rabbit with a **pebble** in its paws, is **nibbling** a carrot and blowing **bubbles** at the same time. 一只爪子里拿着卵石的兔子，正在啃咬一根胡萝卜，同时还在吹泡泡。

-bby

-bby 结构:

lobby ['lɒbɪ] *n.* 大厅；休息室 *v.* 游说

hobby ['hɒbɪ] *n.* 嗜好；业余爱好

flabby ['flæbɪ] *adj.* 松弛的；软弱的；没气力的

shabby ['ʃæbɪ] *adj.* 破旧的；卑鄙的；吝啬的

chubby ['tʃʌbɪ] *adj.* 圆胖的，丰满的

【单词串联】

The **chubby** baby's **hobby** is wearing a **shabby** dress in the **lobby**. 这个胖乎乎的宝宝的爱好是在大厅里穿着破旧的衣服。

bea-

bea- 结构:

beat [bi:t] *v.* 打；打败；搅拌

beam [bi:m] *n.* 横梁；光线；电波

beard [bɪəd] *n.* （下巴上的）胡须

beach [bi:tʃ] *n.* 海滩；湖滨

beast [bi:st] *n.* 野兽；畜生

【单词串联】

The **bearded beast** at the **beach** **beated** the evil fish. 沙滩上那只长着胡须的野兽打败了那条邪恶的鱼。

bear

bear [beə(r)] *v.* 忍受；承担 *n.* 熊；泰迪熊

bear- 结构:

bearing ['beərɪŋ] *n.* 轴承；关系；方位；举止

bearable ['beərəbl] *adj.* 可忍受的；支持得住的

-bear- 结构:

unbearable [ʌn'beərəbl] *adj.* 难以忍受的；承受不住的

【单词串联】

The **bear** finds its life in the cave **unbearable**. 这只熊发觉山洞里的生活难以忍受。

beau

beau [bəʊ] *n.* （女性的）男友，情郎

beauty ['bjuːtɪ] *n.* 美丽；美人；美好的东西；优点；妙处

beautify ['bjuːtɪfaɪ] *v.* （使）美化，（使）变美

beautiful ['bjuːtɪfl] *adj.* 美丽的；出色的；迷人的

beautifully ['bjuːtɪflɪ] *adv.* 漂亮地；美好地

单词串联

A **beauty** and her **beau** are walking **beautifully** down the **beautiful** path. 一位美丽的女子和她的男友正优雅地走在一条美丽的小道上。

bed

bed [bed] *n.* 床；基础；河底，海底

bed- 结构：

bedding ['bedɪŋ] *n.* 寝具；（建筑）基床；（家畜）草垫

bedroom ['bedruːm] *n.* 卧室

单词串联

The **bedding** is on the **bed** in the **bedroom**. 床上用品在卧室的床上。

beg

beg [beg] *v.* 乞讨；恳求；（狗）乞求

beg- 结构：

beggar ['begə(r)] *n.* 乞丐；穷人；家伙

begin [bɪ'gɪn] *v.* 开始

beginning [bɪ'gɪnɪŋ] *n.* 开始；起点

单词串联

At the **beginning** of the story, the **beggar begins** to **beg** for money. 故事的开始，乞丐开始讨钱。

bel-

bel- 结构：

belt [belt] *n.* 带；腰带；地带

bell [bel] *n.* 铃，钟；钟声，铃声

belly ['belɪ] *n.* 腹部；胃；食欲

below [bɪ'ləʊ] *prep.* 在……下面 *adv.* 在下面

belong [bɪ'lɒŋ] *v.* 属于；适应；是………成员；应被放置

belief [bɪ'liːf] *n.* 相信，信赖；信仰；教义

believe [bɪ'liːv] *v.* 相信；认为；信任

单词串联

Below a lamp, there is a man who with a **belt** around his **belly believes** in the magic of a **bell**. 灯下面有一个人，他的肚子上系了一条腰带，他相信钟的魔力。

ben-

bend [bend] v. 使弯曲；使屈服 n. 拐弯，弯道；弯曲

bent [bent] adj. 弯曲的；驼背的 n. 天赋，爱好

bench [bentʃ] n. 长凳；工作台；替补队员

单词串联

The bird on the bench has a bent for singing. 长凳上的那只鸟有歌唱天赋。

bene-

beneath [bɪ'ni:θ] prep. 在……之下 adv. 在下面；在下方

● bene 作为词根，表示"好处，好意，好心"：

benefit ['benɪfɪt] n. 利益 v. 有益；受益

beneficial [,benɪ'fɪʃl] adj. 有益的；可享利益的

单词串联

Things beneath the benefit are still beneficial. 利益之下的东西仍然是有益的。

-ber

amber ['æmbə(r)] n. 琥珀（色）

sober ['səʊbə(r)] adj. 冷静的，清醒的；没有喝醉的

barber ['bɑ:bə(r)] n. （为男子理发的）理发师；男子理发店

timber ['tɪmbə(r)] n. 木材；木料

robber ['rɒbə(r)] n. 强盗；盗贼

rubber ['rʌbə(r)] n. 橡胶；橡皮；合成橡胶 adj. 橡胶制成的

单词串联

A sober robber robbed a lot of rubber and timber from a barber. 一个清醒的盗贼从一位理发师那里盗取了大量的橡胶和木材。

bet

bet [bet] v. 打赌；与（某人）以钱打赌；（非正式）敢说 n. 打赌；赌注

betray [bɪ'treɪ] v. 背叛；泄露（秘密）；露出……迹象

better ['betə(r)] adv./adj. 更好地 / 的

between [bɪ'twi:n] adv. 在……之间；为……共有 adv. 在中间；在期间

alphabet ['ælfəbet] n. 字母表

bid

bid [bɪd] *v.* 出价；叫牌

-bid 结构：

forbid [fə'bɪd] *v.* 禁止；妨碍，阻止；不准；不允许

morbid ['mɔːbɪd] *adj.* 病态的；由病引起的；恐怖的

outbid [ˌaʊt'bɪd] *v.* 在开价上战胜；出价高于（别人）

-(a)bility

⊃ **(a)bility** 是名词后缀，表示"能力"：

-(a)bility 结构：

ability [ə'bɪlətɪ] *n.* 能力；才能

disability [ˌdɪsə'bɪlətɪ] *n.* 缺陷，障碍

reliability [rɪˌlaɪə'bɪlətɪ] *n.* 可靠性

possibility [ˌpɒsə'bɪlətɪ] *n.* 可能性；可能发生的事物

responsibility [rɪˌspɒnsə'bɪlətɪ] *n.* 责任，职责；义务

The **possibility** of the methods indicates my **ability** and **responsibility**. 方法的可能性表明了我的能力和责任。

bin

bin [bɪn] *n.* 垃圾箱

bin- 结构：

bind [baɪnd] *v.* 结合；装订；有约束力

-bin 结构：

cabin ['kæbɪn] *n.* 小屋；客舱；船舱

robin ['rɒbɪn] *n.* 知更鸟

dustbin ['dʌstbɪn] *n.* 垃圾桶

Outside the **cabin**, a **robin** is singing on a **dustbin**. 小屋外面，有一只知更鸟在垃圾桶上唱歌。

bio-

bio- 结构：

○ **bio-** 作为词根，表示"生命"：

biology [baɪˈɒlədʒɪ] *n.*（一个地区全部的）生物；生物学

biography [baɪˈɒɡrəfɪ] *n.* 传记；档案；个人简介

biochemistry [ˌbaɪəʊˈkemɪstrɪ] *n.* 生物化学

He wrote a **biography** of Lean who is an expert in **biology** and studies **biochemistry**. 他给研究生物化学的生物学家利恩写了一本传记。

bit

bit [bɪt] *n.* 少量 *adj.* 很小的；微不足道的 *adv.* 有点儿；相当

-bit 结构：

orbit [ˈɔːbɪt] *n.* 轨道；势力范围 *v.* 绕……轨道而行

rabbit [ˈræbɪt] *n.* 兔子，野兔

inhibit [ɪnˈhɪbɪt] *v.* 抑制；禁止

These **rabbits** are **inhibited** to eat not even a **bit** grass around their burrows. 这些兔子被禁止吃哪怕一点点的窝边草。

-ble-

ble- 结构：

bleak [bliːk] *adj.* 阴冷的；荒凉的，无遮蔽的；黯淡的

blend [blend] *v./n.* 混合

-ble 结构：

fable [ˈfeɪbl] *n.* 寓言；无稽之谈

feeble [ˈfiːbl] *adj.* 微弱的，无力的；虚弱的

In this **bleak** room, an old man **blended** a few **feeble fables** to encourage a boy. 在这个阴冷昏暗的房间，一位老人混合了几个没有说服力的寓言故事来鼓励一个男孩。

board

board [bɔːd] *n.* 董事会；木板；甲板

board- 结构：

boarder [ˈbɔːdə(r)] *n.* 寄膳者；寄膳宿者；寄宿生

boarding [ˈbɔːdɪŋ] *n.* （做墙的）板材；（学生）寄膳宿；上船，登机，上车

boardroom [ˈbɔːdruːm] *n.* 会议室

单词串联

The **board** are in the **boardroom** discussing the **boarding** of the **boarders**. 董事会的人正在会议室里讨论寄宿学生的膳食和住宿问题。

-board 结构：

aboard [əˈbɔːd] *adv./prep.* 在（飞机、火车、船）上

billboard [ˈbɪlbɔːd] *n.* 广告牌；布告板

cupboard [ˈkʌbəd] *n.* 碗柜；食橱

keyboard [ˈkiːbɔːd] *n.* 键盘

sideboard [ˈsaɪdbɔːd] *n.* 餐具柜

seaboard [ˈsiːbɔːd] *n.* 海滨；沿海地方；海岸地区

surfboard [ˈsɜːfbɔːd] *n.* 冲浪板

blackboard [ˈblækbɔːd] *n.* 黑板

skateboard [ˈskeɪtbɔːd] *n.* 滑板 *v.* 用滑板滑行

单词串联

A **billboard aboard** shows that this merchant sells **cupboards**, **sideboards** and **keyboards**. 船上的一个广告牌显示这个商人兜售碗柜、餐具柜和键盘。
There is a **surfboard** at the **seaboard** and a **skateboard** on the **blackboard**. 海边有一个冲浪板，黑板上有一个滑板。

boy

boy [bɔɪ] *n.* 男孩；男人

boy- 结构：

boyish [ˈbɔɪɪʃ] *adj.* 男孩的；孩子气的；（女孩）像男孩的

boycott [ˈbɔɪkɒt] *v.* 联合抵制；拒绝购买

boyfriend [ˈbɔɪfrend] *n.* 男朋友

单词串联

My **boyish boyfriend boycotts** shoes of this brand. 我孩子气的男朋友拒绝购买这个牌子的鞋子。

-boy 结构:

dayboy ['deɪˌbɔɪ] *n.*（寄宿学校的）走读男生

cowboy ['kaʊbɔɪ] *n.* 牛仔；牧童

tomboy ['tɒmbɔɪ] *n.* 假小子，男孩子气的姑娘，野丫头

bellboy ['belbɔɪ] *n.* 门童；（旅馆的）行李员；（旅馆、俱乐部等的）服务员

playboy ['pleɪbɔɪ] *n.* 花花公子；寻欢作乐的有钱男人

newsboy ['njuːzˌbɔɪ] *n.* 报童；卖报人；送报的男孩

schoolboy ['skuːlbɔɪ] *n.* 男小学生；男中学生

This **cowboy** is a **playboy** and used to be a **newsboy**. 这个牛仔是一个花花公子，他以前是送报的。

The **schoolboy** who has a crush on the **tomboy** is a **dayboy**. 暗恋那个假小子的男同学是寄宿学校的走读生。

C

-cal

-cal 结构：

local ['ləʊkl] *adj.* 当地的，地方性的

vocal ['vəʊkl] *adj.* 嗓音的；直言不讳的；声音的

rascal ['rɑ:skl] *n.* 流氓，无赖；不诚实的人；淘气鬼

单词串联

That **local rascal** is very **vocal**. 那个当地流氓很直言不讳。

camp

camp [kæmp] *n.* 营地；度假营；拘留营；兵营；阵营

camp- 结构：

campus ['kæmpəs] *n.* （大学）校园；校区

campaign [kæm'peɪn] *n.* 运动；活动；战役，军事行动；竞选

单词串联

There will be a **campaign** in the **campus**, but the students all went for a **camp**. 这个大学校园里会有一场竞选，但是学生全去露营了。

-camp 结构：

scamp [skæmp] *n.* 淘气鬼；捣乱鬼

decamp [dɪ'kæmp] *v.* 撤营；逃走；逃亡；偷偷离开

encamp [ɪn'kæmp] *v.* 扎营；露营

单词串联

A **scamp** had **encamped** here once but has **decamped**. 一个捣乱鬼曾经在这里扎营，但是已经撤营逃走了。

cane

cane [keɪn] *n.* 手杖；藤条；细长的茎；笞条；拐杖

-cane 结构：

hurricane ['hʌrɪkən] *n.* 飓风，暴风

sugarcane ['ʃʊgəkeɪn] *n.* （作物）甘蔗；糖蔗

单词串联

When there is a **hurricane**, people walk with a **cane**, but he with a **sugarcane**. 有暴风的时候，人们拄着一根拐杖走路，但是他拿着一根甘蔗。

-cant

-cant 结构：

scant [skænt] *adj.* 不足的；缺乏的；勉强够的 *v.* 减少；限制

vacant ['veɪkənt] *adj.* 空的；空闲的；空缺的；茫然的

applicant ['æplɪkənt] *n.* 申请人，申请者；请求者

intoxicant [ɪn'tɒksɪkənt] *n.* 致醉物 *adj.* 可致醉的

supplicant ['sʌplɪkənt] *n.* 恳求者，乞求者；祈祷者

单词串联

Many **applicants** apply for the **vacant** position in the canteen. 许多申请人申请这个食堂的空缺职位。

The **supplicant** is enjoying this **intoxicant** moment. 这个乞求者正在享受这令人陶醉的时刻。

card

card [kɑːd] *n.* 卡片；纸牌；明信片

card- 结构：

cardiac ['kɑːdɪæk] *adj.* 心脏的，心脏病的

cardinal ['kɑːdɪnl] *adj.* 主要的，基本的；深红色的

cardboard ['kɑːdbɔːd] *n.* （纸）硬纸板；纸板箱

单词串联

Not stealing the **cards** and the **cardboards** is a **cardinal** principle. 不偷卡片和纸板是基本原则。

-card 结构：

discard [dɪ'skɑːd] *v.* 抛弃；放弃；丢弃

placard ['plækɑːd] *n.* 海报，标语牌；招贴

单词串联

Don't **discard** the **placard**. 不要丢掉这张海报。

cart

cart [kɑːt] *n.* 马车；手推购物车

cart- 结构：

carton ['kɑːtn] *n.* 纸板箱

cartoon [kɑːˈtuːn] *n.* 卡通片，动画片；连环漫画

-cart 结构：

dustcart ['dʌstkɑːt] *n.* 垃圾车

handcart ['hændkɑːt] *n.* 手车；手推车；手拉小车

单词串联

A **handcart** is big; a **dustcart** is bigger, but they are not as fun as a **cartoon**. 一辆手推车很大，一辆垃圾车更大，但是它们都没有卡通片有趣。

case

case [keɪs] *n.* 情况；实例；箱子

-case 结构：

suitcase ['suːtkeɪs] *n.* 手提箱；旅行箱；衣箱

staircase ['steəkeɪs] *n.* 楼梯

briefcase ['briːfkeɪs] *n.* 公文包

bookcase ['bʊkkeɪs] *n.* 书柜，书架

单词串联

Your **suitcase** is under the **staircase** and the **briefcase** on the **bookcase**. 你的手提箱在楼梯下面，公文包在书架上面。

cast

cast [kɑːst] *v.* 投，抛；计算；投射（光、影、视线等）

-cast 结构：

recast [ˌriːˈkɑːst] *v.* 重铸；彻底改动；重塑，改造

outcast ['aʊtkɑːst] *n.* 流浪的人；被驱逐的人；被排斥的人

telecast ['telɪkɑːst] *n.* 电视广播，电视节目 *v.* 电视播放

forecast ['fɔːkɑːst] *v.* 预言，预报；预测 *n.* 预示；预兆

overcast [ˌəʊvəˈkɑːst] *adj.* 阴天的；阴暗的；愁闷的

downcast ['daʊnkɑːst] *adj.* 沮丧的；低垂的；气馁的

broadcast ['brɔːdkɑːst] *v.* 播送；广播；散布 *n.* 广播节目；电视节目

单词串联

The **outcast casts** at the **telecast**. 这位流浪汉看向这个电视节目。

The **forecast broadcasts** that the weather will be **overcast**, which makes me **downcast**. 天气预报广播说天气会转阴，这可真让我沮丧。

-cate-

cate- 结构：

cater ['keɪtə(r)] *v.* 投合，迎合；满足需要
caterpillar ['kætəpɪlə(r)] *n.* 毛虫
category ['kætəgərɪ] *n.* 种类，分类；（数）范畴

单词串联

In order to **cater** the **caterpillar**, we prepared many **categories** of foods. 为了迎合毛虫的口味，我们准备了许多种类的食物。

-cate 结构：

educate ['edʒukeɪt] *v.* 教育；培养；训练
delicate ['delɪkət] *adj.* 微妙的；精美的，雅致的；柔和的；易碎的；纤弱的

deprecate ['deprəkeɪt] *v.* 对……表示不赞成；抨击；轻视

单词串联

Most children are **delicate**, so it's better not to **deprecate** them when **educating** them. 多数孩子们都很脆弱，所以教育他们的时候，最好不要表现出轻视。

-cation

-cation 结构：

vacation [veɪ'keɪʃn] *n.* 假期
education [ˌedʒu'keɪʃn] *n.* 教育；教育学
application [ˌæplɪ'keɪʃn] *n.* 应用；申请；应用程序；敷用
qualification [ˌkwɒlɪfɪ'keɪʃn] *n.* 资格；条件；限制；赋予资格
identification [aɪˌdentɪfɪ'keɪʃn] *n.* 鉴定，识别；认同；身份证明

单词串联

You could apply for **vacation** by filling in this **education application** form. 你可以通过填写这张教育申请表来申请休假。
Your **identification** being proved is one of the **qualifications** to this country. 你的身份被证实是进入这个国家的资格之一。

cent

○ cent 作为词根，表示"一百"：

cent- 结构：

century ['sentʃərɪ] *n.* 世纪，百年；（板球）一百分

centennial [sen'tenɪəl] *adj.* 一百年的 *n.* 一百周年；一百周年纪念

centimetre ['sentɪmiːtə(r)] *n.* 厘米；公分

-cent 结构：

recent ['riːsnt] *adj.* 最近的；近来的

accent ['æksent] *n.* 口音；重音；重音符号 *v.* 强调；重读

percent [pə'sent] *n.* 百分比，百分率；百分数 *adj.* 百分之……的

innocent ['ɪnəsnt] *adj.* 无辜的；无罪的；无知的

scent [sent] *n.* 香味；（人的）气息；（动物留下的）臭迹；香水；预感

adolescent [ˌædə'lesnt] *adj.* 青春期的；未成熟的 *n.* 青少年

单词串联

Nine **percent** of the antiques here were made a **century** ago. 这里百分之九的古董是一百年前制作的。

In **recent** days, several **innocent adolescents** with a cute **accent** came here and bought a few bottles of **scent**. 最近几天，几个有着可爱口音的天真少年来到这里买了几瓶香水。

-centr-

○ centr- 作为词根，表示"……的中心"：

centr- 结构：

centre ['sentə(r)] *n.* 中心；中心区

central ['sentrəl] *adj.* 中心的；主要的；中枢的

-centr- 结构：

concentrate ['kɒnsntreɪt] *v.* 集中；浓缩；全神贯注；聚集

单词串联

Sitting in the **centre** of the room, I try to **concentrate** on the **central** part of my mind. 坐在房间的中央，我试着把注意力集中在我思想的中心部分。

-cer

-cer 结构：

cancer ['kænsə(r)] *n.* 癌症；恶性肿瘤；痼疾

dancer ['dɑːnsə(r)] *n.* 舞蹈家／演员

saucer ['sɔːsə(r)] *n.* 茶托，浅碟

grocer ['grəʊsə(r)] *n.* 杂货店／商

officer ['ɒfɪsə(r)] *n.* 军官，警官

soccer ['sɒkə(r)] *n.* 英式足球

This **dancer** and that **officer** go to the same **grocer** to buy **sauccers** and play **soccer** together. 这位舞者和那位警官去一家杂货店买浅碟，而且还一起踢足球。

chant

chant [tʃɑːnt] *n.* 圣歌；赞美诗 *v.* 反复唱；反复呼喊；唱圣歌

-chant 结构：

enchant [ɪnˈtʃɑːnt] *v.* 使着迷，使迷惑

merchant [ˈmɜːtʃənt] *n.* 商人，批发商；店主 *adj.* 商业的，商人的

disenchant [ˌdɪsɪnˈtʃɑːnt] *v.* 使清醒；使不抱幻想

The **merchant** is **chanting** his goods to customers. 这个商人反复对顾客吆喝着他的商品。

She had been **enchanted** by an idol but soon got **disenchanted** with him. 她曾迷恋过一个偶像，但很快就对他不着迷了。

-cial

-cial 结构：

racial [ˈreɪʃl] *adj.* 种族的；人种的

social [ˈsəʊʃl] *adj.* 社会的，社交的；群居的

official [əˈfɪʃl] *adj.* 官方的；正式的 *n.* 官员；公务员

special [ˈspeʃl] *adj.* 特别的；重要的

The **official** and the **social** workers have come up with a **speical** mathod to enhance **racial** equality. 官员和社会工作者想出了一个提高种族平等的特殊方法。

-ciation

-ciation 结构：

appreciation [əˌpriːʃɪˈeɪʃn] *n.* 欣赏，鉴别；增值；感谢

association [əˌsəʊsɪˈeɪʃn] *n.* 协会；联合；联想

pronunciation [prəˌnʌnsɪˈeɪʃn] *n.* 发音；发音法；读法

Your **pronunciations** of the two words "**association**" and "**appreciation**" are great. "association"和"appreciation"这两个词的发音你读得很好。

-cide

-cide 结构:

suicide ['suːɪsaɪd] *n.* 自杀行为；自杀者 *v.* 自杀

ecocide ['iːkəʊsaɪd] *n.* 生态灭绝

genocide ['dʒenəsaɪd] *n.* 种族灭绝

单词串联

None of **suicide**, **ecocide** or **genocide** is good. 自杀、生态灭绝或种族灭绝都不是好事。

-cious

-cious 结构:

precious ['preʃəs] *adj.* 宝贵的；珍贵的；矫揉造作的

ferocious [fə'rəʊʃəs] *adj.* 凶猛的；残暴的；猛烈的

conscious ['kɒnʃəs] *adj.* 意识到的；故意的；神志清醒的

单词串联

He was **conscious** of the harm that the **ferocious** flood had brought to his **precious** home. 他意识到了凶猛的洪水给他珍贵的家带来的伤害。

-cite

-cite 结构:

excite [ɪk'saɪt] *v.* 使激动；使兴奋；刺激；激起，引发

incite [ɪn'saɪt] *v.* 煽动；鼓动

recite [rɪ'saɪt] *v.* 背诵；一一列举

单词串联

He **recited** the long poem to **incite** people to violence. 他背诵那首长诗来煽动人们使用暴力。

city

city ['sɪtɪ] *n.* 城市，都市

-city 结构:

ferocity [fə'rɒsətɪ] *n.* 凶猛；残忍；暴行

capacity [kə'pæsətɪ] *n.* 能力；容量；职责；生产力

electricity [ɪˌlek'trɪsətɪ] *n.* 电力；电能；强烈的情绪

单词串联

This small **city** has a big **electricity** station and a **capacity** of thousands of people. 这个小城市有一个大发电站，还可容纳数千人。

-cket

-cket 结构：

jacket ['dʒækɪt] *n.* 羽绒滑雪衫；西装短外套；短上衣，夹克

packet ['pækɪt] *n.* 数据包，信息包；小包 *v.* 包装，打包

pocket ['pɒkɪt] *n.* 口袋；钱；容器

rocket ['rɒkɪt] *n.* 火箭；火箭武器

bucket ['bʌkɪt] *n.* 桶，水桶

单词串联

There is a **jacket** in the **packet**, and a **rocket** in the **bucket**. 袋子里有一件夹克，桶里有一枚火箭。

claim

claim [kleɪm] *v.* 宣称；索取；引起（注意）；获得；夺去（生命）；索赔（钱财）*n.* 声称；（财产等）所有权；（向公司等）索赔

-claim 结构：

declaim [dɪ'kleɪm] *v.*（尤指在公众前）慷慨激昂地宣讲，慷慨陈词

reclaim [rɪ'kleɪm] *v.* 开拓；回收再利用；使某人悔改

acclaim [ə'kleɪm] *v.* 称赞；为……喝彩，向……欢呼 *n.* 称赞；欢呼，喝彩

exclaim [ɪk'skleɪm] *v.*（由于强烈的情感或痛苦而）惊叫，呼喊

disclaim [dɪs'kleɪm] *v.* 公开否认；拒绝承认；放弃（财产、头衔等的权利）

proclaim [prə'kleɪm] *v.* 宣告，公布；声明；表明

单词串联

The one who **declaimed** a speech was highly **acclaimed**. 那个慷慨陈词的人受到高度赞扬。

She **disclaimed** any knowledge of the town being **reclaimed** by desert. 她否认知道那个城镇被沙漠吞噬的事。

"Don't **proclaim** my secrets." he **exclaimed** with anger. "不要公开我的秘密。"他愤怒地嚷道。

class

class [klɑːs] *n.* 阶级；班级；种类；课程；等级

class- 结构：

classify ['klæsɪfaɪ] *v.* 分类；分级

classic ['klæsɪk] *adj.* 经典的；古典的 *n.* 名著；经典著作

classical ['klæsɪkl] *adj.* 古典的；经典的；传统的

classroom ['klɑːsruːm] *n.* 教室

Students of different **classes classified** the **classic** books and **classical** music in one **classroom**. 不同班级的学生在一个教室里将古典书籍和古典音乐进行了分类。

-cle

-cle 结构：

cycle ['saɪkl] *n.* 循环；周期

bicycle ['baɪsɪkl] *n.* 自行车

circle ['sɜːkl] *n.* 循环，周期；圆；圆形物；圈子

encircle [ɪn'sɜːkl] *v.* 包围；围绕；环绕

article ['ɑːtɪkl] *n.* 文章；物品；条款

uncle ['ʌŋkl] *n.* 叔叔；伯父；伯伯；舅父；姨丈；姑父

muscle ['mʌsl] *n.* 肌肉；影响力

vehicle ['viːəkl] *n.* 交通工具；手段

miracle ['mɪrəkl] *n.* 奇迹，奇迹般的人或物；不可思议的事

obstacle ['ɒbstəkl] *n.* 障碍，干扰，妨碍；障碍物

单词串联

My **uncles** are riding **bicycles** in a **circle**. 我的叔叔们正在骑自行车绕圈。

It's a **miracle** to have an **article** of **vehicles** written. 写一篇关于交通工具的文章是一个奇迹。

-clude

-clude 结构：

exclude [ɪk'skluːd] *v.* 排除；排斥；拒绝接纳；逐出

include [ɪn'kluːd] *v.* 包含，包括

seclude [sɪ'kluːd] *v.* 使隔离，使隔绝

conclude [kən'kluːd] *v.* 推断；决定，作结论；结束

preclude [prɪ'kluːd] *v.* 排除；妨碍；阻止

单词串联

We need to **include** the clues **excluded** by others when we **conclude**. 在总结的时候，我们需要把别人排除在外的线索也包括进去。

Secluding myself **precluded** me from contacting people. 隐居使我无法与人接触。

coa-

coa- 结构：

coal [kəʊl] *n.* 煤；（尤指燃烧着的）煤块；木炭

coat [kəʊt] *n.* 外套

coach [kəʊtʃ] *n.* 教练；旅客车厢；长途公车；四轮大马车

coarse [kɔːs] *adj.* 粗糙的；粗俗的；下等的；未精炼的

单词串联

My **coach** wears a **coarse coat** and sits by the burning **coal**. 我的教练穿着一件粗糙的外套，坐在燃烧的煤堆旁。

coc-

coc- 结构：

cock [kɒk] *n.* 公鸡；龙头；雄鸟

cocktail ['kɒkteɪl] *n.* 鸡尾酒；凉菜

cocoa ['kəʊkəʊ] *n.* 可可粉；热可可；可可饮料

coconut ['kəʊkənʌt] *n.* 椰子；椰子肉

Coca-Cola [ˌkəʊkə 'kəʊlə] *n.* 可口可乐（美国饮料公司）

单词串联

This **cocktail** has **cocoa** and **coconut** in it. 这杯鸡尾酒里有可可和椰子。

A **cock** is drinking **Coca-Cola** from a can. 一只公鸡正在喝罐装的可口可乐。

coin

coin [kɔɪn] *n.* 硬币，钱币

coin- 结构：

coincide [ˌkəʊɪn'saɪd] *v.* 一致，符合；同时发生

coincident [kəʊ'ɪnsɪdənt] *adj.* 一致的；符合的；同时发生的

coincidence [kəʊ'ɪnsɪdəns] *n.* 巧合；一致；同时发生

coincidental [kəʊˌɪnsɪ'dentl] *adj.* 巧合的；符合的；暗合的；一致的

coincidentally [kəʊˌɪnsɪ'dentəlɪ] *adv.* 巧合地；一致地

单词串联

It's a **coincidence** that I found your lost **coin**. 我找到了你丢失的硬币是一个巧合。

col-

col- 结构：

cola ['kəʊlə] *n.* 可乐；可乐树（其子含咖啡碱）

cold [kəʊld] *adj.* 寒冷的；冷淡的；失去知觉的 *n.* 寒冷；感冒

colour ['kʌlə(r)] *n.* 颜色；脸红；肤色；颜料 *v.* 给……涂颜色

column ['kɒləm] *n.* 纵队，列；专栏；圆柱，柱形物

Brown is the **colour** of this **cold cola**. 这杯冰可乐是棕色的。

coll-

coll- 结构：

collar ['kɒlə(r)] *n.* 衣领；颈圈

collapse [kə'læps] *v.* （突然）倒塌；昏倒；失败

collision [kə'lɪʒn] *n.* 碰撞；冲突；（意见，看法的）抵触

A person who wears a **collar** and tie **collapsed** at the sight of the **collision** of two trucks. 一个穿着衬衫、戴着领带的人在看到两辆卡车相撞时昏倒了。

colle-

colle- 结构：

college ['kɒlɪdʒ] *n.* 大学；学院；协会

colleague ['kɒliːɡ] *n.* 同事，同僚

collect [kə'lekt] *v.* 收集；募捐

collection [kə'lekʃn] *n.* 采集，聚集；（税收）征收；收藏品；募捐

My **colleague** who was also my classmate in **college** likes to **collect** stamps. 我同事兼大学同学喜欢收集邮票。

com-

com- 结构：

comb [kəʊm] *n.* 梳子；蜂巢；鸡冠

combine [kəm'baɪn] *v.* 联合，结合；融合；兼办

come [kʌm] *v.* 来；开始；出现；发生；变成；到达

comedy ['kɒmədɪ] *n.* 喜剧；喜剧性；有趣的事情

My mom **comes** to comfort me by **combing** my hair. 我妈妈通过给我梳头来安慰我。

Two writers **combined** to write a **comedy**. 两位作家合写了一部喜剧。

comm-

comm- 结构：

common ['kɒmən] *adj.* 共同的；普通的；一般的；通常的

command [kəˈmɑːnd] v. 命令；统率 n.（给人或动物的）命令；指令

commander [kəˈmɑːndə(r)] n. 指挥官，长官；领导人；主管

It's a **common command** for soldiers and **commanders** to get up at 5 am. 对士兵们和指挥官们来说，早上五点起床是很常见的命令。

comme-

commerce [ˈkɒmɜːs] n. 贸易；商业；商务

comment [ˈkɒment] n. 评论；意见；批评 v. 发表评论；发表意见

commend [kəˈmend] v. 推荐；称赞

commence [kəˈmens] v. 开始；着手

commentary [ˈkɒməntri] n. 评论；注释；评注；说明

I **commend** all the **comments** and **commentaries** to you before you **commence** to write. 在开始写之前，我推荐你先阅读所有的评论和评注。

commit

commit [kəˈmɪt] v. 犯（罪或错等）；承诺；托付；委托；（公开地）表示意见，作出决定

commited [kəˈmɪtɪd] adj. 坚定的；效忠的；承担义务的

committee [kəˈmɪti] n. 委员会

commitment [kəˈmɪtmənt] n. 承诺；承担义务；献身；花费金钱、时间、人力等

Being a **commited** member of the **committee** requires a **commitment** of time and energy. 作为坚定的委员会成员需要投入时间和精力。

commun-

communal [kəˈmjuːnl] adj. 公共的；公社的

communist [ˈkɒmjənɪst] n. 共产党员；共产主义者

community [kəˈmjuːnəti] n. 社区；[生态] 群落；共同体；团体

communism [ˈkɒmjunɪzəm] n. 共产主义

communicate [kəˈmjuːnɪkeɪt] v. 通讯，传达；相通；交流；感染

communication [kəˌmjuːnɪˈkeɪʃn] n. 通讯，通信；交流；信函

People of various **communities** commute between home and company by **communal** vehicles. 不同社区的人们乘公共交通工具往返于家和公司之间。

Smartphone is the most popular **communication** device for people to **communicate**. 智能手机是人们最普遍的交流设备。

compa-

compa- 结构：

compare [kəmˈpeə(r)] *v.* 对比；将……比作；相比，匹敌

company [ˈkʌmpənɪ] *n.* 公司；陪伴，同伴

companion [kəmˈpænjən] *n.* 同伴；朋友；指南；手册

comparison [kəmˈpærɪsn] *n.* 比较；对照；比较关系

compatible [kəmˈpætəbl] *adj.* 兼容的；能共处的；可并立的

Compared with a compass, a guide is a better travel **companion**. 和指南针相比，一个向导是更好的旅行伙伴。

I'm not **compatible** with anyone in the **company**. 我和公司里的任何人都合不来。

compe-

compe- 结构：

compensate [ˈkɒmpenseɪt] *v.* 补偿，赔偿；弥补

compensation [ˌkɒmpenˈseɪʃn] *n.* 补偿；赔偿金

competent [ˈkɒmpɪtənt] *adj.* 胜任的；有能力的；能干的；合格的

competence [ˈkɒmpɪtəns] *n.* 能力，胜任；权限；技能

competition [ˌkɒmpəˈtɪʃn] *n.* 竞争；比赛；竞赛

competitive [kəmˈpetətɪv] *adj.* 竞争的；有竞争力；求胜心切的

I have **competence** to **compensate** for my loss in the **competition**. 我有能力弥补我在比赛中的失败。

She's **competent** to win in **competitive** games. 她有能力在竞赛中获胜。

comple-

compl- 结构：

complex [ˈkɒmpleks] *adj.* 复杂的；合成的 *n.* 楼群，建筑群

complete [kəmˈpliːt] *adj.* 完全的；彻底的 *v.*

完成；结束；填写（表格）

complement ['kɒmplɪmənt] *n.* 补语；足数；补足物 *v.* 补足；补助

You need to **complete** this **complex** form first. 你需要先完成这个复杂的表格。

A good couple **complement** each other. 一对好的伴侣是互补的。

compli-

compli- 结构：

complicate ['kɒmplɪkeɪt] *v.* 使复杂化；使难以理解

complicated ['kɒmplɪkeɪtɪd] *adj.* 难懂的，复杂的

compliance [kəm'plaɪəns] *n.* 顺从，服从；符合；屈从

Don't **complicate** this issue with more **complicated** details. 不要用更复杂的细节把问题复杂化。

People should behave in **compliance** with ethics. 人们应该遵守道德准则。

compo-

compo- 结构：

compost ['kɒmpɒst] *v./n.* 堆肥；施堆肥

composition [ˌkɒmpə'zɪʃn] *n.* 作文，作曲，作品；成分；构成；组合方式

compound ['kɒmpaʊnd] *n.* 化合/混合物；复合词 *adj.* 复合/混合的 *v.* 合成；混合

component [kəm'pəʊnənt] *n.* 组成部分；成分；组件

The **component** of this **composition** is exquisite. 这首曲子的组成部分很精致。

My grandpa **composted** the **compound** of wasted vegetables and fruits. 我爷爷把不要的蔬菜和水果制成了堆肥。

compr-

compr- 结构：

comprise [kəm'praɪz] *v.* 包含；由……组成

compromise ['kɒmprəmaɪz] *n./v.* 妥协，和解；折中

comprehend [ˌkɒmprɪ'hend] *v.* 理解；领悟

comprehensive [ˌkɒmprɪ'hensɪv] *adj.* 综合的；详尽的 *n.* 综合学校

compu-

compu- 结构：

compute [kəm'pju:t] *v.* 计算；估算；用计算机计算

computer [kəm'pju:tə(r)] *n.* 计算机；电脑；电子计算机

compulsory [kəm'pʌlsəri] *adj.* 义务的；必修的；被强制的

conce-

conce- 结构：

conceal [kən'si:l] *v.* 隐藏；隐瞒

concern [kən'sɜ:(r)n] *v.* 牵扯（某人）；涉及；使担心 *n.* 忧虑；关心

concert ['kɒnsət] *n.* 音乐会；演奏会

concept ['kɒnsept] *n.* 观念，概念

cond-

cond- 结构：

conduct [kən'dʌkt] *v.* 进行；指挥；带领；传导 *n.* 行为举止

conductor [kən'dʌktə(r)] *n.* 指挥；（公共汽车的）售票员

condemn [kən'dem] *v.* 谴责；判刑，定罪；声讨

condition [kən'dɪʃn] *n.* 条件；情况；环境；状态

conf-

conf- 结构：

confess [kən'fes] *v.* 坦白，忏悔

confirm [kən'fɜːm] *v.* 确认；确定；证实；批准；使确信

conflict ['kɒnflɪkt] *v./n.* 冲突，矛盾；斗争

confuse [kən'fjuːz] *v.* 使混乱；使困惑

confidential [ˌkɒnfɪ'denʃl] *adj.* 机密的；隐密的；获信任的

单词串联

The **conflict** happened at this **confidential** conference **confused** me. 在这个秘密会议上发生的冲突使我感到混乱。

cong-

cong- 结构：

congress ['kɒŋgres] *n.* 国会；代表大会；议会

congestion [kən'dʒestʃən] *n.* 拥挤；拥塞；淤血

congratulate [kən'grætʃuleɪt] *v.* 祝贺；恭喜；庆贺

单词串联

Congratulate on the opening of the **congress**. 祝贺大会召开。

cons-

cons- 结构：

conscience ['kɒnʃəns] *n.* 道德心，良心；内疚

consensus [kən'sensəs] *n.* 一致的看法，共识

conservation [ˌkɒnsə'veɪʃn] *n.* 保存，保持；保护

单词串联

The **consensus** we achieved was that the **conservation** of **conscience** is vital. 我们达成的共识是，保持良知至关重要。

consi-

consi- 结构：

consist [kən'sɪst] *v.* 由……组成；在于

consistent [kən'sɪstənt] *adj.* 始终如一的，一致的；持续的

considerate [kən'sɪdərət] *adj.* 体贴的；体谅的；考虑周到的

单词串联

This team **consists** of both **consistent** and **considerate** people. 这个团队是由始终如一、善解人意的人组成的。

const-

constant ['kɒnstənt] *adj.* 不变的；恒定的；经常的

construct [kən'strʌkt] *v.* 建造；创建；绘制 *n.* 构想，概念；建造物

construction [kən'strʌkʃn] *n.* 建设；建筑物；解释；（语法）结构

constitution [ˌkɒnstɪ'tjuːʃn] *n.* 宪法；章程；构造；组成；体格

单词串联

To **construct** the **construction** requires time and **constant** hard toil. 修建建筑物需要时间和不断的艰苦劳动。

consum-

consum- 结构：

consume [kən'sjuːm] *v.* 消耗；吃，喝

consumer [kən'sjuːmə(r)] *n.* 消费者；用户，顾客

consumption [kən'sʌmpʃn] *n.* 消费；消耗；食用，饮用

单词串联

These **consumers consumed** lots of wine which was unfit for human **consumption**. 这些消费者喝了许多不适合人类饮用的酒。

cont-

cont- 结构：

contain [kən'teɪn] *v.* 包含；控制

container [kən'teɪnə(r)] *n.* 容器

continue [kən'tɪnjuː] *v.* 继续，延续；仍旧，连续

continent ['kɒntɪnənt] *n.* 大陆，洲，陆地

control [kən'trəʊl] *v./n.* 控制；管理；抑制

controversial [ˌkɒntrə'vɜːʃl] *adj.* 有争议的；有争论的

content ['kɒntent] *adj.* 满意的 *n.* 内容，目录；满足；容量 *v.* 使满意

contradict [ˌkɒntrə'dɪkt] *v.* 反驳；否定；与……矛盾；与……抵触

单词串联

These **containers containing controversial** goods will **continue** to be sent to different **continents**. 这些装有争议货物的集装箱将继续被运往不同的大陆。

To **contradict** me, she said that **controlling** would not make her **content**. 为了反驳我，她说控制不会使她满意。

conv-

conv- 结构：

convey [kən'veɪ] *v.* 传达；运输

convenient [kənˈviːniənt] *adj.* 方便的；近便的；实用的

conventional [kənˈvenʃənl] *adj.* 符合习俗的，传统的；常见的；惯例的

convince [kənˈvɪns] *v.* 说服；使确信，使信服

单词串联

Their conversation **conveyed** an opinion which also **convinced** me that some **conventional** methods were more **convenient**. 他们的谈话传达了一种观点，这种观点也使我相信一些传统的方法更为方便。

coo-

coo- 结构：

cool [kuːl] *adj.* 凉爽的；冷静的；出色的 *v.* 变凉；平息

cook [kʊk] *v.* 做饭，烹调；（食物）被烧煮 *n.* 厨师

cooker [ˈkʊkə(r)] *n.* 炊具

cookie [ˈkʊkɪ] *n.* 饼干；小甜点

单词串联

A **cook** is using **cooker** to **cook** **cookies** in the **cool** kitchen. 一位厨师正在凉爽的厨房里用炊具做饼干。

cor-

cor- 结构：

corn [kɔːn] *n.* （美）玉米；（英）谷物

corner [ˈkɔːnə(r)] *n.* 角落；偏僻处；困境

corporate [ˈkɔːpərət] *adj.* 法人的；共同的，全体的；社团的；公司的

corporation [ˌkɔːpəˈreɪʃn] *n.* 公司；法人（团体）；社团；市政当局

单词串联

Selling **corns** is the **corporate** planning of the **corporation** in the **corner** of the street. 卖玉米是街角那家公司的规划。

corr-

corr- 结构：

corrupt [kəˈrʌpt] *adj.* 腐败的；堕落的 *v.* 使腐烂；使堕落，使恶化

corruption [kəˈrʌpʃn] *n.* 贪污，腐败；（尤指）受贿；堕落

correction [kəˈrekʃn] *n.* 改正，修正

correspond [ˌkɒrəˈspɒnd] *v.* 符合，一致；相应；通信

corresponding [ˌkɒrəˈspɒndɪŋ] *adj.* 相当的，相应的；一致的；通信的

cos-

cos- 结构：

cost [kɒst] *n.* 费用，代价，成本；损失 *v.*
成本为……；花费；使付出

costume [ˈkɒstjuːm] *n.* 服装，装束；戏装，
剧装

cosmetic [kɒzˈmetɪk] *adj.* 美容的；化妆用
的 *n.* 化妆品；装饰品

cou-

cou- 结构：

could [kʊd] *aux.* 能够，可以；可能 *v.* 能
（can 的过去式）

cough [kɒf] *v.* 咳嗽；咳出 *n.* 咳嗽

cousin [ˈkʌzn] *n.* 堂兄弟姊妹；表兄弟姊妹；
远亲

couple [ˈkʌpl] *n.* 一对，一双；夫妇；数个 *v.*
结合

count

count [kaʊnt] *v.* 数数；计算总数 *n.*
总数；数数

-count 结构：

discount [ˈdɪskaʊnt] *n.* 折扣；优惠；贴现
率 *v.* 打折扣

count- 结构：

county [ˈkaʊntɪ] *n.* 郡，县

country [ˈkʌntrɪ] *n.* 国家；祖国；国民；
乡村；故乡

countryside [ˈkʌntrɪsaɪd] *n.* 农村，乡下

counter

counter ['kaʊntə(r)] *n.* 柜台；对立面；计数器

counter- 结构：

counteract [ˌkaʊntər'ækt] *v.* 抵消；中和；阻碍

counterfeit ['kaʊntəfɪt] *adj.* 伪造的，假冒的 *v.* 伪造；假装

-counter 结构：

encounter [ɪn'kaʊntə(r)] *v.* 遭遇；邂逅；遇到 *n.* 遭遇；偶然碰见

> **单词串联**
>
> At the **counter** I **encountered** her, and she bought a drug used to **counteract** fatigue with **counterfeit** money. 我在柜台遇到了她，她用假币买了一种抗疲劳药。

cour-

cour- 结构：

course [kɔːs] *n.* 科目；课程

courier ['kʊrɪə(r)] *n.* 导游；情报员，通讯员；送快信的人

court [kɔːt] *n.* 法院；球场；朝廷；奉承 *v.* 招致（失败、危险等）；向……献殷勤

courtesy ['kɜːtəsɪ] *n.* 礼貌；好意；恩惠 *adj.* 殷勤的；出于礼节的

> **单词串联**
>
> Out of **courtesy**, the **courier** and the professor of this **course** decided not to go to **court**. 出于礼貌，快递员和这门课的教授决定不起诉彼此。

courage

courage ['kʌrɪdʒ] *n.* 勇气；胆量

-courge 结构：

encourage [ɪn'kʌrɪdʒ] *v.* 鼓励，怂恿；激励；支持

discourage [dɪs'kʌrɪdʒ] *v.* 阻止；使气馁

> **单词串联**
>
> What you did **discouraged** him, but I have the **courage** to **encourage** him. 你的所作所为使他气馁，但我有勇气鼓励他。

cover

cover ['kʌvə(r)] *v.* 包括；涉及；掩护；翻唱 *n.* 封面；盖子；掩蔽物；借口

-cover 结构：

recover [rɪ'kʌvə(r)] *v.* 康复；痊愈；恢复；弥补；重新获得

uncover [ʌn'kʌvə(r)] *v.* 发现；揭开；揭露

discover [dɪ'skʌvə(r)] *v.* 发现；发觉

-cover- 结构：

discovery [dɪˈskʌvərɪ] *n.* 发现，发觉；被发现的事物

Recovering from the operation, he uncovered the quilt and discovered that he could walk again. 手术后他恢复了，掀开被子，发现自己又能走路了。

craft

craft [krɑːft] *n.* 工艺；手艺

craft- 结构：

crafty [ˈkrɑːftɪ] *adj.* 狡诈的；狡猾的；灵巧的

craftsman [ˈkrɑːftsmən] *n.* 工匠；手艺人；技工

-craft 结构：

aircraft [ˈeəkrɑːft] *n.* 飞机，航空器

handicraft [ˈhændɪkrɑːft] *n.* 手工艺；手工艺品

spacecraft [ˈspeɪskrɑːft] *n.* [航] 宇宙飞船，航天器

witchcraft [ˈwɪtʃkrɑːft] *n.* 巫术；魔法

Though this craftsman is crafty, he is good at making handicrafts. 这位工匠虽然心思狡猾，但他擅长做手工艺品。

Aircraft and spacecraft must be like witchcraft to ancient people. 飞机和宇宙飞船对古人来说一定像巫术一样。

crease

crease [kriːs] *v.* 弄/起皱；（使）起折痕 *n.* 折痕；折缝

-crease 结构：

increase [ɪnˈkriːs] *v./n.* 增加；增大；提高；增强

decrease [ˈdiːkriːs] *v./n.* 减少，减小，降低

Don't crease the paper that shows the increase and the decrease of sales. 不要把显示销售量增减的纸弄皱了。

-ctory

-ctory 结构：

factory [ˈfæktərɪ] *n.* 工厂；制造厂；代理店

victory [ˈvɪktərɪ] *n.* 胜利；成功；获胜

directory [dəˈrektərɪ] *n.* 名录；电话号码簿；公司名录

It's a victory that we found the factory on the trade directory. 我们在商务名录上找到了这家工厂，这是一个胜利。

-cture

-cture 结构：

lecture ['lektʃə(r)] *n.* 演讲；讲稿；教训 *v.* 演讲；训诫

picture ['pɪktʃə(r)] *n.* 照片，图画；影片；景色；形势

structure ['strʌktʃə(r)] *n.* 结构；构造；建筑物 *v.* 组织；构成；建造

单词串联

The aim of this **lecture** is to learn the **structure** of this building by studying these **pictures**. 讲座的目的是通过研究这些图片来了解这座建筑的结构。

culture

culture ['kʌltʃə(r)] *n.* 文化，文明；培育

culture- 结构：

cultured ['kʌltʃəd] *adj.* 有教养的；文雅的

-culture 结构：

agriculture ['ægrɪkʌltʃə(r)] *n.* 农业；农耕；农业生产；农艺

单词串联

Some so-called **cultured** men don't regard **agriculture** as a part of our **culture**. 有些号称有教养的人不把农业视为我们文化的一部分。

cup

cup [kʌp] *n.* 杯子；奖杯；酒杯

cup- 结构：

cupcake ['kʌpkeɪk] *n.* 纸托蛋糕；杯形蛋糕

-cup 结构：

hiccup ['hɪkʌp] *n./v.* 打嗝

teacup ['tiːkʌp] *n.* 茶碗，茶杯

单词串联

I started to **hiccup** after having a **cupcake** and a **cup** of tea. 我吃了一个纸杯蛋糕，喝了一杯茶之后，就开始打嗝了。

-cur

-cur 结构：

incur [ɪn'kɜː(r)] *v.* 招致，遭受；引致

recur [rɪ'kɜː(r)] *v.* 复发；重现；再来；循环

occur [ə'kɜː(r)] *v.* 发生；出现；存在

concur [kən'kɜː(r)] *v.* 同意，赞同；意见一致

单词串联

Current research suggests that the things **occured** will **recur** in the future. 目前的研究表明，发生过的事情将在未来重演。

We **incurred** huge debts because I **concurred** with you in the plan. 因为我同意你的计划，所以我们欠下了巨额债务。

cure

cure [kjʊə(r)] **v. 缓解；治愈；解决 n. 药物；疗法；治愈；对策**

-cure 结构：

secure [sɪˈkjʊə(r)] *adj.* 安全的；无虑的；有把握的；稳当的

insecure [ˌɪnsɪˈkjʊə(r)] *adj.* 不安全的；不稳定的；不牢靠的

obscure [əbˈskjʊə(r)] *adj.* 鲜为人知的；复杂难懂的 *v.* 遮掩；使……难懂

procure [prəˈkjʊə(r)] *v.* 获得，取得；得到

> **单词串联**
>
> The doctor **procured** an **obscure** but **secure cure** for the patient. 医生为这位病人获得了一种复杂但可靠的疗法。
>
>
>
> Don't be so **insecure**. 别那么没有安全感。

cut

cut [kʌt] **v. 割破；（用刀等）切下，割成；剪短**

-cut 结构：

uncut [ˌʌnˈkʌt] *adj.* 未切的；毛边的

haircut [ˈheəkʌt] *n.* 理发；发型

shortcut [ˈʃɔ:tkʌt] *n.* 捷径

woodcut [ˈwʊdkʌt] *n.* 木刻；木版画

> **单词串联**
>
> After the **haircut**, he took a **shortcut** to go to the factory of **woodcut** to **cut** wood. 剪完头发，他抄近路去木刻厂切割木头。
>
>

cute

cute [kjuːt] *adj.* **可爱的；漂亮的；聪明的**

-cute 结构：

acute [əˈkjuːt] *adj.* 严重的，急性的；敏锐的

execute [ˈeksɪkjuːt] *v.* 实行；执行；处死

> **单词串联**
>
> The **cute** baby has **acute** hearing. 这个可爱的婴儿听觉很灵敏。
>
>

D

-dal

-dal 结构:

pedal ['pedl] *n.* （车辆，乐器的）踏板 *v.* 骑（自行车）；踩踏板

medal ['medl] *n.* 勋 / 奖章；纪念章

sandal ['sændl] *n.* 凉鞋

scandal ['skændl] *n.* 丑闻；流言蜚语

单词串联

He, wearing **medals** and **sandals**, **pedalled** home to tell the **scandals** he heard. 他戴着奖章，穿着凉鞋，骑自行车回家讲述听到的流言蜚语。

dance

dance [dɑ:ns] *n.* **舞蹈；舞会；舞曲** *v.* **跳舞**

-dance 结构:

guidance ['gaɪdns] *n.* 指导，引导；咨询

abundance [ə'bʌndəns] *n.* 充裕，丰富

accordance [ə'kɔ:dns] *n.* 按照，依据；一致，和谐

attendance [ə'tendəns] *n.* 出席；到场；出席人数；考勤

单词串联

In **accordance** with the teacher's **guidance**, the **attendance** at the **dance** class is in **abundance**. 按照老师的引导，上舞蹈课的人很多。

-dant

-dant 结构:

abundant [ə'bʌndənt] *adj.* 丰富的；充裕的；盛产的

attendant [ə'tendənt] *n.* 侍者；陪从；参与者 *adj.* 伴随的；随之而来的

defendant [dɪ'fendənt] *n.* 被告（人）

redundant [rɪ'dʌndənt] *adj.* 多余的，过剩的；被解雇的

commandant ['kɒməndænt] *n.* 司令官，指挥官

单词串联

The **redundant commandant** says that the **attendants** in the palace are **abundant**. 被裁减的司令官说宫殿里有很多侍从。

date

date [deɪt] *n.* 日期；约会；年代

-date 结构：

sedate [sɪ'deɪt] *adj.* 安静的；沉着的 *v.* 给……服镇静剂

update [ˌʌp'deɪt] *v.* 更新；校正；使现代化

单词串联

On our first **date**, the **sedate** man **updated** me on his condition. 我们第一次约会时，那个镇定的男人告诉了我他的情况。

day

day [deɪ] *n.* 一天；时期；白昼

day- 结构：

daylight ['deɪlaɪt] *n.* 白天；日光；黎明

daytime ['deɪtaɪm] *n.* 白天

-day 结构：

today [tə'deɪ] *adv.* 今天，今日；现今

midday [ˌmɪd'deɪ] *n.* 中午；正午

holiday ['hɒlədeɪ] *n.* 假日；节日；休息日

noonday ['nu:ndeɪ] *n.* 中午

someday ['sʌmdeɪ] *adv.* 将来有一天，有朝一日

weekday ['wi:kdeɪ] *n.* 平日，普通日；工作日，（星期天及星期六以外的）任何一天

birthday ['bɜ:θdeɪ] *n.* 生日，诞辰

workday ['wɜ:kdeɪ] *n.* 工作日

yesterday ['jestədeɪ] *adv.* 在昨天 *n.* 昨天

doomsday ['du:mzdeɪ] *n.* 世界末日；最后的审判日

单词串联

At **midday today**, we were told that from **someday** next week we would start a **holiday**. 今天中午，我们被告知，从下周的某一天起，我们将开始放假。

Yesterday was a **workday**; **today** is a **weekday**, and also my **birthday**. 昨天是一个工作日；今天也是一个工作日，而且是我的生日。

➲ **seven days in a week**（一周七天）：

Sunday ['sʌndeɪ] *n.* 星期日

Monday ['mʌndeɪ] *n.* 星期一

Tuesday ['tju:zdeɪ] *n.* 星期二

Wednesday ['wenzdeɪ] *n.* 星期三

Thursday ['θɜ:zdeɪ] *n.* 星期四

Friday ['fraɪdeɪ] *n.* 星期五
Saturday ['sætədeɪ] *n.* 星期六

-dder

ladder ['lædə(r)] *n.* 梯子
bladder ['blædə(r)] *n.* 膀胱
rudder ['rʌdə(r)] *n.* 船舵；飞机方向舵
shudder ['ʃʌdə(r)] *v./n.* 发抖；战栗

单词串联

The sailors are **shuddering** because the **rudder** lost control. 水手们因船舵失去控制而害怕地发抖。
He climbed down the **ladder** quickly because he had to empty his full **bladder**. 他快速爬下梯子，因为他得去卫生间。

dec-

decide [dɪ'saɪd] *v.* 决定；判决；影响……的结果
decision [dɪ'sɪʒn] *n.* 决定；决断（力）；决策
decline [dɪ'klaɪn] *n.* 下降；衰退；斜面 *v.* 谢绝；婉拒；下降；衰退

单词串联

My **decision** is that I **decided** to **decline** your invitation. 我的决定是拒绝你的邀请。

deed

deed [diːd] *n.* 行为，行动；（尤指房产）契约

indeed [ɪn'diːd] *adv.* 的确；实在；真正地
misdeed [ˌmɪs'diːd] *n.* 罪行；犯罪

单词串联

His **misdeed** is **indeed** an evil **deed**. 他的不端行为确实是一件恶行。

-dence

prudence ['pruːdns] *n.* 审慎
evidence ['evɪdəns] *n.* 证据；迹象；明显
incidence ['ɪnsɪdəns] *n.* 发生率；影响范围；冲击（方式）
residence ['rezɪdəns] *n.* 住宅，住处；居住；居留（期）
confidence ['kɒnfɪdəns] *n.* 信心；信任；秘密
precedence ['presɪdəns] *n.* 优先；居先

Evidence takes precedence over confidence, and the evidence shows that the residence belongs to us. 证据比信心更重要，而且证据表明房子是我们的。

He's showing remarkable prudence while calculating the incidence of crime. 他在计算犯罪发生率时表现出极度的谨慎。

-der

-der 结构：

trader ['treɪdə(r)] *n.* 交易者；商人

reader ['riːdə(r)] *n.* 读者

wonder ['wʌndə(r)] *v.* 想知道；不知是否；感到惊讶 / 疑惑

powder ['paʊdə(r)] *n.* 粉，粉末 *v.* 搽粉；往（脸或身体）上搽粉

murder ['mɜːdə(r)] *v./n.* 谋杀

wander ['wɒndə(r)] *v./n.* 漫步；走神

slander ['slɑːndə(r)] *v./n.* 诽谤，中伤

单词串联

The trader wanders around the streets wondering whether this kind of powder could sell well. 商人在街上徘徊，想知道这种粉末是否会卖得好。

The reader who loves stories of murder is accused of slandering the writer. 这位喜欢谋杀小说的读者被指控诽谤作者。

-dicate

-dicate 结构：

dedicate ['dedɪkeɪt] *v.* 致力；献身；题献

indicate ['ɪndɪkeɪt] *v.* 表明；指出；预示

vindicate ['vɪndɪkeɪt] *v.* 维护；证明……无辜；证明……正确

单词串联

His dedicating himself to social work is vindicated and it also indicates that he is a kind person. 他投身社会工作被证明是正确的，这也表明他是个好人。

-dict-

-dict 结构：

edict ['i:dɪkt] *n.* 法令；布告

indict [ɪn'daɪt] *v.* 控告，起诉；揭发

addict ['ædɪkt] *n.* 吸毒成瘾的人；入迷的人

verdict ['vɜ:dɪkt] *n.* 结论；裁定

predict [prɪ'dɪkt] *v.* 预言，预知，预卜；做预报；断言

> **单词串联**
>
> What **verdict** can we **predict** from the **edict** newly announced? 我们能从新公布的法令中预测出什么样的结论？
> The drug **addict** was **indicted** for robbery. 这个吸毒者被指控犯有抢劫罪。

dict- 结构：

dictate [dɪk'teɪt] *v.* 命令；口述；使听写

dictator [dɪk'teɪtə(r)] *n.* 独裁者；命令者

dictation [dɪk'teɪʃn] *n.* 听写；口述；命令

dictionary ['dɪkʃənrɪ] *n.* 字典；词典

> **单词串联**
>
> "Don't look up the **dictionary** when you take **dictation**." The **dictator dictates**. "听写时不要查字典。"独裁者命令道。

did

did [dɪd] *v.* 做（do 的过去式）

-did 结构：

candid ['kændɪd] *adj.* 坦率的；直言不讳的；偷拍的（照片）

sordid ['sɔ:dɪd] *adj.* 肮脏的；卑鄙的；卑劣的；可耻的

splendid ['splendɪd] *adj.* 极佳的；壮丽的；（尤指外表）华丽的

> **单词串联**
>
> To be **candid** with you, what you **did** was **sordid** and unacceptable. 坦白地说，你所做的事是肮脏的，是不可接受的。
> How **splendid** the country view is! 乡村景色多么壮丽啊！

differ

differ ['dɪfə(r)] *v.* 不同于；意见有分歧

differ- 结构：

different ['dɪfrənt] *adj.* 不同的；分别的；有差异的；有差别的

differently ['dɪfrəntlɪ] *adv.* 不同地；以不同的方式

difference ['dɪfrəns] *n.* 差异；不同；争执

differential [ˌdɪfə'renʃl] *adj.* 差别的；以差别而定的；有区别的

> **单词串联**
>
> Your version of the story **differs** from his. 你对这个故事的说法和他的不一样。
> **Different** methods will work out **differently**. 不同的方法有不同的效果。

direct

direct [daɪˈrekt] *adj.* 直接的；直系的
v. 管理；指挥；导演；指向

direct- 结构：

director [daɪˈrektə(r)] *n.* 主任，主管；导演；经理

direction [daɪˈrekʃn] *n.* 方向；指导；趋势；用法说明

单词串联

"There is the **direct** bus to the movie set." A **director** says and shows me the **direction**.
"有直达片场的公共汽车。"一个导演说道，并给我指明方向。

dis-

dis- 结构：

disk [dɪsk] *n.* 磁盘，磁碟片；圆盘，盘状物；唱片

dismay [dɪsˈmeɪ] *v.* 使沮丧；使惊慌 *n.* 沮丧，灰心；惊慌

dismiss [dɪsˈmɪs] *v.* 解散；开除；让……离开；不予理会

disgusting [dɪsˈɡʌstɪŋ] *adj.* 令人厌恶的

单词串联

It **dismayed** me when the boss **dismissed** our team, which was also **disgusting**. 老板解雇我们的团队让我很沮丧，也很令人厌恶。

disc-

disc- 结构：

discuss [dɪˈskʌs] *v.* 讨论；论述，辩论

discussion [dɪˈskʌʃn] *n.* 讨论，议论

discrimination [dɪˌskrɪmɪˈneɪʃn] *n.* 歧视；区别，辨别；识别力

单词串联

We need to **discuss** the public **discussion** of **discrimination**. 我们需要讨论一下公众对歧视的讨论。

dish

dish [dɪʃ] *n.* 盘；餐具；一盘食物

-dish 结构：

childish [ˈtʃaɪldɪʃ] *adj.* 幼稚的，孩子气的

radish [ˈrædɪʃ] *n.* 萝卜，小萝卜

单词串联

He is **childish** not to eat the **radish** in his **dish**. 他不吃盘子里的萝卜真幼稚。

distin-

distin- 结构：

distinct [dɪ'stɪŋkt] *adj.* 明显的；独特的；清楚的；有区别的

distinction [dɪ'stɪŋkʃn] *n.* 区别；差别；特性；荣誉，勋章

distinctive [dɪ'stɪŋktɪv] *adj.* 独特的，有特色的；与众不同的

distinguish [dɪ'stɪŋgwɪʃ] *v.* 区分；辨别；使杰出，使表现突出

单词串联

These two paintings have their **distinctive distinctions** that are **distinct** to **distinguish**. 这两幅画有明显的区别，很容易区分。

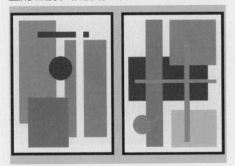

distri-

distri- 结构：

district ['dɪstrɪkt] *n.* 区域；地方；行政区

distribute ['dɪstrɪbjuːt] *v.* 分配；散布；分开；把……分类

distributor [dɪ'strɪbjətə(r)] *n.* 经销商；批发商；分配者；散布者

distribution [ˌdɪstrɪ'bjuːʃn] *n.* 分布；分配；供应

单词串联

Distributors in this **district distributed** food to local people. 这个地区的分销商把食物分发给当地人。

disturb

disturb [dɪ'stɜːb] *v.* 打扰；妨碍；使不安；弄乱；使恼怒

disturb- 结构：

disturbed [dɪ'stɜːbd] *adj.* 扰乱的；心理失常者的

disturbing [dɪ'stɜːbɪŋ] *adj.* 令人不安的；烦扰的

disturbance [dɪ'stɜːbəns] *n.* 干扰；骚乱；忧虑

单词串联

It was **disturbing** when I saw you **disturb** the mentally **disturbed** children. 看到你打扰那些患有精神疾病的孩子，我感到很不安。

doc-

doc- 结构：

dock [dɒk] *n.* 码头；船坞；被告席

doctor ['dɒktə(r)] *n.* 医生；博士

doctrine ['dɒktrɪn] *n.* 主义；学说；教义；信条

document ['dɒkjumənt] *n.* 文件，公文；[计] 文档；证件

单词串联

Keeping patients' **documents** confidential is one of the **doctrines** of being a **doctor**. 对病人的文件保密是医生的信条之一。

-dom

-dom 结构：

random ['rændəm] *adj.* 随机的；任意的

seldom ['seldəm] *adv.* 很少，不常

wisdom ['wɪzdəm] *n.* 智慧，才智；明智；学识

freedom ['fri:dəm] *n.* 自由，自主

kingdom ['kɪŋdəm] *n.* 王国；界；领域

单词串联

I **seldom** visit this **kingdom** that values **freedom**, and there at **random**, I met a man of **wisdom**.
我很少访问这个重视自由的王国；在那里，我偶然遇见了一位智者。

-don-

-don 结构：

abandon [ə'bændən] *v.* 遗弃；离开；放弃；终止；陷入

pardon ['pɑ:dn] *v.* 原谅；谅解；赦免 *n.* 原谅；赦免；赦免书

don- 结构：

donate [dəʊ'neɪt] *v.* 捐赠，捐献

donor ['dəʊnə(r)] *n.* 捐赠者；供者；赠送人

单词串联

In order to ask people's **pardon**, the **donor donated** all his assets and **abandoned** this city. 为了求得大家的原谅，这个捐赠者捐出了他所有的财产，并离开了这座城市。

-duce

-duce 结构：

induce [ɪn'dju:s] *v.* 诱导；引起；引诱；导致；感应

reduce [rɪ'dju:s] *v.* 减少；降低

deduce [dɪ'dju:s] *v.* 推论，推断；演绎出；追溯

seduce [sɪ'dju:s] *v.* 引诱；诱惑；怂恿；使误入歧途

introduce [,ɪntrə'dju:s] *v.* 介绍；引进；提出

From her **introducing** you to her family we can **deduce** that she likes you. 她把你介绍给家人，由此我们可以推断出她喜欢你。

Too much plastic bags can **induce** serious pollution, so we need to **reduce** the use of them. 太多的塑料袋会导致严重的污染，所以我们需要减少塑料袋的使用。

dur-

dur- 结构：

during ['djʊərɪŋ] *prep.* 在……的期间；在……期间的某个时候

durable ['djʊərəbl] *adj.* 耐用的，持久的

duration [djʊ'reɪʃn] *n.* 持续，持续的时间，期间；音长，音延

durability [ˌdjʊərə'bɪləti] *n.* 耐久性；坚固；耐用年限

During difficult times, some things are more **durable** than usual. 困难时期，有些东西比平时更耐用。

dyna-

dyna- 结构：

dynasty ['dɪnəsti] *n.* 王朝，朝代

dynamic [daɪ'næmɪk] *adj.* 动态的；动力的；动力学的；有活力的

dynamics [daɪ'næmɪks] *n.* 动力学，力学

dynamite ['daɪnəmaɪt] *n.* 炸药；轰动一时的人（或事物）

People in this **dynasty** were **dynamic**, and things happened were **dynamite**. 这个朝代的人们充满活力，发生的事情也引起过轰动。

E

each

each [i:tʃ] *det.* 各自 *pron.*（两个或两个以上的人或物中）每个

-each 结构：

teach [ti:tʃ] *v.* 教；教授；教导

peach [pi:tʃ] *n.* 桃子；桃树；桃红色；受人喜欢的人（或物）

bleach [bli:tʃ] *v.* 漂白，晒白 *n.* 漂白剂，消毒剂

She **teaches each** of us not to **bleach** the **peach**. 她教导我们每个人不要漂白桃。

-eady

-eady 结构：

ready ['redɪ] *adj.* 准备好；现成的；迅速的

already [ɔːl'redɪ] *adv.* 已经，早已；先前

steady ['stedɪ] *adj.* 稳定的；不变的；沉着的

I am **already ready** and **steady**. 我已做好充分的准备。

-eal

-eal 结构：

deal [di:l] *n.* 约定；交易 *v.* 发（纸牌）；买卖

ideal [aɪ'di:əl] *adj.* 理想的；完美的

heal [hi:l] *v.* 治愈，痊愈；和解

meal [mi:l] *n.* 一餐，一顿饭；膳食

seal [si:l] *n.* 密封；印章；海豹；封条 *v.* 密封；盖章

zeal [zi:l] *n.* 热情；热心；热诚

steal [sti:l] *v.* 剽窃；偷偷地做；偷窃

reveal [rɪ'vi:l] *v.* 显示；透露；揭露；泄露；展示；展现

appeal [ə'pi:l] *v./n.* 呼吁，恳求

To **heal** a heartbreak, I **appeal** to you for an **ideal meal**. 为了治愈心碎，我向你请求一顿完美的晚餐。

Too much speaking **revealed** her **zeal** in **stealing** the **seal**. 说得太多暴露了她偷海豹的热情。

ear

ear [ɪə(r)] *n.* 耳朵；穗；听觉；听力

ear- 结构：

early [ˈɜːlɪ] *adj.* 早期的；早熟的 *adv.* 提早；在初期

earth [ɜːθ] *n.* 地球；陆地；土地

earthquake [ˈɜːθkweɪk] *n.* 地震；大动荡

单词串联

In the **early** morning, there was an **earthquake**. 清晨，发生了地震。

-ear 结构：

dear [dɪə(r)] *adj.* 亲爱的；昂贵的 *n.* 亲爱

fear [fɪə(r)] *n./v.* 害怕；敬畏；为……担心

hear [hɪə(r)] *v.* 听到，听；听说

near [nɪə(r)] *adv.* 接近；差不多，几乎 *prep.* 在……附近

tear [ˈteə(r)]；[ˈtɪə(r)] *v.* 撕掉；撕破；使受创伤 *n.* 眼泪

year [jɪə(r)] *n.* 年；年度

wear [weə(r)] *v.* 穿，戴

swear [sweə(r)] *v.* 诅咒；咒骂；保证（所说属实）*n.* 发誓；咒骂

单词串联

My **dear**, I **fear** that someone is **hearing** us. 亲爱的，我担心有人在听我们讲话。I **swear** next **year** I won't **wear** a dress or shed **tears** again. 我发誓明年再也不穿裙子或者掉眼泪了。

earn

earn [ɜːn] *v.* 赚，赚得；获得

earn- 结构：

earnest [ˈɜːnɪst] *adj.* 认真的，热心的；重要的

earning [ˈɜːnɪŋ] *n.* 收入；所赚的钱

-earn 结构：

learn [lɜːn] *v.* 学习；得知；认识到

yearn [jɜːn] *v.* 渴望，向往；思念，想念；渴求怜悯

She is an **earnest** person and **yearns** to **learn** new things and to **earn** more. 她是一个认真的人，她渴望学习新东西，挣更多的钱。

ease

ease [iːz] *n.* 容易；舒适；安逸 *v.* 减轻，缓解；使容易；放松

-ease 结构：

cease [siːs] *v.* 停止；结束
tease [tiːz] *v.* 取笑；戏弄；梳理
grease [griːs] *n.* 油脂；润滑油
disease [dɪ'ziːz] *n.* 病，疾病；弊病
decease [dɪ'siːs] *n./v.* 死亡

单词串联

Please **cease** to **tease** the man who **deceased** because of **disease**. 请不要再取笑那个因病去世的人了。

east

east [iːst] *n.* 东方；东部

east- 结构：

Easter ['iːstə(r)] *n.* 复活节
eastern ['iːstən] *adj.* 东方的；朝东的
eastward ['iːstwəd] *adv.* 向东；朝东 *adj.* 向东方的，朝东的

-east 结构：

least [liːst] *adv.* 最小；最少
breast [brest] *n.* 乳房，胸部；衣服的前胸部分

单词串联

In **eastern** countries **Easter** is the **least** important festival. 在东方国家，复活节是最不重要的节日。

-eath

-eath 结构：

death [deθ] *n.* 死；死亡
breath [breθ] *n.* 呼吸，气息；一口气
wreath [riːθ] *n.* 花冠

单词串联

Though it was not a matter of life and **death**, she still took a deep **breath** before putting on the **wreath**. 虽然这不是生死攸关的事，但她还是在戴上花冠之前深吸了一口气。

easy

easy ['i:zɪ] *adj.* 容易的；舒适的 *adv.* 小心；轻点

easy- 结构：

easygoing [ˌi:zɪ'gəʊɪŋ] *adj.* 悠闲的；逍遥自在的

-easy 结构：

uneasy [ʌn'i:zɪ] *adj.* 不舒服的；心神不安的

greasy ['gri:sɪ] *adj.* 油腻的；含脂肪多的；谄媚的

> **单词串联**
>
> It's **uneasy** for an **easygoing** girl to walk around with **greasy** hair. 一个随和的女孩带着油腻的头发走来走去会很不舒服的。

-ee

-ee 结构：

fee [fi:] *n.* 费用；酬金；小费

knee [ni:] *n.* 膝盖，膝

coffee ['kɒfɪ] *n.* 咖啡；咖啡豆；咖啡色

> **单词串联**
>
> A beggar was on his **knee** asking for **coffee** and **fee.** 一个乞丐跪在地上要咖啡和钱。

-eed

-eed 结构：

feed [fi:d] *v.* 喂养；进食 *n.* 饲料；饲养

heed [hi:d] *v./n.* 注意，留心；听从

need [ni:d] *v.* 必须，需要；（表示应该或不得不做）有必要 *n.* 需要，必须

seed [si:d] *n.* 种子；精液；萌芽

weed [wi:d] *n.* 野草；水草

bleed [bli:d] *v.* 流血；（使）出血；榨取；（为国家、事业等）流血牺牲

breed [bri:d] *v.* （使）动物繁殖 *n.* 品种；（人或物的）类型，种类；养殖

speed [spi:d] *n.* 速度，速率；进度 *v.* 快速运动；加速；促进

> **单词串联**
>
> You **need** to **heed** the **weed** when you **feed** the fish in the pond. 喂池塘里的鱼时，要留意水草。

The **speed** of this dog **breed** is fast indeed. 这种犬的速度确实很快。

-eek

-eek 结构：

leek [liːk] *n.* 韭；[园艺] 韭葱

sleek [sliːk] *adj.* 光滑的；线条流畅的；衣冠楚楚的

creek [kriːk] *n.* 小溪；小湾

Greek [griːk] *n.* 希腊人；希腊语 *adj.* 希腊的；希腊人的，希腊语的

seek [siːk] *v.* 寻求；寻找；探索；搜索

peek [piːk] *v.* 窥视，偷看；微微露出，探出

meek [miːk] *adj.* 温顺的；谦恭的；驯服的

week [wiːk] *n.* 周，星期

cheek [tʃiːk] *n.* 面颊，脸颊；臀部

单词串联

Last **week**, while we were **seeking** for **leeks**, we saw a **meek** man **peek** into a hole. 上周，我们在寻找韭葱时，看到一个外表温顺的人往洞里偷看。
You can wash your **sleek cheek** in a **Greek creek**. 你可以在一条希腊小溪里清洗你光滑的脸颊。

eel

eel [iːl] *n.* 鳗鱼；鳝鱼

-eel 结构：

feel [fiːl] *v.* 感觉；认为；触摸 *n.* 感觉；触摸

peel [piːl] *v.* 剥，剥落；削

reel [riːl] *n.* 卷轴；里尔舞；一卷 *v.* 踉跄；震惊；旋转

heel [hiːl] *n.* 脚后跟；踵

steel [stiːl] *n.* 钢铁；钢制品；坚固 *adj.* 钢制的；钢铁业的；坚强的

kneel [niːl] *v.* 跪下，跪

wheel [wiːl] *n.* 车轮；方向盘

genteel [dʒen'tiːl] *adj.* 有教养的，文雅的；上流社会的

单词串联

I **kneel** down to **feel** the **wheel** made of **steel**. 我跪下来摸了摸钢铁做的轮子。
A **genteel** lady in a pair of high-**heels** is dancing **reel**. 一位优雅的女士穿着高跟鞋在跳里尔舞。

-eem

-eem 结构：

seem [siːm] *v.* 似乎；像是；装作

deem [diːm] *v.* 认为，视作；相信

redeem [rɪ'diːm] *v.* 赎回；挽回；兑换；履行；救赎

esteem [ɪ'stiːm] *n.* 尊重，敬重 *v.* 尊敬；把……看作，认为；考虑；估价

The highly **esteemed** doctor who **redeemed** us from pain **seems** to be **deemed** brave. 那位把我们从痛苦中拯救出来的备受尊敬的医生被认为很勇敢。

-een

-een 结构：

keen [ki:n] *adj.* 敏锐的；渴望的；强烈的；热心的

queen [kwi:n] *n.* 女王；蜂王

screen [skri:n] *n.* 屏，幕；屏风

canteen [kæn'ti:n] *n.* 食堂；水壶

单词串联

Workers in the **canteen** are **keen** to see the **queen** on the **screen**. 食堂的工作人员渴望在屏幕上看到女王。

-eep

-eep 结构：

beep [bi:p] *n./v.*（发出）嘟嘟声

jeep [dʒi:p] *n.* 吉普车

deep [di:p] *adj.* 深的，纵深的 *adv.* 在深处，深深地

peep [pi:p] *v.* 窥视，偷看

creep [kri:p] *v.* 爬行；蔓延；慢慢地移动；起鸡皮疙瘩

sheep [ʃi:p] *n.* 羊，绵羊；胆小鬼

steep [sti:p] *adj.* 陡峭的；急剧的

weep [wi:p] *v.* 哭泣；哀悼

sweep [swi:p] *v.* 扫去，清除

sleep [sli:p] *v.* 睡，睡觉 *n.* 睡眠

asleep [ə'sli:p] *adj.* 睡着的；麻木的；长眠的 *adv.* 熟睡地；进入睡眠状态（地）

单词串联

In a **deep** valley, a dog kept **creeping** to **peep** at the **jeep**. 在一个很深的山谷里，一只狗不停地爬了好久去偷看一辆吉普车。

After **sweeping** the big farm, the little **sheep wept** herself into **sleep**. 扫完大农场后，小绵羊哭着睡着了。

-eer

-eer 结构：

deer [dɪə(r)] *n.* 鹿

beer [bɪə(r)] *n.* 啤酒

cheer [tʃɪə(r)] *n.* 欢呼 *v.* 欢呼；鼓舞；（使）高兴起来

sheer [ʃɪə(r)] *adj.* 绝对的；透明的；峻峭的 *adv.* 完全；陡峭地

queer [kwɪə(r)] *adj.* 奇怪的，异常的

career [kə'rɪə(r)] *n.* 生涯；职业；事业 *v.*（失控地）疾驰，飞奔

The **deer's career** is to sell **beer** and say: "**Cheers.**" 这头鹿的职业是卖啤酒和说："干杯。"

-eet

-eet 结构：

meet [miːt] *v.* 满足；遇见；接触

sheet [ʃiːt] *n.* 薄片，纸张；薄板；床单

sweet [swiːt] *adj.* 甜的；悦耳的；芳香的 *n.* 糖果；甜点

street [striːt] *n.* 街道

discreet [dɪ'skriːt] *adj.* 谨慎的；小心的

I **met** a **sweet** and **discreet** person in the **street**. 我在街上遇到了一个可爱又谨慎的人。

-eeze

-eeze 结构：

freeze [friːz] *v.*（使）冻结，结冰 *n.* 冻结；凝固；停止

breeze [briːz] *n.* 微风；轻而易举的事 *v.* 吹微风

sneeze [sniːz] *v.* 打喷嚏 *n.* 喷嚏

squeeze [skwiːz] *v.* 挤；紧握；勒索；压榨；使挤进 *n.* 挤压

It's **freezing** cold and I can't stop **sneezing**. 天冷得要命，我不停地打喷嚏。

It's a **breeze** to **squeeze** lemons. 挤柠檬是一件轻而易举的事。

ember

ember ['embə(r)] *n.* 灰烬，余烬

-ember 结构：

member ['membə(r)] *n.* 成员；会员；议员

remember [rɪ'membə(r)] *v.* 记得；牢记；纪念

December [dɪ'sembə(r)] *n.* 十二月

November [nəʊ'vembə(r)] *n.* 十一月

September [sep'tembə(r)] *n.* 九月

Being a **member** of the Senate chamber, you have to **remember** all kinds of things. 作为参议院的一员，你必须记住各种各样的事情。

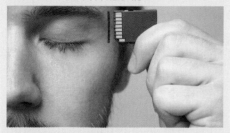

In September it's cool, but in November and December it's cold. 九月很凉爽，但十一月和十二月很冷。

-ence

-ence 结构：

hence [hens] *adv.* 因此；今后

pence [pens] *n.* 便士（penny 的复数）

absence ['æbsəns] *n.* 没有；缺乏；缺席；不注意

presence ['prezns] *n.* 存在；出席；部队；风度；仪态

occurence [ə'kʌrəns] *n.* 发生；出现；事件；发现

Hence, the **occurence** of losing **pence** never occured again. 因此，再也没有发生过丢便士的事情。

The **absence** of a subject or the **presence** of only a conjunction does not make a proper sentence. 没有主语或只出现连词都不能构成正确的句子。

-ency

-ency 结构：

currency ['kʌrənsɪ] *n.* 货币；通货

deficiency [dɪ'fɪʃnsɪ] *n.* 缺陷，缺点；缺乏；不足

excellency ['eksələnsɪ] *n.* 优点，美德；阁下

frequency ['fri:kwənsɪ] *n.* 频率；频繁

The **frequency** of earning foreign **currency** increased rapidly. 赚取外汇的频率迅速增加。

There are serious **deficiencies** in Your **Excellency**. 阁下有严重的缺陷。

-ender

-ender 结构：

tender ['tendə(r)] *adj.* 温柔的；（食物）柔软的

gender ['dʒendə(r)] *n.* 性别

lavender ['lævəndə(r)] *n.* 薰衣草；淡紫色 *adj.* 淡紫色的

surrender [sə'rendə(r)] *v./n.* 投降；任凭摆布；（被迫）放弃

suspender [sə'spendə(r)] *n.* 吊裤带；吊袜带

Women are **tender** but it is not solely because of their **gender**. 女性很温柔，但这并不仅仅是因为她们的性别。

A man in a pair of **suspenders surrendered** his property in a **lavender** garden. 一个穿吊裤带的人在一片薰衣草花园里被迫放弃了他的财产。

enter

enter [ˈentə(r)] *v.* 进入；开始；参加

enter- 结构：

entertain [ˌentəˈteɪn] *v.* 娱乐；招待；怀有（想法、感觉等）

enterprise [ˈentəpraɪz] *n.* 企业；事业；进取心；事业心

单词串联

To **enter** the business of **entertaining**, you have to join this **enterprise**. 要想进入娱乐行业，你必须加入这个企业。

-enty

-enty 结构：

twenty [ˈtwentɪ] *num.* 二十

seventy [ˈsevntɪ] *num.* 七十

plenty [ˈplentɪ] *n./pron./adv./det.* 富裕，充裕；很多，大量

aplenty [əˈplentɪ] *adv.* 大量；充裕；绰绰有余

单词串联

There're **plenty** of reasons why I can't figure out what **twenty** plus **seventy** is. 我算不出 20 加 70 等于多少是有很多原因的。

I have problems **aplenty** to worry about. 我有很多问题要担心。

equ-

equ- 结构：

equal [ˈiːkwəl] *adj.* 平等的；胜任的 *v.* 等于；比得上 *n.* 对手；相等的事物

equity [ˈekwətɪ] *n.* 公平，公正

equality [ɪˈkwɒlətɪ] *n.* 平等；相等；等式

equip [ɪˈkwɪp] *v.* 装备，配备

equipment [ɪˈkwɪpmənt] *n.* 设备，装备；器材

Because of **equal** rights, your department will have the same **equipment**. 因为权利平等，你们部门会有同样的设备。

Social **equality** is a popular topic. 社会平等是一个热门话题。

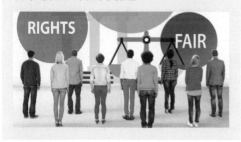

-eral

-eral 结构：

liberal ['lɪbərəl] *adj.* 开明的；人文的；慷慨的 *n.* 开明的人

federal ['fedərəl] *adj.* 联邦的；同盟的

several ['sevrəl] *adj.* 几个的；各自的 *pron.* 几个；数个

mineral ['mɪnərəl] *adj.* 矿物的；矿质的 *n.* 矿物；（英）矿泉水

单词串联

The **federal** government is looking for **several liberals**. 联邦政府正在寻找几个自由主义者。

It's immoral to steal someone else's **minerals**. 偷别人的汽水是不道德的。

-erate

-erate 结构：

literate ['lɪtərət] *adj.* 受过教育的；精通文学的

illiterate [ɪ'lɪtərət] *adj.* 文盲的；不识字的；没受教育的

operate ['ɒpəreɪt] *v.* 操作；经营；运转；动手术；起作用

cooperate [kəʊ'ɒpəreɪt] *v.* 合作，配合；协力

tolerate ['tɒləreɪt] *v.* 忍受；默许；宽恕

单词串联

These two doctors **cooperated** with each other and **operated** on a patient, though they had to **tolerate** the noise. 尽管这两位医生不得不忍受噪音，他们还是相互合作，给一个病人做了手术。

My mom is **illiterate** and that's why she expects me to be **literate**. 我妈妈是个文盲，所以她希望我能读书识字。

-eration

-eration 结构：

operation [ˌɒpə'reɪʃn] *n.* 操作；经营；[外科]手术

generation [ˌdʒenə'reɪʃn] *n.* 一代；产生；一代人；生殖

consideration [kənˌsɪdəˈreɪʃn] *n.* 考虑；原因；关心；报酬

The new **generation** shows much **consideration** for Internet **operations**.
新一代对互联网公司非常关心。

-erge

-erge 结构：

verge [vɜːdʒ] *n.* 边缘；绿地；极限 *v.* 濒临，接近；趋向；处在边缘

merge [mɜːdʒ] *v.* （使）合并；融合

emerge [ɪˈmɜːdʒ] *v.* 浮现；摆脱；暴露

submerge [səbˈmɜːdʒ] *v.* 淹没；把……浸入；沉浸

At the **verge** of dying of thirsty, an oasis **emerged** in front of us. 就在我们快要渴死的时候，一片绿洲出现在我们面前。

Submerged doubts resurfaced when she saw his figure **merge** with the darkness. 她看到他的身影与黑暗融合在一起时，内心深处的疑惑又浮现了出来。

-erry

-erry 结构：

berry [ˈberɪ] *n.* 浆果（葡萄、番茄等）

ferry [ˈferɪ] *n.* 渡船；摆渡；渡口 *v.* 运送，渡运；坐渡船；摆渡

merry [ˈmerɪ] *adj.* 愉快的；微醉的；嬉戏作乐的

sherry [ˈʃerɪ] *n.* 雪利酒；葡萄酒

cherry [ˈtʃerɪ] *n.* 樱桃；樱桃树；如樱桃的鲜红色

strawberry [ˈstrɔːberɪ] *n.* 草莓；草莓色；草莓味

The captain is **merry** to transport **sherry**, **cherry** and **strawberry** by **ferry**. 船长很乐意用渡轮运送雪利酒、樱桃和草莓。

-erty

-erty 结构：

liberty [ˈlɪbətɪ] *n.* 自由；失礼；冒失

poverty [ˈpɒvətɪ] *n.* 贫困；困难；缺少；不足；贫瘠

puberty [ˈpjuːbətɪ] *n.* 青春期；发育期

Even during her **puberty**, she is at **liberty** to help those in **poverty**. 即使在青春期，她也可以自由地帮助穷人。

-etch

-etch 结构：

fetch [fetʃ] *v.* 取来；请来；卖得（多少钱）

sketch [sketʃ] *n.* 素描；略图；梗概

stretch [stretʃ] *v.* （柔软或弹性物）伸展；拉紧

wretch [retʃ] *n.* 可怜的人，不幸的人；卑鄙的人

The **wretch stretched** his body, and then **fetched** the **sketch**. 那个坏蛋拉伸了一下身体，然后把素描画取来了。

-ettle

-ettle 结构：

kettle ['ketl] *n.* 壶；罐

nettle ['netl] *n.* 荨麻，荨麻科

settle ['setl] *v.* 解决；定居；沉淀

unsettle [ʌn'setl] *v.* （使）动摇；（使）不安定；（使）心神不宁

In the garden, she sees many **nettles** which **unsettles** her. 在花园里，她看到许多荨麻，这使她心神不宁。

even

even ['iːvn] *adv.* 甚至，即使；愈加，还 *adj.* 平坦的；平稳的

even- 结构：

evening ['iːvnɪŋ] *n.* 晚上；傍晚；晚会

event [ɪ'vent] *n.* 事件，大事；赛事；项目

eventful [ɪ'ventfl] *adj.* 多事的；重要的；多变故的；重大的

This **evening** has not been **eventful** because not a single **event** has happened. 今晚很平静因为没有一件事发生。

-even 结构：

seven ['sev(ə)n] *num.* 七个，七

eleven [ɪ'levn] *num.* 十一；十一个

uneven [ʌn'iːvn] *adj.* 不均匀的

She has **seven** apples; I have **eleven** apples; it's **uneven**. 她有七个苹果；我有十一个苹果；这不公平。

ever

ever ['evə(r)] *adv.* 永远；曾经；究竟

fever ['fi:və(r)] *n.* 发烧，发热；狂热

never ['nevə(r)] *adv.* 从未；决不

clever ['klevə(r)] *adj.* 聪明的；机灵的；熟练的

forever [fər'evə(r)] *adv.* 永远；不断地

however [haʊ'evə(r)] *adv.* 无论如何；不管怎样（接副词或形容词）；然而

whenever [wen'evə(r)] *conj.* 无论何时，无论什么情况；每当；别的什么时候

wherever [weər'evə(r)] *adv.* 无论什么地方；究竟在哪里

whichever [wɪtʃ'evə(r)] *pron.* 任何一个；无论哪个；无论哪些

单词串联

I am **clever** and I shall **never** catch a **fever**. 我很聪明，而且永远不会发烧。 **Whenever** you come to me, **wherever** you come from, and **however** you are, I will be with you **forever**. 无论何时你到我这里来，无论你从哪里来，无论你是怎样的人，我将永远在你身边。

every

every ['evrɪ] *adj.* 每一的，每个的；每隔……的；（用于强调）所有可能的

everyday ['evrɪdeɪ] *adj.* 每天的，日常的 *n.* 平时；寻常日子

everyone ['evrɪwʌn] *pron.* 每个人；人人

everything ['evrɪθɪŋ] *pron.* 每件事物，（有关的）一切，万事

everywhere ['evrɪweə(r)] *adv.* 到处 *n.* 每个地方

单词串联

Everyone wants to do **everything** and travels **everywhere**. 每个人都想做所有的事，也想去各个地方旅行。

evi-

evil ['i:vl] *adj.* 邪恶的；不幸的；有害的 *n.* 罪恶，邪恶；不幸

evict [ɪ'vɪkt] *v.* 驱逐；逐出

evident ['evɪdənt] *adj.* 明显的；显然的

单词串联

It's **evident** that we should **evict** the **evil** wizard. 很明显，我们应该驱逐这个邪恶的巫师。

-ex-

ex- 结构：

exact [ɪɡ'zækt] *adj.* 准确的，精密的；精确的

exactly [ɪɡ'zæktlɪ] *adv.* 恰好地；正是；精确地；正确地

exercise ['eksəsaɪz] *v./n.* 运动，锻炼；练习；运用

-ex 结构：

index ['ɪndeks] *n.* 指标；指数；索引

sex [seks] *n.* 性；性别

单词串联

At what time do you **exercise exactly**? 你具体在什么时间锻炼？

There is an **exact index** at the end of the book. 这本书的末尾有精确的索引。

exam

exam [ɪɡ'zæm] *n.* 考试；测验

exam- 结构：

example [ɪɡ'zɑ:mpl] *n.* 例子；榜样

examine [ɪɡ'zæmɪn] *v.* 检查；调查；检测；考试

examination [ɪɡ,zæmɪ'neɪʃn] *n.* 考试；检查；查问

单词串联

For **example**, **exam** is a way to **examine** students on their study. 例如，考试是检查学生学习情况的一种方法。

exce-

exce- 结构：

excel [ɪk'sel] *v.* 超过；擅长 *n.* 电子表格

except [ɪk'sept] *prep.* 除……之外 *conj.* 只是；除非；除……之外

excellent ['eksələnt] *adj.* 卓越的；极好的；杰出的

单词串联

I am **excellent** at office softwares **except** for **EXCEL**. 我能熟悉操作办公软件，除了电子表格。

exci-

exci- 结构：

excite [ɪk'saɪt] *v.* 使兴奋；激起

excited [ɪk'saɪtɪd] *adj.* 兴奋的；激动的；活跃的

exciting [ɪk'saɪtɪŋ] *adj.* 令人兴奋的；使人激动的

单词串联

It **excites** us to watch this **exciting** show and the actors are also **excited**. 观看这场激动人心的表演让我们很兴奋，演员们也很激动。

exi-

exi- 结构：

exit ['eksɪt] *n.* 出口，通道；退场 *v.* 退出；离去

exist [ɪg'zɪst] *v.* 存在；生存；生活；继续存在

existence [ɪg'zɪstəns] *n.* 存在；生活方式

单词串联

Despite my miserable **existence**, I still **exist** and I also believe there will be an **exit** to get me out of this. 尽管我的生活悲惨，但我仍然存在，我也相信会有一个出口让我摆脱这一切。

exp-

exp- 结构：

expose [ɪk'spəʊz] *v.* 揭露，揭发；使曝光；显示

expand [ɪk'spænd] *v.* 扩张；使膨胀；详述 *v.* 发展；展开

express [ɪk'spres] *v.* 表达；快递 *n.* 快车；快递

单词串联

The **express** company **exposed** a list of customers' information. 快递公司公布了一份客户信息清单。

The company decided to **expand** their exports. 公司决定扩大出口。

expe-

expe- 结构：

expense [ɪk'spens] *n.* 损失，代价；消费；开支

expensive [ɪk'spensɪv] *adj.* 昂贵的；花钱多的

expect [ɪk'spekt] *v.* 期望；指望；认为；预料

expected [ɪk'spektɪd] *adj.* 预期的；预料的

expectation [ˌekspek'teɪʃn] *n.* 期待；预期；指望

单词串联

I don't **expect** him to buy an **expensive** car at great **expense**. 我不指望他花大价钱买一辆昂贵的汽车。

exper-

exper- 结构：

expert ['ekspɜːt] *n.* 专家；行家；能手

experience [ɪk'spɪəriəns] *v./n.* 经验；经历；体验

experiment [ɪk'sperɪmənt] *n.* 实验，试验；尝试

experimental [ɪkˌsperɪ'mentl] *adj.* 实验的；根据实验的；试验性的

单词串联

Two **experts** full of **experience** did an **experimental experiment** in the laboratory. 两位经验丰富的专家在实验室里做了一个试验性的实验。

explo-

explo- 结构：

exploit [ɪk'splɔɪt] *v.* 开发，开拓；剥削；开采

explore [ɪk'splɔː(r)] *v.* 探索；探测；在……探险

explode [ɪk'spləʊd] *v.* 爆炸，爆发；激增

explosion [ɪk'spləʊʒn] *n.* 爆炸；爆发；激增

单词串联

The machine in the well **exploded** when people were **exploring**, and the **explosion** caused serious casualties. 井中的机器在人们勘探时爆炸，造成了严重的人员伤亡。

exten-

exten- 结构：

extent [ɪk'stent] *n.* 程度；范围；长度

extend [ɪk'stend] *v.* 延伸；扩大；推广；伸出

extensive [ɪk'stensɪv] *adj.* 广泛的；大量的；广阔的

extension [ɪk'stenʃn] *n.* 拓展；延伸；延期；进修

The **extent** of the external part needs to be **extended** so that the square will be more **extensive**. 外面的范围需要扩大，这样广场会更广阔。

extra

extra [ˈekstrə] *adj.* 额外的；另外收费的；特大的

extra- 结构：

extract [ˈekstrækt] *v.* 提取；索取，设法得到；选取，摘录；取出

extraction [ɪkˈstrækʃn] *n.* 取出；抽出；拔出；抽出物

extravagant [ɪkˈstrævəgənt] *adj.* 奢侈的；浪费的；过度的；放纵的

extracurricular [ˌekstrəkəˈrɪkjələ(r)] *adj.* 课外的；业余的；婚外的

单词串联

In **extracurricular** activities, we spend **extra** time **extracting** **extraction** from different plants. 课外活动中，我们花费额外的时间从不同的植物中提取物质。

F

face

face [feɪs] ***n.*** 脸；表面；面子；面容 ***v.*** 面对；面向；承认

-face 结构：

efface [ɪˈfeɪs] *v.* 抹去，抹掉

surface [ˈsɜ:fɪs] *n.* 表面；表层；外观；外表；表象

单词串联

The **face** on the **surface** of the board has been **effaced**. 木板表层的面孔已被抹去。

fair

fair [feə(r)] ***adj.*** 公平的；美丽的；[气象] 晴朗的

-fair 结构：

unfair [ˌʌnˈfeə(r)] *adj.* 不公平的

affair [əˈfeə(r)] *n.* 事务；私事；风流韵事；（发生的）事情

单词串联

It's **unfair** to talk about your personal **affair** on such a **fair** day. 在这么晴朗的日子里谈论你的私事不公平。

fall

fall [fɔ:l] ***v.*** 落下；跌倒；下垂 ***n.*** 落下；跌倒；（雪、岩石等的）降落

fall- 结构：

fallen [ˈfɔ:lən] *adj.* 堕落的；落下来的

fallacy [ˈfæləsɪ] *n.* 谬论，谬误

单词串联

It's a **fallacy** to say she is a **fallen** angel. 说她是堕落天使是错误的。

-fall 结构:

befall [bɪ'fɔːl] *v.* 降临；发生

pitfall ['pɪtfɔːl] *n.* 陷阱，圈套；缺陷；诱惑；潜在的危险

rainfall ['reɪnfɔːl] *n.* 降雨；降雨量

windfall ['wɪndfɔːl] *n.* 意外之财；被风吹落的果子；意外的收获

downfall ['daʊnfɔːl] *n.* 垮台；衰败；落下；大雨

waterfall ['wɔːtəfɔːl] *n.* 瀑布

单词串联

After a heavy **rainfall**, the **waterfall** is spectacular. 一场大雨过后，瀑布蔚为壮观。

The **pitfalls** of getting a **windfall** are numerous. 获得意外之财的隐患有很多。

A **downfall** is about to **befall** them. 他们就要垮台了。

fare

fare [feə(r)] *n.* 车费；船费；飞机票价；出租车乘客

fare- 结构:

farewell [ˌfeə'wel] *n.* 告别，辞别；再见；再会 *int.* 别了！再会!

-fare 结构:

warfare ['wɔːfeə(r)] *n.* 战争；冲突

welfare ['welfeə(r)] *n.* 福利；幸福；福利事业

单词串联

Say **farewell** to the brutal **warfare** and embrace the **welfare**. 告别残酷的战争，拥抱幸福。

fast

fast [fɑːst] *adj.* 快速的；稳固的 *adv.* 迅速地；紧紧地 *v./n.* 禁食，斋戒

fast- 结构:

faster [fɑːstə(r)] *adj./adv.* 更快的 / 地

fasten ['fɑːsn] *v.* 使固定；集中于；扎牢；强加于

fastfood ['fɑːstfuːd] *n.* 小吃；快餐（= fast food）

单词串联

Grasp your **fastfood** and **fasten** your seatbelt; we are about to go **faster** to chase that **fast** taxi. 拿好你的快餐，系好你的安全带，我们要加快速度去追赶那辆疾驰的出租车。

-fast 结构：

breakfast ['brekfəst] *n.* 早餐；早饭

steadfast ['stedfɑːst] *adj.* 坚定的；不变的

> **单词串联**
>
> She is **steadfast** enough in what she eats for **breakfast**. 她对早餐吃什么很坚定。

fence

fence [fens] *n.* 栅栏；围墙；剑术 *v.* 防护

-fence 结构：

defence [dɪ'fens] *n.* 防御；防卫；辩护；防卫设备

offence [ə'fens] *n.* 犯罪；违反；过错；攻击

> **单词串联**
>
> She is only using that **fence** as a **defence** and she means no **offence**. 她只是用那道篱笆来防御，并没有冒犯的意思。

-ference

-ference 结构：

reference ['refrəns] *n.* 参考，参照；涉及，提及；参考书目 *v.* 引用

preference ['prefrəns] *n.* 偏爱，倾向；优先权

conference ['kɒnfərəns] *n.* 会议；讨论会；体育协会

> **单词串联**
>
> You have a **preference** for the medical **conference**. 你更有意愿参加这场医学会议。

The only difference lies in the books **referenced**. 唯一的区别在于所引用的书籍不同。

fig

fig [fɪg] *n.* 无花果；无花果树

fig- 结构：

fight [faɪt] *v.* 与……打仗，与……斗争；打架；竞争 *n.* 打架；斗争；竞赛

figure ['fɪgə(r)] *n.* 数字；人物；图形；价格；（人的）体形 *v.* 计算；出现

> **单词串联**
>
> There are two **figures fighting** under a **fig**. 有两个人影在无花果树下打架。

fil-

fil- 结构：

fill [fɪl] *v.* 装满，使充满；满足；堵塞；任职

file [faɪl] *n.* 文件；档案；文件夹；锉刀

film [fɪlm] *n.* 电影；薄膜；胶卷 *v.* 拍摄电影

filter ['fɪltə(r)] *n.* 过滤器；滤波器；筛选程序

单词串联

Fill the box with **film files**. 用电影文件把盒子装满。

fin-

fin- 结构：

find [faɪnd] *v.* 查找，找到；发现；认为；感到；获得

final ['faɪnl] *adj.* 最终的；决定性的；不可更改的 *n.* 决赛；期末考试

finish ['fɪnɪʃ] *v.* 完成；结束

finance ['faɪnæns] *n.* 财政；金融

单词串联

This semester **finished**, and I got a fine score in the **final**. 这个学期结束了，我也在期末考试中取得了很好的成绩。

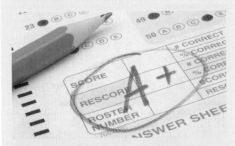

I **find** that she is the **finance** director of the company. 我发现她是公司的财务总监。

fine

fine [faɪn] *adj.* 好的；优良的；精美的；健康的；晴朗的 *v.* 罚款

-fine 结构：

define [dɪ'faɪn] *v.* 给……下定义；阐明；标明……界限

confine [kən'faɪn] *v.* 限制；监禁；使离不开（或受困于床、轮椅等）

superfine ['sju:pəfaɪn] *adj.* 非常精细的；微细的；特级的

单词串联

Though it's a **superfine** wheelchair, he is not happy to be **confined** to it. 虽然这是一辆超精密的轮椅，但他不喜欢被限制在上面。

How would you like to **define** a **fine** day? 你会怎样定义一个好天？

finger

finger ['fɪŋgə(r)] *n.* 手指；指针，（手套的）指部

finger- 结构：

fingernail ['fɪŋgəneɪl] *n.* 手指甲

fingerprint ['fɪŋgəprɪnt] *n.* 指纹；指印

There are lots of **fingerprints** and **fingernails** in the room. 房间里有很多指纹和指甲。

finite

finite ['faɪnaɪt] **adj.** 有限的；限定的；有穷的

-finite 结构：

infinite ['ɪnfɪnət] *adj.* 无限的，无穷的；无数的；极大的

definite ['defɪnət] *adj.* 一定的；确切的

indefinite [ɪn'defɪnət] *adj.* 不确定的；无限的；模糊的

Almost everything is **indefinite** and the only thing **definite** is that the world is **infinite**. 几乎一切都是不确定的，唯一确定的是世界是无限的。

fire

fire ['faɪə(r)] **n.** 火灾；火焰 **v.** 射击；解雇

fire- 结构：

firearm ['faɪərɑːm] *n.* 枪支

fireplace ['faɪəpleɪs] *n.* 壁炉

firedamp ['faɪədæmp] *n.* 沼气；甲烷；矿井瓦斯

firework ['faɪəwɜːk] *n.* 烟火；烟花；焰火；激烈情绪

firefighter ['faɪəfaɪtə(r)] *n.* 消防队员

-fire 结构：

bonfire ['bɒnfaɪə(r)] *n.* 篝火；营火；（为销毁垃圾而燃起的）火堆

There was an explosion caused by the **firedamp** and the **firefighters** went to put out the **fire**. 沼气引起了爆炸，消防员去灭火了。

We sat by the **bonfire** and watched the **fireworks** show in the sky. 我们坐在篝火旁，观看天空中的烟花表演。

fish

fish [fɪʃ] **n.** 鱼；鱼肉 **v.** 钓鱼，捕鱼

-fish 结构：

selfish ['selfɪʃ] *adj.* 自私的；利己主义的

goldfish ['gəʊldfɪʃ] *n.* 金鱼

单词串联

This **goldfish** is a **selfish fish**. 这条金鱼是一条自私的鱼。

flu-

flu [fluː] *n.* 流感

flu- 结构：

fluid ['fluːɪd] *n.* 流体，液体 *adj.* 流动的；不稳定的；流畅的

flush [flʌʃ] *v.* 发红；使发光；因……兴奋；冲洗 *n.* 脸红，潮红

fluffy ['flʌfɪ] *adj.* 松软的，毛茸茸的

fluent ['fluːənt] *adj.* 流畅的，流利的

fluency ['fluːənsɪ] *n.*（语言、文章）流利；（技能）娴熟

单词串联

This **fluid** medicine is used to counteract **flu** and the **flush** on your face. 这种液体药物是用来治疗流感和你脸上的红晕的。

Applicants need to be **fluent** in English and **fluency** in Chinese is also essential. 申请者需要中英文流利。

form

form [fɔːm] *n.* 形式，形状；形态，外形；方式；表格

-form 结构：

inform [ɪn'fɔːm] *v.* 通知；告诉；报告；告发；告密

reform [rɪ'fɔːm] *v.* 改革，革新；重组；（使）改过自新

uniform ['juːnɪfɔːm] *n.* 制服；校服 *adj.* 统一的；一致的；相同的

perform [pə'fɔːm] *v.* 执行；完成；演奏

platform ['plætfɔːm] *n.* 平台；月台，站台；坛；讲台

transform [træns'fɔːm] *v.* 改变，使……变形；转换

单词串联

Put on your **uniform**, go to the **platform**, and **inform** the players that they need to stop **performing**. 穿上制服，到台上，通知演员们停止表演。

To **transform** the **form** of the robot, we need to **reform** it. 为了改变机器人的形态，我们需要对它进行重组。

fort

fort [fɔːt] *n.* 堡垒；要塞；（美）边界贸易站

fort- 结构：

fortnight ['fɔːtnaɪt] *n.* 两星期

fortune ['fɔːtʃuːn] *n.* 财富；命运；运气

fortunate ['fɔːtʃənət] *adj.* 幸运的；侥幸的；吉祥的；带来幸运的

fortunately ['fɔːtʃənətlɪ] *adv.* 幸运地

> 单词串联
>
> After a **fortnight**, we **fortunately** found the **fortune**. 两星期后，我们幸运地发了财。

-fort 结构：

effort ['efət] *n.* 努力；成就

comfort ['kʌmfət] *n.* 安慰；舒适；安慰者 *v.* 安慰；使（痛苦等）缓和

discomfort [dɪs'kʌmfət] *n.* 不适；不便之处 *v.* 使……不舒服；使……不安

> 单词串联
>
> With **effort**, I try to **comfort** you, but your reaction **discomforts** me. 我努力地想安慰你，但你的反应却使我不舒服。

ful-

ful- 结构：

full [fʊl] *adj.* 完整的；满的；丰富的；完美的；丰满的；详尽的

fully ['fʊlɪ] *adv.* 充分地；完全地；彻底地

fulfil [fʊl'fɪl] *v.* 履行；实现；使满足；起……作用

> 单词串联
>
> I **fully fulfilled** your dream of having a **full** English breakfast. 我完全实现了你想吃一顿全份英式早餐的梦想。

◎ **-ful 作为形容词后缀，表示"具有……特征的"：**

awful ['ɔːfl] *adj.* 可怕的；极坏的；非常的；很好的

skilful ['skɪlfl] *adj.* 熟练的；巧妙的

painful ['peɪnfl] *adj.* 痛苦的；疼痛的

> 单词串联
>
> She is quite **skilful** in dealing with the **awful** and **painful** matters. 她很善于处理那些可怕且令人不快的事情。

careful ['keəfl] *adj.* 仔细的，小心的

helpful ['helpfl] *adj.* 有帮助的；有益的

hopeful ['həʊpfl] *adj.* 有希望的；有前途的

> 单词串联
>
> It's **helpful** to be **careful** and **hopeful** when you are in desperate plight. 当你处于绝望的境地时，保持谨慎和充满希望是有帮助的。

cheerful ['tʃɪəfl] *adj.* 快乐的；愉快的；高兴的

thankful ['θæŋkfl] *adj.* 感谢的；欣慰的

peaceful ['piːsfl] *adj.* 和平的，爱好和平的；平静的

> ### 单词串联
>
> We are **thankful** to the soldiers. Because of them, we can live in a **peaceful** and **cheerful** country. 我们感谢士兵，因为他们，我们才可以生活在一个和平和快乐的国家。
>
>

forgetful [fə'getfl] *adj.* 健忘的；不注意的；疏忽的；使遗忘的

successful [sək'sesfl] *adj.* 成功的；一帆风顺的

wonderful ['wʌndəfl] *adj.* 极好的，精彩的，绝妙的；奇妙的

> ### 单词串联
>
> She is not that **forgetful** to forget all the **successful** and **wonderful** experiences in life. 她没有健忘到忘记生活中所有成功的和精彩的经历。

◎ **-ful** 作为名词后缀，表示"……的量"：

spoonful [spuːnfl] *n.* 一匙；一匙的量

handful ['hændfl] *n.* 少数；一把；棘手事

> ### 单词串联
>
> A **handful** of people like to have a few **spoonfuls** of sugar in their coffee. 少数人喜欢在咖啡里加几勺糖。
>
>

-fy

-fy 结构：

clarify ['klærəfaɪ] *v.* 澄清；阐明

terrify ['terɪfaɪ] *v.* 恐吓；使恐怖；使害怕

satisfy ['sætɪsfaɪ] *v.* 令人满意；令人满足；使相信

simplify ['sɪmplɪfaɪ] *v.* 简化；使单纯；使简易

> ### 单词串联
>
> **Simplify** your language before you **clarify** your reason. 先简化语言，再阐明理由。
>
> Instead of **satisfying** me, your gift **terrified** me. 你的礼物非但没有让我满意，反而让我害怕。
>
>

G

-gage

-gage 结构：

engage [ɪnˈgeɪdʒ] *v.* 占用；使参加；雇佣；使订婚；从事

luggage [ˈlʌgɪdʒ] *n.* 行李；皮箱

baggage [ˈbægɪdʒ] *n.* 行李

mortgage [ˈmɔːgɪdʒ] *n.* 抵押；抵押贷款额 *v.* 抵押

disengage [ˌdɪsɪnˈgeɪdʒ] *v.* 使脱离；解开；解除

> **单词串联**
>
> They were **engaged**, but he **mortgaged** the house now they are **disengaged**. 他们本来订婚了，但他把房子抵押了，现在他们分手了。

gain

gain [geɪn] *n.* 增加；利润；收获 *v.* 获得；增加；赚到

-gain 结构：

again [əˈgen] *adv.* 又，此外；再一次；再说

regain [rɪˈgeɪn] *v.* 恢复；重新获得；收回

bargain [ˈbɑːgən] *n.* 交易；便宜货；契约 *v.*（谈价钱后）卖；讨价还价；谈判

> **单词串联**
>
> To **gain** money you need to do **bargain again** and **again**. 为了赚钱，你需要一次又一次地讨价还价。

-gen-

gen- 结构：

genre [ˈʒɒnrə] *n.* 体裁，类型

genius [ˈdʒiːnɪəs] *n.* 天赋；天才

genuine [ˈdʒenjuɪn] *adj.* 真正的；真诚的

genuinely [ˈdʒenjuɪnlɪ] *adv.* 真诚地；诚实地

> **单词串联**
>
> This **genius**'s love of movies in the romantic **genre** is **genuine**. 这位天才对浪漫题材电影的热爱是真实的。

-gen 结构：

oxygen [ˈɒksɪdʒən] *n.* 氧气，氧

hydrogen [ˈhaɪdrədʒən] *n.* 氢

单词串联

Oxygen and hydrogen are chemical elements. 氧和氢是化学元素。

-gence(/y)

-gence(/y) 结构：

urgency [ˈɜːdʒənsɪ] *n.* 紧急；催促；紧急的事

emergency [ɪˈmɜːdʒənsɪ] *n.* 紧急情况；突发事件；非常时刻

indulgence [ɪnˈdʌldʒəns] *n.* 嗜好；放纵；纵容；沉溺

intelligence [ɪnˈtelɪdʒəns] *n.* 智力；情报工作（机关）；理解力；智慧；天分

单词串联

Your indulgence towards your son induced this urgency, and now I will use my intelligence to manage this emergency. 你对你儿子的纵容导致了这一紧急情况，现在我要用我的智慧来处理这一紧急情况。

gene

gene [dʒiːn] *n.* 基因，遗传因子

gene- 结构：

general [ˈdʒen(ə)rəl] *adj.* 一般的，普通的；综合的；大体的

generally [ˈdʒenrəlɪ] *adv.* 通常；普遍地，一般地

generate [ˈdʒenəreɪt] *v.* 产生

generous [ˈdʒenərəs] *adj.* 慷慨的；宽宏大量的；有雅量的

generation [ˌdʒenəˈreɪʃn] *n.* 一代；产生；一代人

单词串联

Generally speaking, this genereation is generous to other people. 一般来说，这一代人对别人很慷慨。

In general terms, we need new blood to generate new ideas. 总的来说，我们需要新鲜血液来产生新的想法。

-gent-

gent- 结构：

gentle [ˈdʒentl] *adj.* 温和的；文雅的；轻柔的；舒缓的

gently [ˈdʒentlɪ] *adv.* 轻轻地；温柔地，温和地

gentleman ['dʒentlmən] *n.* 先生；绅士；有身份的人

单词串联

This **gentle** **gentleman** **gently** shaked his arm. 这位绅士轻轻地摇了摇他的手臂。

-gent 结构：

urgent ['ɜːdʒənt] *adj.* 紧急的；急迫的

diligent ['dɪlɪdʒənt] *adj.* 勤勉的；用功的，费尽心血的

indulgent [ɪn'dʌldʒənt] *adj.* 放纵的；宽容的；任性的

intelligent [ɪn'telɪdʒənt] *adj.* 聪明的；有理解力的；智能的

单词串联

Her **indulgent** mother is **diligent** in working and housekeeping. 她那溺爱她的母亲在工作和家务上都很勤奋。

-gical

-gical 结构：

logical ['lɒdʒɪkl] *adj.* 合逻辑的，合理的；逻辑学的

illogical [ɪ'lɒdʒɪkl] *adj.* 不合逻辑的；不合常理的

surgical ['sɜːdʒɪkl] *adj.* 外科的；手术上的

单词串联

It's **illogical** to do **surgical** operation here. 在这里做手术不合常理。

-gnant

-gnant 结构：

pregnant ['pregnənt] *adj.* 怀孕的；富有意义的

stagnant ['stægnənt] *adj.* 停滞的；不景气的；污浊的

indignant [ɪn'dɪgnənt] *adj.* 愤愤不平的；义愤的

malignant [mə'lɪgnənt] *adj.* 恶性的，致命的；恶意的

repugnant [rɪ'pʌgnənt] *adj.* 使人极度反感的，难以接受的

单词串联

Don't let that **pregnant** lady get close to the **stagnant** water; it's **malignant** for her. 不要让孕妇靠近这片死水；这对她有害。

People feel **indignant** at that **repugnant** suggestion. 人们对那个令人反感的建议感到愤慨。

grade

grade [greɪd] *n.* 年级；等级；成绩；级别；阶段

-grade 结构:

degrade [dɪˈgreɪd] *v.* 贬低；使……丢脸；使……降级；使……降解

upgrade [ˈʌpgreɪd] *v.* 使软件升级；改善服务；使升舱 / 职；使提高地位

centigrade [ˈsentɪgreɪd] *adj.* 摄氏温度的；百分度的

> **单词串联**
>
> His words **degraded** women and you shouldn't **upgrade** him. 他的话贬低了女人，你不应该给他升职。

gradua-

gradua- 结构:

gradual [ˈgrædʒuəl] *adj.* 逐渐的；平缓的

gradually [ˈgrædʒuəlɪ] *adv.* 逐步地；渐渐地

graduate [ˈgrædʒuət] *n.* 大学毕业生 *v.* 毕业

graduation [ˌgrædʒuˈeɪʃn] *n.* 毕业；毕业典礼

> **单词串联**
>
> **Gradually**, he **graduated** from medical school and I went to his **graduation**. 渐渐地，他从医学院毕业了，我去参加了他的毕业典礼。
>
>

grant

grant [grɑːnt] *v.* （合法地）授予，允许；（勉强）承认，同意

-grant 结构:

vagrant [ˈveɪgrənt] *n.* 无业游民；（乞丐）流浪者；漂泊者

flagrant [ˈfleɪgrənt] *adj.* 骇人听闻的；公然的；罪恶昭彰的

fragrant [ˈfreɪgrənt] *adj.* 香的；芳香的；愉快的；芬芳的

migrant [ˈmaɪgrənt] *n.* （为工作）移居者；候鸟

emigrant [ˈemɪgrənt] *n.* 移民；（尤指）移居外国者

immigrant [ˈɪmɪgrənt] *n.* （新来的）移民；（已定居的）移民

> **单词串联**
>
> Julia is an **immigrant**; Lisa is an **emigrant**. They both are **migrants**. 茱莉亚是外来移民；丽莎移居了国外。她们都是移民。
>
> The **flagrant vagrant's** clothes are **fragrant**. 那个罪恶昭彰的流浪汉的衣服芳香四溢。
>
>

-graph

graph [grɑːf] *n.* 图表；曲线图

-graph- 结构：

paragraph ['pærəgrɑːf] *n.* 段落；短评；段落符号

photograph ['fəʊtəgrɑːf] *n.* 照片，相片

geography [dʒɪˈɒgrəfɪ] *n.* 地理；地形；地貌；地势

photographer [fəˈtɒgrəfə(r)] *n.* 摄影师；照相师

单词串联

There's a **paragraph** depicting the **geography** of this city, and a **photograph** taken by a famous **photographer**. 有一段文字描述了这个城市的地形，还有一张著名摄影师拍的照片。

grass

grass [grɑːs] *n.* 草；草地，草坪

grass- 结构：

grassy ['grɑːsɪ] *adj.* 长满草的；草绿色的

grassland ['grɑːslænd] *n.* 草原；牧草地

grassroots ['grɑːsruːts] *n.*（组织、运动的）基层

grasshopper ['grɑːshɒpə(r)] *n.* 蚱蜢

单词串联

Grasshoppers are jumping around in the **grassy grassland**. 蚱蜢在长满青草的牧草地上跳来跳去。

grate

grate [greɪt] *v.* 磨碎（食物）；（使）烦躁；发出吱吱嘎嘎的摩擦声

grate- 结构：

grateful ['greɪtfl] *adj.* 感谢的；令人愉快的，宜人的

-grate 结构：

migrate [maɪˈgreɪt] *v.* 移动；随季节而移居；移往

emigrate ['emɪgreɪt] *v.* 移居；移居外国

immigrate ['ɪmɪgreɪt] *v.*（从外地）移居

integrate ['ɪntɪgreɪt] *v.* 使……完整；使……成整体

单词串联

Julia **immigrated** to China, and Lisa **emigrated** to Canada; they both **migrated** to a foreign country. 朱莉娅移民到了中国，丽莎移民去了加拿大；她们都移居国外了。

-gree-

green [gri:n] *adj.* 绿色的；青春的

greet [gri:t] *v.* 欢迎；致意

greedy ['gri:dɪ] *adj.* 贪婪的；贪吃的；渴望的

单词串联

She in a **green** dress **greeted** me with a **greedy** smile. 她穿着绿色连衣裙，贪婪地笑着迎接我。

-gree 结构：

agree [ə'gri:] *v.* 同意，赞成；承认；约定，商定

degree [dɪ'gri:] *n.* 程度，等级；度数；学位

disagree [ˌdɪsə'gri:] *v.* 不同意；不一致；争执；不适宜

单词串联

Do you **agree** on my bachelor **degree**, or **disagree** on it? 你赞成我的学士学位还是不赞成？

ground

ground [graʊnd] *n.* 地面；土地；范围；场地；根据

-ground 结构：

background ['bækgraʊnd] *n.* 背景；隐蔽的位置

foreground ['fɔ:graʊnd] *n.* 前景；最显著的位置

playground ['pleɪgraʊnd] *n.* 运动场，操场；游乐场

单词串联

The **ground** in the **playground** is made of plastic. 操场的地面是塑料做的。Players are in the **foreground** and audience are in the **background**. 运动员们在中心位置，观众在背景里。

guard

guard [gɑ:d] *n.* 守卫；警戒；护卫队 *v.* 保卫；监视，看守

guard- 结构：

guarded ['gɑ:dɪd] *adj.* （人或言语）谨慎的；被监视着的；警戒着的

guardian ['gɑ:dɪən] *n.* [法] 监护人，保护人；守护者

单词串联

The **guard** is **guarded** by his **guardian**. 这个卫兵由他的监护人监视。

-guard 结构：

lifeguard ['laɪfgɑːd] *n.* 救生员；警卫

vanguard ['vængɑːd] （政治、艺术、工业等社会活动的）领导者，先锋

safeguard ['seɪfgɑːd] *n./v.* 保护；保卫

mudguard ['mʌdgɑːd] *n.* 汽车的挡泥板

blackguard ['blægɑːd] *n.* 无赖；恶棍

coastguard ['kəʊstgɑːd] *n.* 海岸警卫队；海岸警卫队队员

> **单词串联**
>
> In the swimming pool, there are **lifeguards** to **safeguard** people. 游泳池里有救生员来保护人们。

> One of the men in the **coastguard** is a **blackguard**. 海岸警卫队里有一个人是个恶棍。

gust

gust [gʌst] *n.* 风味；一阵狂风；趣味

-gust 结构：

August ['ɔːgəst] *n.* 八月

august [ɔːˈgʌst] *adj.* 威严的；令人敬畏的

disgust [dɪsˈgʌst] *n.* 厌恶，嫌恶 *v.* 使厌恶；使作呕

> **单词串联**
>
> There is a **gust** of **august** wind in **August**, and it **disgusts** me. 八月里一阵凛冽的风使我感到恶心。

H

habit

habit ['hæbɪt] *n.* 习惯，习性；嗜好；
惯例；常规

habit- 结构：

habitat ['hæbɪtæt] *n.* 栖息地，产地；居住
地；聚居地

habitual [hə'bɪtʃuəl] *adj.* 习惯的；惯常的；
习以为常的

单词串联

She has a **habitual** complaining about
wildlife's **habitat**. 她经常抱怨野生动物
的栖息环境。

-habit 结构：

cohabit [kəʊ'hæbɪt] *v.* 同居（尤指未婚而同
居者）

inhabit [ɪn'hæbɪt] *v.* 栖息；居住于；占据

-habit- 结构：

inhabitant [ɪn'hæbɪtənt] *n.* 居民，住户；居
住者；（栖息在某地区的）动物

单词串联

Sam is an **inhabitant** here; he **cohabits**
with his girlfriend; and his family **inhabit**
on an island. 山姆是这里的居民；他和
女朋友同住，而他的家人住在一个岛上。

hale

hale [heɪl] *adj.* 矍铄的（尤指老人）；
强壮的

-hale 结构：

whale [weɪl] *n.* 鲸

inhale [ɪn'heɪl] *v.* 吸入；吸气

exhale [eks'heɪl] *v.* 呼气；发出；发散；使
蒸发

单词串联

A **whale inhales** lots of water under
the sea and then **exhales** it out of the
sea. 鲸鱼在海里吸入大量的水，然后在
海面上吐出。

hand

hand [hænd] *n.* 手，手艺；帮助；指针 *v.* 传递，交给；支持；搀扶

hand- 结构：

handy ['hændɪ] *adj.* 有用的；派上用场的；手边的

handle ['hændl] *v.* 处理；触，拿；操纵 *n.* （门的）把手；柄

单词串联

Can you give me a **hand** and **handle** this heavy but **handy** book? 你能帮我拿一下这本很重但很有用的书吗？

-hand 结构：

firsthand ['fɜːst'hænd] *adj./adv.* 直接的 / 地；直接得来的 / 地

beforehand [bɪ'fɔːhænd] *adv.* 事先；预先 *adj.* 提前的；预先准备好的

secondhand [ˌsekənd'hænd] *adj./adv.* 二手的 / 地；旧的 / 地；间接获得的 / 地

单词串联

Beforehand, we need to prepare, not a **secondhand**, but a **firsthand** bike. 我们需要事先准备一辆崭新的自行车，而不是一辆二手的。

have

have [hæv] *v.* 有；让；拿；从事；允许 *aux.* 已经

-have- 结构：

behave [bɪ'heɪv] *v.* 表现；（机器等）运转；举止端正

misbehave [ˌmɪsbɪ'heɪv] *v.* 行为不端，举止失礼

behaviour [bɪ'heɪvjə(r)] *n.* 行为；习性；运行状况（= behavior）

单词串联

Instead of **behaving** yourself like you had promised, you **have misbehaved** yourself. 你不但没有照你所承诺的那样好好表现，反而行为不端。

home

home [həʊm] *n.* 家；家乡

home- 结构：

homeless ['həʊmləs] *adj.* 无家可归的

homeland ['həʊmlænd] *n.* 祖国；故乡

homework ['həʊmwɜːk] *n.* 家庭作业，课外作业

hometown ['həʊmtaʊn] *n.* 家乡；故乡

单词串联

Though he doesn't want **homework**, this **homeless** boy still eagers to return his **hometown** and go **home**. 虽然他不想做作业，但这个无家可归的男孩仍然渴望回到家乡，回到自己的家。

-hood

-hood 结构：

manhood ['mænhʊd] *n.* 成年；男子；男子气概

babyhood ['beɪbɪhʊd] *n.* 婴儿；婴儿时代；幼稚

childhood ['tʃaɪldhʊd] *n.* 童年时期；幼年时代

livelihood ['laɪvlɪhʊd] *n.* 生计，生活；营生

womanhood ['wʊmənhʊd] *n.* 女人；女人气质；女子成年期

motherhood ['mʌðəhʊd] *n.* 母性；母亲身份；母亲们（总称）

neighbourhood ['neɪbəhʊd] *n.* 邻近；周围；邻居关系；附近一带

单词串联

In my **childhood**, the **livelihood** of a family depended on **manhood**. 在我的童年时期，一个家庭的生计依赖于男人。

The **womanhood** of this **neighbourhood** become **motherhood** in the end. 这一带的女人们最终都成了母亲。

house

house [haʊs] *n.* 住宅；家庭

house- 结构：

household ['haʊshəʊld] *n.* 一家人，一户；同住一所房子的人

housework ['haʊswɜːk] *n.* 家务事

housekeeping ['haʊskiːpɪŋ] *n.* 家务管理；家用开支

单词串联

This **household** lives in a big **house**, and the **housekeeping** is one of the essential **housework**. 这家人住在一个大房子里，而家用开支管理是必不可少的家务事之一。

-house 结构：

madhouse ['mædhaʊs] *n.* 精神病院；极为吵闹的场所

lighthouse ['laɪthaʊs] *n.* 灯塔

warehouse ['weəhaʊs] *n.* 仓库；货栈

greenhouse ['griːnhaʊs] *n.* 温室

单词串联

Plants are in the **greenhouse**; goods are in the **warehouse**; mentally illed people are in the **madhouse** and the lamps are in the **lighthouse**. 植物在温室里，货物在仓库里，精神疾病患者在疯人院里，而灯在灯塔里。

I

-iant

-iant 结构：

giant ['dʒaɪənt] *n.* 巨人；伟人；巨大的动物；巨型植物；大公司

variant ['veərɪənt] *n.* 变体；转化 *adj.* 易变的；不定的

radiant ['reɪdɪənt] *n.* 辐射源；辐射点 *adj.* 辐射的；容光焕发的

brilliant ['brɪlɪənt] *adj.* 灿烂的；杰出的；有才气的；精彩的

luxuriant [lʌɡˈʒʊərɪənt] *adj.* 繁茂的，浓密的；丰富的，肥沃的，奢华的

> **单词串联**
>
> The **giant** who has **luxuriant** hair is **radiant** and **brilliant**. 这个有着浓密头发的巨人光彩照人，且很有才气。

-iate

-iate 结构：

radiate ['reɪdɪeɪt] *v.* 辐射；传播；流露；发射

initiate [ɪˈnɪʃɪeɪt] *v.* 开始，创始；发起；使初步了解 *n.* 开始；新加入者

immediate [ɪˈmiːdɪət] *adj.* 立即的；直接的；最接近的

> **单词串联**
>
> It will induce **immeidiate** consequences when the toxic substance **initiates** to **radiate**. 当有毒物质开始辐射时，它将立即引起后果。

-ible

-ible 结构：

eligible ['elɪdʒəbl] *adj.* 符合条件的；有资格当选的

flexible ['fleksəbl] *adj.* 灵活的；柔韧的；易弯曲的

terrible ['terəbl] *adj.* 可怕的；很糟的；令人讨厌的 *adv.* 很，非常

horrible ['hɒrəbl] *adj.* 可怕的；极讨厌的

> **单词串联**
>
> The girl who accepted the **flexible** work time is **eligible** to do the job. 这个女孩接受了弹性工作时间，她有资格做这项工作。

She has to watch a **horrible** movie, which is **terrible**. 她不得不看一部烂片，这太糟糕了。

-ical

-ical 结构：

radical ['rædɪkl] *adj.* 激进的；根本的；彻底的

medical ['medɪkl] *adj.* 医学的；伤病的；内科的

musical ['mju:zɪkl] *adj.* 音乐的；悦耳的；有音乐天赋的

physical ['fɪzɪkl] *adj.* 物理的；身体的；物质的；根据自然规律的

chemical ['kemɪkl] *n.* 化学制品，化学药品 *adj.* 化学的

单词串联

Radical changes should be made in **chemical** education. 化学教育应作根本性的改变。

These **medical** students also possess great **musical** talent. 这些医学学生也有很好的音乐才能。

P.E. is short for **Physical** Education. P.E. 是 Physical Education（体育）的缩写。

-icious

-icious 结构：

vicious ['vɪʃəs] *adj.* 恶毒的；恶意的；堕落的；有错误的

capricious [kə'prɪʃəs] *adj.* 反复无常的；任性的

suspicious [sə'spɪʃəs] *adj.* 可疑的；怀疑的；多疑的

单词串联

The **capricious** lady is always **suspicious** of her **vicious** pet snake. 那位反复无常的女士对她的恶毒的宠物蛇总是持怀疑态度。

-ide-

ide- 结构：

idea [aɪ'dɪə] *n.* 想法；主意；概念

-ide 结构：

hide [haɪd] *v.* 隐藏；隐瞒

tide [taɪd] *n.* 趋势，潮流；潮汐

wide [waɪd] *adj.* 广泛的；广阔的；张大的 *adv.* 广泛地；广阔地；充分地

slide [slaɪd] *v.* 滑动；衰落；贬值 *n.* 滑动；幻灯片；滑梯

guide [gaɪd] *n.* 指南；向导；入门书 *v.* 引导；带领；操纵

dioxide [daɪˈɒksaɪd] *n.* 二氧化物

worldwide [ˌwɜːldˈwaɪd] *adj.* 全世界的 *adv.*
在世界各地

> **单词串联**
>
> Keep your mind **wide** open and don't
> **hide** your **idea** of sailing with the **tide**.
> 敞开你的胸怀，不要隐藏你想要乘着海
> 浪航行的想法。

You can read the **worldwide guide** in
the **slide**. 你可以阅读幻灯片上的全球
指南。

-ider

-ider 结构：

cider [ˈsaɪdə(r)] *n.* 苹果酒；苹果汁

rider [ˈraɪdə(r)] *n.* 骑手，骑马（或自行车、
摩托车）的人

spider [ˈspaɪdə(r)] *n.* 蜘蛛

consider [kənˈsɪdə(r)] *v.* 考虑；认为

outsider [ˌaʊtˈsaɪdə(r)] *n.* 局外人；（组织、
行业）外部的人

> **单词串联**
>
> Those bike **riders** who have **spiders**
> at home and love drinking **cider** are
> **considered** to be **outsiders**. 那些家里
> 有蜘蛛、喜欢喝苹果酒的自行车骑手被
> 认为是外来者。

-ience

-ience 结构：

science [ˈsaɪəns] *n.* 科学；技术；学科；
理科

patience [ˈpeɪʃns] *n.* 耐性，耐心；忍耐，
容忍

obedience [əˈbiːdɪəns] *n.* 顺从；服从；
遵守

convenience [kənˈviːnɪəns] *n.* 便利；便利
的事物

> **单词串联**
>
> Not **obedience**, but **patience** and
> **conveniences** are needed when doing
> **science**. 做科学需要的是耐心和便利
> 的设施，而不是顺从。

-ighten

-ighten 结构：

tighten [ˈtaɪtn] *v.* （使）变紧；绷紧

frighten [ˈfraɪtn] *v.* （使）惊吓；害怕，惊恐；
吓唬，吓走

brighten [ˈbraɪtn] *v.* （使）闪亮；（使）
生辉；（使）快乐高兴

heighten [ˈhaɪtn] *v.* 提高；增高；加强；
增强

lighten [ˈlaɪtn] *v.* （使）照亮；（使）轻松

enlighten [ɪnˈlaɪtn] *v.* 启发，启蒙；教导，开导；照耀

The light **lightened** the room, and also **enlightened** my mind that had been **frightened** of the evil thoughts. 这盏灯照亮了房间，也照亮了我那被邪念所惊吓的心灵。

My fear **heightened**, so I **tightened** my grip on the rope, and then **brightened** up a bit. 我的恐惧加剧了，于是我紧抓着绳子，然后脸上露出了一点喜色。

-ind

-ind 结构：

mind [maɪnd] *v.* 介意；照看；当心 *n.* 头脑；智慧，思维方式

remind [rɪˈmaɪnd] *v.* 提醒；（因相像）使联想起

blind [blaɪnd] *adj.* 失明的；视而不见的

behind [bɪˈhaɪnd] *prep.* 在……的后面 *adv.* 落在后面；比分落后

The **blind** boy **behind** us **reminded** me of my younger brother. 我们后面那个失明的男孩使我想起了我的弟弟。

-ine

-ine 结构：

pine [paɪn] *n.* 松树；松木 *v.* （因死亡、离别）难过

wine [waɪn] *n.* 葡萄酒

engine [ˈendʒɪn] *n.* 发动机，引擎；机车

nine [naɪn] *num.* 九

feminine [ˈfemənɪn] *adj.* 女性特有的；女性的；（语法）阴性的

dine [daɪn] *v.* 吃饭；宴请

sardine [ˌsɑːˈdiːn] *n.* 沙丁鱼 *v.* 使拥挤不堪

shine [ʃaɪn] *v.* （太阳或其他光源）发光，照耀；（用电筒等）照射

sunshine [ˈsʌnʃaɪn] *n.* 阳光；快乐

machine [məˈʃiːn] *n.* 机器，机械

morphine [ˈmɔːfiːn] *n.* 吗啡

The **engine** of his car is broken, and now he is driking **wine** under a **pine**. 他的汽车引擎坏了，而现在他在一棵松树下喝酒。

There're **nine feminine** French words in this sentence. 这个句子里有九个阴性的法语单词。

We'll **dine** out tonight. Would you like to have some **sardines**? 我们今晚出去吃饭。 你想吃些沙丁鱼吗？

Not only the **shining** sun but also you have brought **sunshine** to my life. 灿烂的阳光和你都给我的生活带来了快乐。

The **machine** is used to produce **morphine**. 这台机器是用来生产吗啡的。

injur-

injury [ˈɪndʒərɪ] n.（身体受到的）伤害，（精神上的）损害；受伤处

injure [ˈɪndʒə(r)] v. 伤害，损害

injured [ˈɪndʒəd] adj. 受伤的；受损害的

单词串联

The **injured** says that a man **injured** his legs, and the **injury** was serious. 伤者说有个人的腿受了伤，伤势很严重。

-inkle

-inkle 结构：

twinkle [ˈtwɪŋkl] v. 闪烁；（眼睛）闪亮，闪闪发光

wrinkle [ˈrɪŋkl] n. 皱纹；褶皱；皱痕 v.（使）起皱纹

sprinkle [ˈsprɪŋkl] v. 撒，洒；用……点缀 n. 撒，洒；少量；稀疏小雨

单词串联

That lady whose face is covered with **wrinkles** has a pair of eyes that can **twinkle**. 那位满脸皱纹的女士有一双闪闪发光的眼睛。

Don't forget to **sprinkle** some salt over the fish. 别忘了在鱼上撒些盐。

-inter-

inter- 结构：

interval [ˈɪntəvl] n. 间隔；间距；幕间休息

interfere [ˌɪntəˈfɪə(r)] v. 干涉，妨碍

interview [ˈɪntəvjuː] v. 采访；对某人进行面试 n. 采访；面试

interrupt [ˌɪntəˈrʌpt] v. 中断；打断；插嘴；妨碍

interpreter [ɪnˈtɜːprətə(r)] n. 解释者；口译者；注释器

单词串联

During the **interval** of the concert, please don't walk around. 音乐会中间休息时，请不要随意走动。

The **interpreter** keeps **interrupting** the host during an **interview**. 采访期间，译员不断打断主持人。

-inter 结构：

winter ['wɪntə(r)] *n.* 冬季

printer ['prɪntə(r)] *n.* 打印机；印刷工；印花工

painter ['peɪntə(r)] *n.* 画家；油漆匠

> **单词串联**
>
> In **winter**, the **painter** uses a **printer** to print pictures. 冬天，画家用打印机打印图画。

interest

interest ['ɪntrəst] *n.* 兴趣，爱好；利息；利益；趣味

interest- 结构：

interested ['ɪntrəstɪd] *adj.* 感兴趣的；有权益的

interesting ['ɪntrəstɪŋ] *adj.* 有趣的；引起兴趣的，令人关注的

> **单词串联**
>
> Just out of **interest**, are you **interested** in an **interesting** party? 我只是好奇问问，你对一个有趣的派对感兴趣吗？

intern

intern ['ɪntɜːn] *n.* 实习生

intern- 结构：

internship ['ɪntɜːnʃɪp] *n.*（学生或毕业生的）实习期

Internet ['ɪntənet] *n.* 因特网

international [ˌɪntə'næʃnəl] *adj.* 国际的；国际通用的

> **单词串联**
>
> She works as an **intern** in an **international Internet** company. 她在一家国际互联网公司实习。

-ious

-ious 结构：

pious ['paɪəs] *adj.* 虔诚的；敬神的

tedious ['tiːdɪəs] *adj.* 沉闷的；冗长乏味的

anxious ['æŋkʃəs] *adj.* 焦虑的；担忧的；渴望的；急切的

cautious ['kɔːʃəs] *adj.* 谨慎的；十分小心的

religious [rɪ'lɪdʒəs] *adj.* 宗教的；虔诚的；严谨的；修道的

obvious ['ɒbvɪəs] *adj.* 明显的；显著的；平淡无奇的

previous ['priːvɪəs] *adj.* 以前的；早先的；过早的

delicious [dɪ'lɪʃəs] *adj.* 美味的；可口的；好吃的；怡人的

malicious [məˈlɪʃəs] *adj.* 恶意的；恶毒的；蓄意的；怀恨的

单词串联

She is **pious** and **cautious** when reading the **tedious religious** prayers. 她在阅读冗长的宗教祷文时虔诚而谨慎。

It's **obvious** that the **previous** chapter of the book was boring. 很明显，这本书的前一章读起来很无聊。

The bread is **delicious**, but the one who baked it is **malicious**. 面包很好吃，但烤面包的人很恶毒。

-ird

-ird 结构：

bird [bɜːd] *n.* 鸟

jailbird [ˈdʒeɪlbɜːd] *n.* 囚犯

gird [gɜːd] *v.* 束缚；做准备

third [θɜːd] *num.* 第三；三分之一

weird [wɪəd] *adj.* 不寻常的；怪异的

单词串联

Third of the **birds** are hovering above the **weird jailbird**. 三分之一的鸟在这个奇怪的囚犯上空盘旋。

We should **gird** ourselves for possible emergencies. 我们应该为可能会发生的紧急情况做好准备。

-ire

-ire 结构：

tire [ˈtaɪə(r)] *v.* （使）感到累；厌倦

entire [ɪnˈtaɪə(r)] *adj.* 全部的；绝对的

hire [ˈhaɪə(r)] *v.* 租用；录用

wire [ˈwaɪə(r)] *n.* 金属线；电线 *v.* 给……接上电线；（用电线）接通

desire [dɪˈzaɪə(r)] *v.* 渴望；期望 *n.* 愿望；渴望；期望

admire [ədˈmaɪə(r)] *v.* 钦佩；欣赏

单词串联

The guy you **hired** last week **wired** up all the computers in the **entire** office. 你上周雇的那个人把整个办公室的电脑都接上了。

I **admire** him because he never **tires** of **desiring** justice. 我钦佩他，因为他对正义的渴望永不厌倦。

-ish

-ish 结构：

wish [wɪʃ] *v.* 希望；盼望；祝愿；*n.* 愿望；祈求；祝愿

girlish ['gɜːlɪʃ] *adj.* 少女的；适于女子的；少女似的

English ['ɪŋglɪʃ] *adj.* 英文的；英国的；英国人的 *n.* 英语；英国人

British ['brɪtɪʃ] *adj.* 英国的；英国人的 *n.* 英国人

cherish ['tʃerɪʃ] *v.* 珍爱；怀有（感情等）

rubbish ['rʌbɪʃ] *adj.* 毫无价值的；一窍不通的；蹩脚的 *n.* 垃圾；废话

单词串联

This little **English** boy **cherishes** his **rubbish** and **wishes** he can keep it all. 这个英国小男孩很珍惜他的垃圾，并希望把它们都留下。

-ism

◉ -ism 作为名词后缀，表示"主义，教条"：

tourism ['tʊərɪzəm] *n.* 旅游业；游览

Marxism ['mɑːksɪzəm] *n.* 马克思主义

socialism ['səʊʃəlɪzəm] *n.* 社会主义

Buddhism ['bʊdɪzəm] *n.* 佛教

capitalism ['kæpɪtəlɪzəm] *n.* 资本主义

单词串联

In some countries people value **capitalism** and **tourism**; in other countries, people value **Marxism** and **socialism**. 一些国家的人们重视资本主义和旅游业；其他国家的人们重视马克思主义和社会主义。

-ist

◉ -ist 作为名词后缀，表示"……家 / 人"：

typist ['taɪpɪst] *n.* 打字员，打字者

tourist ['tʊərɪst] *n.* 旅行者，观光客

dentist ['dentɪst] *n.* 牙科医生；牙医诊所

scientist ['saɪəntɪst] *n.* 科学家

physicist ['fɪzɪsɪst] *n.* 物理学家；唯物论者

chemist ['kemɪst] *n.* 化学家；化学工作者；药剂师；炼金术士

economist [ɪ'kɒnəmɪst] *n.* 经济学家，经济专家

单词串联

He is a **chemist**, **physicist** and **economist**. 他是化学家、物理学家和经济学家。

The **tourist** is a **typist**. 这名游客是个打字员。

The **dentist** is also a **scientist**. 这位牙医也是科学家。

-ist 结构:

twist [twɪst] *v.* 使弯曲; 歪嘴苦笑; 拧; 扭去; 挣扎

fist [fɪst] *n.* 拳,拳头

mist [mɪst] *n.* 薄雾; 视线模糊不清

waist [weɪst] *n.* 腰,腰部

wrist [rɪst] *n.* 手腕; 腕关节

单词串联

Even in the **mist** I can see her big **fists**, strong **wrists** and **waist**. 即使在雾中,我也能看到她的大拳头,以及强壮的手腕和腰部。

-ister

-ister 结构:

sister ['sɪstə(r)] *n.* 姐妹; (称志同道合者) 姐妹

mister ['mɪstə(r)] *n.* 先生; 平民

blister ['blɪstə(r)] *n.* 水泡; 水疱; 气泡

sinister ['sɪnɪstə(r)] *adj.* 阴险的; 凶兆的; 灾难性的

minister ['mɪnɪstə(r)] *n.* 部长; 大臣; 牧师

administer [əd'mɪnɪstə(r)] *v.* 管理; 执行; 给予

单词串联

The **sinister minister's sister** who **administers** other **misters** in the office has a **blister**. 负责管理办公室里其他长官的阴险的部长的妹妹长了一个水泡。

-itary

-itary 结构:

sanitary ['sænətrɪ] *adj.* 卫生的,清洁的

solitary ['sɒlətrɪ] *adj.* 孤独的; 独居的

millitary ['mɪlətrɪ] *adj.* 军事的; 军人的; 适于战争的 *n.* 军队; 军人

单词串联

The **solitary military** lives in a **sanitary** house. 这个孤独的军人住在一个干净的房子里。

-itate

-itate 结构:

imitate ['ɪmɪteɪt] *v.* 模仿,仿效; 仿造,仿制

hesitate ['hezɪteɪt] *v.* 踌躇,犹豫; 不愿

meditate ['medɪteɪt] *v.* 冥想; 沉思; 考虑; 计划

单词串联

Don't **hesitate** to **imitate** me to **meditate**. 别犹豫,模仿我冥想吧。

itch

itch [ɪtʃ] *n.* 痒；渴望 *v.* 发痒；渴望；急切的愿望

itchy ['ɪtʃɪ] *adj.* 发痒的；渴望的

pitch [pɪtʃ] *n.* 运动场地；程度；音高；倾斜度；沥青；投球 *v.* 投掷；投（球）

witch [wɪtʃ] *n.* 巫婆，女巫

The **witch pitched** an **itch** spell onto me and now I feel **itchy** all over. 女巫对我施了痒咒，现在我浑身发痒。

-ite

kite [kaɪt] *n.* 风筝

bite [baɪt] *v.* 咬；刺痛

quite [kwaɪt] *adv.* 很；相当；完全

invite [ɪn'vaɪt] *v.* 邀请，招待；招致

white [waɪt] *adj.* 白色的；白种的；纯洁的 *n.* 白色；洁白；白种人

spite [spaɪt] *n.* 不顾；恶意；怨恨 *v.* 使恼怒，激怒；刁难

despite [dɪ'spaɪt] *prep.* 即使，尽管

appetite ['æpɪtaɪt] *n.* 食欲；嗜好

"Your **kite** flies **quite** high." She says out of **spite** and then **bites** me. "你的风筝飞得很高。"她出于恶意说道，然后咬了我。

Despite his loss of **appetite**, he **invited** the **white** couple for dinner. 尽管他没有胃口，他还是邀请那对白人夫妇吃饭。

-iter

loiter ['lɔɪtə(r)] *v.* 虚度；闲荡

waiter ['weɪtə(r)] *n.* 服务员

arbiter ['ɑ:bɪtə(r)] *n.* 仲裁者；裁决人

writer ['raɪtə(r)] *n.* 作家；作者

typewriter ['taɪpraɪtə(r)] *n.* 打字机

ghostwriter ['ɡəʊstraɪtə(r)] *n.* 受雇代作文章的人

The **writer loiters** in a restaurant trying to find a **waiter** who has a **typewriter** to be her **ghostwriter**. 那个作家在一家餐馆里闲逛，想找个有打字机的服务员替她写文章。

-itter

-itter 结构：

bitter ['bɪtə(r)] *adj.* 苦的；痛苦的；尖刻的

litter ['lɪtə(r)] *n.* 垃圾 *v.* 乱扔废弃物

glitter ['glɪtə(r)] *n./v.* 闪光；闪烁

twitter ['twɪtə(r)] *v.* 吱吱叫；喊喊喳喳地讲；在推特网发博

> **单词串联**
>
> There's something **glittering** in the **litter**. 垃圾堆里有什么东西在闪闪发光。
> She is **bitter** about the **twittering** birds. 她对那些叽叽喳喳的鸟很不满。

-ity

-ity 结构：

pity ['pɪti] *n.* 怜悯，同情；遗憾 *v.* 对……表示怜悯（同情）

unity ['juːnəti] *n.* 团结统一；完整和谐；一致性；统一体，整体

dignity ['dɪgnəti] *n.* 尊严；高贵

quality ['kwɒləti] *n.* 质量，品质；特性；才能

identity [aɪ'dentəti] *n.* 身份；一致；特性

quantity ['kwɒntəti] *n.* 量，数量；大量；总量

> **单词串联**
>
> It's a **pity** that you have to give up your **dignity** to get into that university. 你为了进那所大学不得不放弃尊严，真遗憾。
> Show me your **identity** and tell me the **quantity** of your goods. 告诉我你的身份和你的货物的数量。

-ival

-ival 结构：

rival ['raɪvl] *n.* 竞争对手；可与……匹敌的人；敌手

arrival [ə'raɪvl] *n.* 到来；到达；到达者/物；引进

festival ['festɪvl] *adj.* 节日的；快乐的 *n.* 节日；纪念活动；欢乐

carnival ['kɑːnɪvl] *n.* 狂欢节，嘉年华会；饮宴狂欢

revival [rɪ'vaɪvl] *n.* 复兴；复活；苏醒

survival [sə'vaɪvl] *n.* 幸存，残存；幸存者，残存物

> **单词串联**
>
> The **revival** of the **festival** is a **carnival** for almost everyone. 这个节日的复兴几乎是所有人的狂欢。
> With the **arrival** of the **rival**, the only **survival** becomes angry. 随着对手的到来，唯一的幸存者变得愤怒起来。

-iver

-iver 结构：

liver ['lɪvə(r)] *n.* 肝脏

diver ['daɪvə(r)] *n.* 潜水者；跳水的选手；潜鸟

river ['rɪvə(r)] *n.* 河，江

driver ['draɪvə(r)] *n.* 驾驶员

deliver [dɪ'lɪvə(r)] *v.* 交付；发表；递送；释放；给予（打击）；给……接生

quiver ['kwɪvə(r)] *n./v.* 颤抖；震动

shiver ['ʃɪvə(r)] *v.* 颤抖，哆嗦；打碎

单词串联

A **diver** and a **driver** are **quivering** in a cold **river**. 一名潜水员和一名司机在冰冷的河水中颤抖。

-ization

-ization 结构：

civilization [ˌsɪvəlaɪ'zeɪʃn] *n.* 文明；文化

globalization [ˌgləʊbəlaɪ'zeɪʃn] *n.* 全球化

organization [ˌɔːgənaɪ'zeɪʃn] *n.* 组织；机构；体制；团体

单词串联

This **organization** represents not only **civilization** but also **globalization**. 该组织是文明和全球化的体现。

-ize

-ize 结构名词：

size [saɪz] *n.* 大小；尺寸

prize [praɪz] *n.* 奖品；奖赏；战利品

⊙ -ize 作为动词后缀：

seize [siːz] *v.* 抓住；夺取；理解；逮捕

apologize [ə'pɒlədʒaɪz] *v.* 道歉，谢罪；辩解，辩护

recognize ['rekəgnaɪz] *v.* 认出，识别；承认；接受，认可；赞赏

单词串联

The **size** of your **prize** is big. 你的奖品很大。

I **apologize** for not **recognizing** you and accidently **seizing** the wrong person. 对不起，我没认出你，还不小心抓错人了。

J

ja-

ja- 结构：

jar [dʒɑ:(r)] *n.* 罐；广口瓶

jam [dʒæm] *n.* 果酱；拥挤；困境

jaw [dʒɔ:] *n.* 颌；下巴

单词串联

The **jam** is in a **jar**, and some is on your **jaw**. 果酱在罐子里，还有一些在你的下巴上。

-jo-

jo- 结构：

job [dʒɒb] *n.* 工作；职业

jog [dʒɒg] *v.* 慢跑；轻推；蹒跚行进

joy [dʒɔɪ] *n.* 欢乐，快乐

-jo- 结构：

enjoy [ɪn'dʒɔɪ] *v.* 欣赏，享受；喜爱

单词串联

My **job** brings me **joy** and after work I **enjoy jogging**. 我的工作带给我快乐，而且下班后我喜欢慢跑。

just

just [dʒʌst] *adv.* 只是，仅仅；刚才；正好；刚要

just- 结构：

justice ['dʒʌstɪs] *n.* 司法，法律制裁；正义；法官，审判员

justify ['dʒʌstɪfaɪ] *v.* 证明合法；证明……是正当的；替……辩护

justified ['dʒʌstɪfaɪd] *adj.* 有正当理由的；事出有因的；合乎情理的

-just 结构：

adjust [ə'dʒʌst] *v.* 调整，（使……）适合；校准

unjust [ˌʌn'dʒʌst] *adj.* 不公平的，不公正的；非正义的

单词串联

It's **justified** to **adjust** the **unjust** clauses in the contract. 调整合同中不公平的条款是合理的。

Your words **just justify** the whole matter. 你的话正好证明整个事情是正确的。

K

keep(er)

keep [ki:p] **v.** 保持；经营；遵守；饲养；继续

keep- 结构：

keeper ['ki:pə(r)] *n.* 监护人；饲养员；看守人；管理人

-keep(er) 结构：

shopkeeper ['ʃɒpki:pə(r)] *n.* 店主，老板
doorkeeper ['dɔ:ki:pə(r)] *n.* 看门的人

> **单词串联**
>
> The **shopkeeper** and the **doorkeeper** **keep** a good relationship. 店主和看门人的关系保持得很好。

-ken

-ken 结构：

darken ['dɑ:kən] *v.* （使）变暗；（使）模糊

broken ['brəʊkən] *adj.* 破碎的；坏掉的
chicken ['tʃɪkɪn] *n.* 鸡肉；小鸡；胆小鬼
weaken ['wi:kən] *v.* 减少；（使）变弱；（使）变淡
awaken [ə'weɪkən] *v.* 唤醒；唤起；醒来；意识到
drunken ['drʌŋkən] *adj.* 喝醉的；酒醉的；常醉的

> **单词串联**
>
> He ate **chicken** and now is **drunken**; don't **awaken** him. 他吃了鸡，现在醉了，不要唤醒他。

The sky starts to **darken**, and my **broken** heart is **weakening**. 天空开始变暗，我破碎的心也开始变弱。

-ker

baker ['beɪkə(r)] *n.* 面包师

maker ['meɪkə(r)] *n.* 制造者

worker ['wɜːkə(r)] *n.* 劳动者

thinker ['θɪŋkə(r)] *n.* 思想家

单词串联

Bakers, **makers** and **thinkers** are **workers**. 面包师、制造者和思考者都是工人。

key

key [kiː] *n.* 钥匙；关键，密钥

-key 结构：

turkey ['tɜːkɪ] *n.* 火鸡；笨蛋

donkey ['dɒŋkɪ] *n.* 驴子；傻瓜；顽固的人

monkey ['mʌŋkɪ] *n.* 猴子；顽童

whiskey ['wɪskɪ] *n.* 威士忌酒

单词串联

The **key** not to be a **donkey** is to be a **turkey** or a **monkey**.

不成为一头驴的关键是成为一只火鸡或一只猴子。

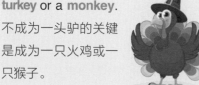

kin

kin [kɪn] *n.* 亲戚；家族；同族

-kin 结构：

skin [skɪn] *n.* 皮肤；外皮

napkin ['næpkɪn] *n.* 餐巾；餐巾纸

pumpkin ['pʌmpkɪn] *n.* 南瓜

单词串联

Use the **napkin** to wipe off the **pumpkin** on the **skin** of the **kin** sitting next you. 用餐巾擦去坐在你旁边的亲戚皮肤上的南瓜。

kind

kind [kaɪnd] *n.* 种类 *adj.* 体贴的；好心的

kind- 结构：

kindly ['kaɪndlɪ] *adv.* 亲切地

kindle ['kɪndl] *v.* 点燃；着火；激起；照亮

单词串联

A **kind** lady **kindly kindled** a candle for me. 一位贴心的女士好心地为我点了一支蜡烛。

-kind 结构：

unkind [ʌn'kaɪnd] *adj.* 不友善的；刻薄的；（天气）恶劣的

mankind [mæn'kaɪnd] *n.* 人类

Mankind are not supposed to be **unkind** to animals. 人类应该对动物友善。

-kle

-kle 结构：

ankle ['æŋkl] *n.* 踝关节，踝

tickle ['tɪkl] *v.* （使）发痒；（使）高兴；（使）满足

sparkle ['spɑːkl] *v./n.* （使）闪耀；（使）发光；（酒类饮料）发泡

Her **ankles tickle**, but her eyes **sparkle** in the light. 她的脚踝发痒，但她的眼睛在灯光下闪闪发光。

L

lace

lace [leɪs] *n.* 花边；鞋带；饰带

-lace 结构：

solace ['sɒləs] *n.* 安慰；慰藉；安慰之物 *v.* 安慰；抚慰；使快乐

palace ['pæləs] *n.* 宫殿；宅邸；豪华住宅

necklace ['nekləs] *n.* 项链

shoelace ['ʃuːleɪs] *n.* 鞋带

> **单词串联**
>
> Neither owning **necklaces** nor **palaces** can **solace** me. Instead, I need shoes with **lace** and **shoelace**. 拥有项链和宫殿都不能使我快乐。相反，我需要带花边和鞋带的鞋子。

lack

lack [læk] *n./v.* 缺乏，不足

-lack 结构：

black [blæk] *adj.* 黑色的；黑人的；邪恶的 *n.* 黑色；黑人；黑颜料

clack [klæk] *v.* 劈啪作响；大声唠叨 *n.* 噼啪声；唠叨

slack [slæk] *adj.* 松弛的；萧条的；懈怠的 *v.* 懈怠；（使）绳索松弛；懒散地工作

> **单词串联**
>
> She, in a **black** shirt, **lacks** energy and has been **slack** in working. 她穿着一件黑衬衫，缺乏活力，工作也很懒散。

lady

lady ['leɪdɪ] *n.* 女士，夫人；小姐

lady- 结构：

ladybird ['leɪdɪbɜːd] *n.* 瓢虫

-lady 结构：

malady ['mælədɪ] *n.* 弊病；疾病；腐败；不健康状态

landlady ['lændleɪdɪ] *n.* 女房东；女地主；女店主

That **lady** with a crippling **malady** is our **landlady** and she likes **ladybirds** very much. 那个患有腿部疾病的女士是我们的房东，她非常喜欢瓢虫。

lame

lame [leɪm] *adj.* 跛足的；僵痛的；不完全的；无说服力的；差劲的

-lame 结构：

blame [bleɪm] *v.* 责备；归咎于 *n.* 责备；责任；过失

flame [fleɪm] *n.* 火焰；热情；光辉 *v.* 燃烧；泛红

aflame [əˈfleɪm] *adj.* 燃烧的；明亮的；激动的；（脸）火一般红的

inflame [ɪnˈfleɪm] *v.* 激怒；（使）燃烧；（使）发炎

You set the house **aflame** and your **lame** excuse **inflames** her, so she can't help but **blame** you. 你把房子点着了，而你那站不住脚的借口激怒了她，所以她才忍不住责怪你。

lance

lance [lɑːns] *n.* 长矛 *v.* 用到切开

-lance 结构：

glance [glɑːns] *v.* 瞥见，匆匆一看；浏览 *n.* 一瞥；闪光

balance [ˈbæləns] *n.* 平衡；余额 *v.* 使平衡；使均衡；使相等

imbalance [ɪmˈbæləns] *n.* 不平衡；不安定；失衡；失调

ambulance [ˈæmbjələns] *n.* 救护车

I **glanced** at the **ambulance** that was losing its **balance**. 我瞥了一眼正在失去平衡的救护车。

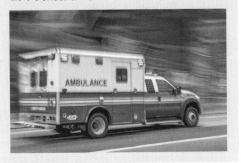

land

land [lænd] *n.* 国土；陆地；地面

land- 结构：

landfill [ˈlændfɪl] *n.* 垃圾填埋地；垃圾填埋场；垃圾堆填区

landlord [ˈlændlɔːd] *n.* 房东，老板；地主

landmark [ˈlændmɑːk] *n.* 陆标；地标；界标；里程碑；纪念碑

landscape [ˈlændskeɪp] *n.* 风景；风景画；景色；山水画；乡村风景画

单词串联

The **landscape** in the **landlord's land** is amazing except for the **landmark** in the **landfill**. 除了垃圾堆上的地标外，房东土地上的风景很美。

-land 结构：

island ['aɪlənd] *n.* 岛；岛屿

inland ['ɪnlænd] *adj.* 内陆的；国内的 *adv.* 在 / 向内地；在 / 向内陆

mainland ['meɪnlənd] *n.* 大陆；本土 *adj.* 大陆的；本土的

Ireland ['aɪələnd] *n.* 爱尔兰

England ['ɪŋglənd] *n.* 英格兰

Scotland ['skɒtlənd] *n.* 苏格兰

highland ['haɪlənd] *n.* 高地；丘陵地带

farmland ['fɑːmlænd] *n.* 农田

borderland ['bɔːdələnd] *n.* 边陲；中间地带，模糊地带

单词串联

There are **islands** in **England**, **Ireland** and **Scotland**. 英格兰、爱尔兰和苏格兰都有岛屿。

For a person who lives distantly from **inland** areas, the **farmland** on the **highland** seems spectacular. 对于一个住在远离内陆地区的人来说，高原上的农田看上去非常壮观。

lapse

lapse [læps] *n.* 过失 *v.*（时间）流逝；（合同）终止；背弃（宗教信仰）

-lapse 结构：

elapse [ɪ'læps] *v./n.* 消逝；时间过去

relapse [rɪ'læps] *v.*（病）复发，重新恶化；退回原状

单词串联

With the **elapse** of time, he **relasped** into his melencholy mood, and she **lapsed** into silence. 时光飞逝，他又陷入了忧郁的情绪，而她陷入了沉默。

-lary

-lary 结构：

salary ['sælərɪ] *n.* 薪水，工资

vocabulary [vəˈkæbjələrɪ] *n.* 词汇；词表；词汇量

单词串联

I get high **salary** for memorizing English **vocabulary**. 我靠背英语单词挣很多钱。

lash

lash [læʃ] *v.* 鞭打；猛击 *n.* 鞭打；睫毛

-lash 结构：

clash [klæʃ] *v./n.* 打斗，打架，冲突

flash [flæʃ] *v.* 闪光；飞速运动；突然想到 *n.* 闪光；（想法的）突现

splash [splæʃ] *v.* 泼洒；把（水、泥等）泼在……上 *n.* 落水声；拍水

eyelash ['aɪlæʃ] *n.* 睫毛

> 单词串联
>
> During the **clash**, she **splashed** water on another lady's head. 在冲突中，她把水泼到了另一位女士的头上。
>
> She flutters her **eyelashes** as a great idea **flashes** through her mind. 当一个好主意闪过她的脑海时，她眨了眨眼睛。

last

last [lɑːst] *adj.* 最后的；最不可能的；最差的；仅存的 *v.* 持续；持久

last- 结构：

lasting ['lɑːstɪŋ] *adj.* 持久的；永恒的

-last 结构：

blast [blɑːst] *n.* 爆炸；冲击波；一阵 *v.* 炸毁，把……炸成碎片；爆破

outlast [ˌaʊt'lɑːst] *v.* 比……持续时间长

> 单词串联
>
> The **last** air raid **blasted** this building which I thought would have **outlasted** me. 上次空袭摧毁了我以为会比我活得久的这栋建筑。

late

late [leɪt] *adj.* 晚的；迟的；已故的；最近的 *adv.* 晚；迟；最近；在晚期

late- 结构：

later ['leɪtə(r)] *adv.* 后来；稍后；随后 *adj.* 更迟的；更后的

latest ['leɪtɪst] *adj.* 最新的，最近的；最迟的，最后的

lately ['leɪtlɪ] *adv.* 近来，不久前

> 单词串联
>
> Lately I'm always **late** because I spend too much time playing with my **lastest** phone. 最近我总是迟到是因为我花太多时间玩新手机。

-late 结构：

plate [pleɪt] *n.* 盘子；碟子；金属板

relate [rɪˈleɪt] *v.* (使)有联系；涉及；与……有某种联系

deflate [ˌdiːˈfleɪt] *v.* 放气；使泄气；挫败……的锐气；紧缩通货

translate [trænzˈleɪt] *v.* 翻译；转化；解释

She violated the class rules, so she is **isolated** and has to wash lots of **plates**. 她违反了班级规定，因此被孤立而且还要洗很多盘子。

She failed to **translate** the code, so she couldn't get the **chocolate** and was totally **deflated**. 她翻译不出密码，所以她拿不到巧克力，也彻底失去了自信。

-lation

-lation 结构：

relation [rɪˈleɪʃn] *n.* 关系；叙述；故事；亲属关系

isolation [ˌaɪsəˈleɪʃn] *n.* 隔离；孤立

revelation [ˌrevəˈleɪʃn] *n.* 启示；揭露；出乎意料的事；被揭露的真相

regulation [ˌregjuˈleɪʃn] *n.* 管理；规则；校准

translation [trænzˈleɪʃn] *n.* 翻译；译文；转化

The new **regulation** you made was approved. 你制定的新规定被批准了。

The **revelation** about the **relation** between the two parties is shocking. 这两个党派的关系的揭露令人震惊。

She couldn't finish the work of **translation** and is now in **self-isolation**. 她无法完成翻译工作，现在处于自我隔离状态。

-lder

-lder 结构：

holder [ˈhəʊldə(r)] *n.* 持有人；（台、架等）支持物

builder [ˈbɪldə(r)] *n.* 建筑者；建立者

bewilder [bɪˈwɪldə(r)] *v.* 使迷惑，使糊涂

shoulder [ˈʃəʊldə(r)] *n.* 肩膀

A **builder** carried a steel **holder** on his **shoulder**, which **bewildered** me. 一个建筑工人肩上扛着一个钢架，这真让我迷惑。

-lea-

lean [li:n] *v.* 倾斜身体；倾斜；倚靠；（使）斜靠

leaf [li:f] *n.* 叶子

leave [li:v] *v.* 离开；留下；遗忘；委托

lead [li:d] *v.* 领导；致使；引导；指挥 *n.* 主角；超前；领先

leader ['li:də(r)] *n.* 领导者；首领；指挥者

leading ['li:dɪŋ] *adj.* 领导的；主要的

单词串联

Don't **lean** against the wall; **lead** the **leading leaders** to **leave** the room. 不要靠在墙上；快带领导离开房间。

-lea 结构：

flea [fli:] *n.* 跳蚤

单词串联

There're **fleas** on the **leaf**. 这片叶子上有跳蚤。

-lear

-lear 结构：

clear [klɪə(r)] *adj.* 清楚的；清澈的；晴朗的；无罪的

unclear [ˌʌnˈklɪə(r)] *adj.* 不清楚的；不易了解的

nuclear ['nju:klɪə(r)] *adj.* 原子能的

单词串联

Their attitude of building a **nuclear** power station is **unclear**. 他们关于建造核电站的态度还不清楚。

lease

lease [li:s] *n.* 租借；租赁；租约；租期间 *v.* 租用；出租

-lease 结构：

release [rɪˈli:s] *v.* 释放；放开；发泄；免除；松开

displease [dɪsˈpli:z] *v.* 使生气；使不愉快；冒犯；触怒

单词串联

It **displeased** her when I told her that her **lease** had expired. 当我告诉她她的租约已经到期时，她很不高兴。

lee

lee [liː] *n.* 保护；背风处

-lee 结构：

flee [fliː] *v.* 逃走；消失，消散；逃避

glee [gliː] *n.* 快乐；欢欣

-lee- 结构：

sleeve [sliːv] *n.* 套筒，套管；袖子，袖套

单词串联

He rolled up his **sleeves** and **fleed** to the **lee** in **glee**. 他卷起袖子，高兴地逃到了避风处。

-lence

-lence 结构：

silence ['saɪləns] *n.* 沉默；寂静；缄默；不谈；无声状态

violence ['vaɪələns] *n.* 暴力；侵犯；激烈；歪曲

prevalence ['prevələns] *n.* 流行；普遍；广泛

condolence [kən'dəʊləns] *n.* 哀悼；慰问

单词串联

We stood in **silence** to express our **condolence** to those who died in the **violence**. 我们向在这次暴力事件中丧生的人默哀。

-less

⊙ **-less** 作为形容词后缀，含有否定意义，表示"没有……，没有做……，没有成为……"：

endless ['endləs] *adj.* 无止境的；连续的；环状的

fearless ['fɪələs] *adj.* 无畏的；大胆的

useless ['juːsləs] *adj.* 无用的；无效的

careless ['keələs] *adj.* 粗心的；无忧无虑的；淡漠的

tasteless ['teɪstləs] *adj.* 无味的；无鉴赏力的

hopeless ['həʊpləs] *adj.* 绝望的；不可救药的；毫无希望的

breathless ['breθləs] *adj.* 喘不过气来的；（令人）屏息的，目瞪口呆的

regardless [rɪ'gɑːdləs] *adv.* 不顾后果地；不加理会；不管怎样，无论如何

-less 结构：

bless [bles] *v.* 祝福；保佑；赞美

unless [ən'les] *conj.* 除非；若非 *prep.* 除……之外

单词串联

However **fearless** and **careless** you are, your **endless** talking is **useless**. 不管你有多无畏，多无忧无虑，你总喋喋不休是没有用的。

Regardless of the **hopeless** situation and the **tasteless** food, the view here is beautifully **breathless**. 除去绝望的情况和无味的食物，这里的景色美得令人窒息。

You won't have my **bless unless** you marry him. 除非你嫁给他，否则我不会祝福你。

let

let [let] **v.** 任由；允许，让；出租；假设；准许

let- 结构：

letter ['letə(r)] *n.* 信；字母，文字

lettuce ['letɪs] *n.* 莴苣，生菜

letdown ['letdaʊn] *n.* 失望；松弛

-let 结构：

toilet ['tɔɪlət] *n.* 厕所，盥洗室；梳妆，打扮

wallet ['wɒlɪt] *n.* 钱包，皮夹

goblet ['gɒblət] *n.* 酒杯；高脚杯

单词串联

The **letter** is in my **wallet**, but the **goblet** and the tablet are not in the **toilet**. 信在我的钱包里，而高脚杯和药片不在厕所里。

-liber-

-liber- 结构：

liberate ['lɪbəreɪt] *v.* 解放；放出；释放

liberation [ˌlɪbə'reɪʃn] *n.* 释放，解放

deliberate [dɪ'lɪbərət] *adj.* 故意的；深思熟虑的；从容的

deliberately [dɪ'lɪbərətlɪ] *adv.* 故意地；缓慢而谨慎地；从容不迫地

单词串联

They **deliberately liberated** the city. 他们从容不迫地解放了这座城市。

"We must seek for **liberation**." She said in a **deliberate** way. "我们必须寻求解放。" 她从容地说道。

licit

licit ['lɪsɪt] *adj.* 正当的，合法的

-licit 结构：

elicit [ɪ'lɪsɪt] *v.* 抽出，引出；引起；使透露；使泄露

illicit [ɪ'lɪsɪt] *adj.* 违法的；不正当的；非法的；违禁的

solicit [sə'lɪsɪt] *v.* 征求；招揽；请求；乞求；怂恿；教唆

explicit [ɪk'splɪsɪt] *adj.* 明确的；清楚的；直率的

implicit [ɪm'plɪsɪt] *adj.* 含蓄的；内含的；无疑的

单词串联

He was **solicited** for **explicit** opinions, in which I have **implicit** faith. 人们请求他发表明确的意见，而我对他的意见深信不疑。

Selling **illicit** drugs is not **licit**. 卖违禁药品是不合法的。

-licity

-licity 结构：

felicity [fə'lɪsətɪ] *n.* 幸福；快乐；幸运

publicity [pʌb'lɪsətɪ] *n.* 宣传，宣扬；公开；广告；注意

duplicity [djuː'plɪsətɪ] *n.* 口是心非；表里不一；不诚实

simplicity [sɪm'plɪsətɪ] *n.* 朴素；简易；天真；愚蠢

> **单词串联**
>
> Her **simplicity** and **felicity** generated enormous **publicity**, which proved that she was guilty of **duplicity**. 她的单纯快乐引起了公众的极大关注，而这证明了她的表里不一。

like

like [laɪk] *prep.* 像，如同 *v.* 喜欢；想 *conj.* 好像；如同

like- 结构：

likely ['laɪklɪ] *adj.* 很可能的；合适的；有希望的 *adv.* 很可能；或许

-like 结构：

alike [ə'laɪk] *adj.* 相似的；相像的 *adv.* 十分相像地，很相似地

unlike [ʌn'laɪk] *prep.* 不像，和……不同 *adj.* 不同的，不相似的

dislike [dɪs'laɪk] *v.* 不喜欢，厌恶 *n.* 嫌恶，反感，不喜爱

childlike ['tʃaɪldlaɪk] *adj.* 天真烂漫的；孩子似的

> **单词串联**
>
> **Like** his **childlike** sister, he also looks **alike** their father. 像他那孩子气的姐姐一样，他也长得像他们的父亲。

> He **likes** drawing but **dislikes** swimming, and is **likely** to be a painter in the future. 他喜欢画画，不喜欢游泳，将来很可能成为一名画家。

line

line [laɪn] *n.* 线条；排；行；生产线；歌词；诗行；台词

-line 结构：

online [,ɒn'laɪn] *adj.* 在线的；（计算机）联机的 *adv.* 在网上

airline ['eəlaɪn] *n.* 航空公司；输气管（air line）；航线

incline [ɪn'klaɪn] *v.* （使）倾向于

recline [rɪ'klaɪn] *v.* 斜靠；向后倾

headline ['hedlaɪn] *n.* （报纸的）标题；（广播或电视里的）头条新闻

deadline ['dedlaɪn] *n.* 最后期限，截止日期

mainline ['meɪnlaɪn] *adj.* 主流的

coastline ['kəʊstlaɪn] *n.* 海岸线

gasoline ['gæsəliːn] *n.* 汽油

discipline ['dɪsəplɪn] *n.* 纪律；惩罚；管教；锻炼；自制力 *v.* 惩罚；训练

masculine ['mæskjəlɪn] *adj.* 男性的；阳刚的；（语法）阳性的

单词串联

You could check the **airline** information **online**. 你可以在网上查询航空公司的信息。

I **incline** to **recline** on a sofa after a long day of working. 工作了一天后，我想躺在沙发上。

When is the **deadline** for you to write the **headline** of the **mainline** newspaper? 你给主流报纸写标题的截止日期是什么时候？

There's only one **gasoline** station along the **coastline**. 沿着海岸线只有一个加油站。

Strict **disciplines** helped him become a **masculine** person. 严格的纪律使他成为一个有男子气概的人。

-lish

-lish 结构：

polish ['pɒlɪʃ] *v.* 抛光，擦亮；修改，润色 *n.* 光滑；光泽；磨光

foolish ['fuːlɪʃ] *adj.* 愚蠢的；傻的；鲁莽的；荒谬的

abolish [ə'bɒlɪʃ] *v.* 废除，废止；取消，革除；完全破坏

publish ['pʌblɪʃ] *v.* 出版；发表；公布；发行；刊登

accomplish [ə'kʌmplɪʃ] *v.* 完成；实现；达到；实行

单词串联

When will this **foolish** man **polish** his writing, **accomplish** it and **pulish** it? 这个傻瓜什么时候才能润色他的作品、完成它并出版呢？

list

list [lɪst] *n.* 列表，清单，目录

-list 结构：

cyclist ['saɪklɪst] *n.* 骑自行车的人

novelist ['nɒvəlɪst] *n.* 小说家

socialist ['səʊʃəlɪst] *n.* 社会主义者，社会党党员

specialist ['speʃəlɪst] *n.* 专家；专门医师

There is a **list** of **novelists** and **socialists**; please ask the **cyclist** to visit these **specialists**. 这里有一个小说家和社会主义者的名单；请骑行者去拜访这些专家。

-lite

-lite 结构:

elite [eɪˈliːt] *n.* 精英；精华；中坚分子

polite [pəˈlaɪt] *adj.* 有礼貌的；文雅的；上流的；优雅的

impolite [ˌɪmpəˈlaɪt] *adj.* 无礼的；粗鲁的

satellite [ˈsætəlaɪt] *n.* 卫星；人造卫星；卫星国家

The **elite** in this city are **polite** to those who makes **satellites**. 这个城市的精英们对制造卫星的人很有礼貌。

-lon-

lon- 结构:

long [lɒŋ] *adj.* 长的；长久的；长篇的；记得久的

-lon 结构:

melon [ˈmelən] *n.* 瓜

felon [ˈfelən] *n.* 重罪犯

colon [ˈkəʊlən] *n.* 结肠；冒号

The **felon** likes to eat **long melons** and never uses **colons** in his writing. 这个重罪犯喜欢吃长瓜，而且在写作中从不使用冒号。

-lous

-lous 结构:

jealous [ˈdʒeləs] *adj.* 妒忌的；猜疑的；唯恐失去的；戒备的

fabulous [ˈfæbjələs] *adj.* 难以置信的；传说的，寓言中的；极好的

ridiculous [rɪˈdɪkjələs] *adj.* 可笑的；荒谬的

How **ridiculous** that you are **jealous** of this **fabulous** lady! 你竟然嫉妒这位了不起的女士，真是太可笑了！

-lthy

-lthy 结构：

filthy ['fɪlθɪ] *adj.* 肮脏的；污秽的；猥亵的；不友善的；恶毒的

healthy ['helθɪ] *adj.* 健康的，健全的；身体好的；正常运转的

wealthy ['welθɪ] *adj.* 富有的；充分的；丰裕的

unhealthy [ʌn'helθɪ] *adj.* 不健康的；危险的

单词串联

Though the man is **wealthy**, he has a habit of eating **filthy** and **unhealthy** food, so he is not **healthy**. 虽然这个人很富有，但他习惯吃肮脏的和不健康的食物，所以他不健康。

luc-

luc- 结构：

lucid ['luːsɪd] *adj.* 明晰的；透明的；易懂的；头脑清楚的

luck [lʌk] *n.* 运气；幸运；带来好运的东西；运气好的；吉祥的

lucky ['lʌkɪ] *adj.* 幸运的；侥幸的

luckily ['lʌkɪlɪ] *adv.* 幸好，侥幸；幸运地

单词串联

Luckily, I was **lucky** enough to see the **lucid** blue sky. 幸好，我很幸运地看到了清澈的蓝天。

-lude

-lude 结构：

elude [ɪ'luːd] *v.* (尤指机智地，巧妙地) 避开，逃避，躲避

allude [ə'luːd] *v.* 暗指，转弯抹角地说到

delude [dɪ'luːd] *v.* 欺骗；哄骗；诱惑；使落空；使破灭

prelude ['preljuːd] *n.* 前奏；序幕；前奏曲

单词串联

She **alluded** that he'd been **eluding** the fact that he had **deluded** himself. 她暗示说他一直在逃避自我欺骗的事实。

-lum-

lum- 结构：

lump [lʌmp] *n.* 块，块状；肿块；瘤

lumber ['lʌmbə(r)] *v.* 笨重地行动，缓慢地移动

luminous ['luːmɪnəs] *adj.* 发光的；明亮的；清楚的

Her cheeks are **luminous** with joy even when she **lumbers** with a **lump** on her back. 即使她背上有个肿块，步履蹒跚，她的脸颊还是因喜悦而闪闪发光。

-lum 结构:

slum [slʌm] *n.* 贫民窟；（不宜居住的）房屋；脏乱的地方

plum [plʌm] *n.* 李子；梅子；洋李；紫红色

asylum [əˈsaɪləm] *n.* 庇护；收容所，救济院；精神病院

curriculum [kəˈrɪkjələm] *n.* 课程；总课程

单词串联

In the **asylums** and **slums**, **curriculums** of growing **plums** are accessible for everyone. 在收容所和贫民窟，每个人都可以参加种植李子的课程。

-lute

-lute 结构:

flute [fluːt] *n.* 长笛

salute [səˈluːt] *n.* 致敬，欢迎；敬礼 *v.* 行礼致敬，欢迎

pollute [pəˈluːt] *v.* 污染；玷污；败坏

单词串联

A boy plays the **flute** to **salute** people on the street. 一个男孩吹笛子向街上的人们致敬。

M

-macy

-macy 结构:

primacy ['praɪməsɪ] *n.* 首位；卓越；杰出；第一

pharmacy ['fɑ:məsɪ] *n.* 药房；配药学，药剂学；制药业

diplomacy [dɪ'pləʊməsɪ] *n.* 外交；外交手腕；交际手段

> 单词串联
>
> **Diplomacy**, not **pharmacy**, is our **primacy**. 外交是我们的首要任务，而不是药物。

-mage

-mage 结构:

image ['ɪmɪdʒ] *n.* 形像；肖像；声誉；印象；画像；镜像；意像

damage ['dæmɪdʒ] *n.* （身体上的）损害；损失，毁坏 *v.* 损害；损坏

plumage ['plu:mɪdʒ] *n.* （鸟的）全身羽毛

> 单词串联
>
> The eagle is afraid of losing its **plumage** because its **image** will be **damaged**. 鹰害怕失去它的羽毛，因为它的形象将会受损。

maid

maid [meɪd] *n.* 女仆；少女 *v.* 侍候；当女仆

maid- 结构:

maiden ['meɪdn] *n.* 少女；未婚女子 *adj.* 未婚的；处女的

-maid 结构:

barmaid ['bɑ:meɪd] *n.* 酒吧女侍

mermaid ['mɜ:meɪd] *n.* （传说中的）美人鱼；女子游泳健将

milkmaid ['mɪlkmeɪd] *n.* 挤奶女工

bridesmaid ['braɪdzmeɪd] *n.* 女傧相；伴娘

Bridesmaids must be **maidens**. 伴娘必须是未婚女子。

That **maid**, the **barmaid** and the **milkmaid**, they all wish to be **mermaids**. 那个女仆、酒吧女招待和挤奶女工，她们都想成为美人鱼。

main

main [meɪn] *adj.* 主要的，最大的，最重要的

main- 结构:

mainly ['meɪnlɪ] *adv.* 主要地，大体上
maintain [meɪn'teɪn] *v.* 维持；继续；维修；主张；供养

-main 结构:

remain [rɪ'meɪn] *v.* 仍然是；剩余；逗留；保持；持续
domain [də'meɪn] *n.* 领域；域名；产业；地产

Your **main** job **remains mainly** to **maintain** the **domain** of yours. 你的主要工作仍然是维护你的领地。

-mal

-mal 结构:

animal ['ænɪml] *n.* 动物 *adj.* 动物的
dismal ['dɪzməl] *adj.* 凄凉的；阴沉的；差劲的
formal ['fɔːml] *adj.* 正式的；拘谨的；有条理的
informal [ɪn'fɔːml] *adj.* 非正式的；不拘礼节的；随便的；通俗的
normal ['nɔːml] *adj.* 正常的；正规的；标准的
abnormal [æb'nɔːml] *adj.* 反常的，不规则的；变态的

It's **abnormal** to keep these **animals** in such a **dismal** zoo. 把这些动物养在这么阴暗的动物园里太不正常了。

Please do not use **informal** language at a **formal** business meeting. 在正式的商务会议上，请不要使用非正式的语言。

135

man

man [mæn] *n.* 人；男人；人类；丈夫；雇工

-man 结构：

human ['hju:mən] *adj.* 人的；人类的 *n.* 人；人类

inhuman [ɪn'hju:mən] *adj.* 残忍的；野蛮的；无人性的

woman ['wʊmən] *n.* 妇女；女性；成年女子

German ['dʒɜ:mən] *adj.* 德国的；德语的，德国人的 *n.* 德语；德国人

单词串联

We **human**, no matter **men**, or **women** can't be **inhuman**. 我们人类，不管是男人还是女人，都不能不人道。

名词 + man 结构：

layman ['leɪmən] *n.* 外行；门外汉；俗人；一般信徒

headman ['hedmæn] *n.* 首领；酋长；工头；村长；监工

salesman ['seɪlzmən] *n.* 推销员；售货员

chairman ['tʃeəmən] *n.* 主席，会长；董事长；主持人

nobleman ['nəʊblmən] *n.* 贵族

policeman [pə'li:smən] *n.* 警察，警员

statesman ['steɪtsmən] *n.* 政治家；国务活动家

单词串联

The **chairman** says that the **headman** of the **salesmen** is actually a **layman**. 董事长说销售经理实际上是个门外汉。
The **policemen** are there to protect the **statesmen** and the **noblemen**. 警察在那里保护政治家和贵族。

mar

mar [mɑ:(r)] *v.* 破坏，损毁；损伤 *n.* 污点，瑕疵

mar- 结构：

marry ['mærɪ] *v.* 嫁；娶；与……结婚

margin ['mɑ:dʒɪn] *n.* 边缘；利润，余裕；页边的空白

marine [mə'ri:n] *adj.* 船舶的；海生的；海产的；航海的

marble ['mɑ:bl] *n.* 大理石；大理石制品；弹珠；弹珠游戏

marathon ['mærəθən] *n.* 马拉松赛跑；耐力的考验

-mar 结构：

grammar ['græmə(r)] *n.* 语法

单词串联

Don't **marry** the man who runs **marathon** with a **grammar** book in hands. 不要嫁给那个手里拿着语法书跑马拉松的男人。

Please don't **mar** the **margin** of that piece of **marble**. 请不要把那块大理石的边缘弄坏。

mark

mark [mɑːk] *n.* 标志；符号；痕迹；分数 *v.* 做标记于；打分数

mark- 结构：

marker ['mɑːkə(r)] *n.* 标记；标志；记号笔

market ['mɑːkɪt] *n.* 市场；股票市场；集市 v. 在市场上交易；营销

marked [mɑːkt] *adj.* 显著的；有记号的

marketing ['mɑːkɪtɪŋ] *n.* 推销，促销；市场宣传

单词串联

I use a **marker** to **mark** the **market** I have been to. 我用马克笔标出我去过的市场。

There's a **marked** change in your new **marketing** strategy. 你们新的营销策略有了明显的变化。

-mark 结构：

remark [rɪ'mɑːk] *n.* 注意；言辞 *v.* 评论；觉察；说

earmark ['ɪəmɑːk] *n.* 特征 *v.* 指定……的用途；留出

hallmark ['hɔːlmɑːk] *n.* 特点；特征

postmark ['pəʊstmɑːk] *n.* 邮戳

bookmark ['bʊkmɑːk] *n.* 书签（= bookmarker）；标记

trademark ['treɪdmɑːk] *n.* 商标；特征，标志

watermark ['wɔːtəmɑːk] *n.* 水印；水位标志

单词串联

Don't **remark** on the **hallmarks** of the book that has a **bookmark** in it. 不要评论那本有书签的书的特征。

On the envelope that has a **postmark** there is a **watermark**, which I think is the **trademark** of the paper company. 有邮戳的信封上有水印，我认为那是纸业公司的商标。

-mary

-mary 结构：

primary ['praɪmərɪ] *adj.* 主要的；初级的；基本的

summary ['sʌmərɪ] *n.* 总结，概要 *adj.* 总结性的；简略的

customary [ˈkʌstəmərɪ] *adj.* 习惯的；通常的

In **summary**, it's our **customary** and **primary** goal to store enough necessities. 总而言之，储存足够的必需品是我们习惯性的也是首要的目标。

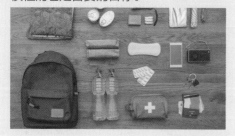

master

master [ˈmɑːstə(r)] *n.* 主人；大师；硕士；男教师 *v.* 精通；控制；征服

master- 结构：

mastery [ˈmɑːstərɪ] *n.* 掌握；精通；优势；征服

masterpiece [ˈmɑːstəpiːs] *n.* 杰作

-master 结构：

headmaster [ˌhedˈmɑːstə(r)] *n.* 校长

Being a **master** of none is a disaster. 什么都不精通太糟糕了。

A student drew a **masterpiece** so the **headmaster** conferred the **master** degree on him. 一个学生画了一幅杰作，于是校长授予了他硕士学位。

mate

mate [meɪt] *n.* 助手，大副；配偶 *v.* 交配；成配偶

-mate 结构：

proximate [ˈprɒksɪmət] *adj.* 近似的；最近的；直接的

deskmate [ˈdeskmeɪt] *n.* 同桌

classmate [ˈklɑːsmeɪt] *n.* 同班同学

schoolmate [ˈskuːlmeɪt] *n.* 同学；同窗

The **proximate** cause is that she is not only my **classmate**, but also my **deskmate**. 最直接的原因是她不仅是我的同学，还是我的同桌。

-matic

-matic 结构：

climatic [klaɪˈmætɪk] *adj.* 气候的；气候上的；与气候相关的

dramatic [drəˈmætɪk] *adj.* 引人注目的；令人激动的；戏剧的

dogmatic [dɒgˈmætɪk] *adj.* 教条的；武断的；固执己见的

enigmatic [ˌenɪgˈmætɪk] *adj.* 神秘的；高深莫测的；谜一般的

diplomatic [ˌdɪpləˈmætɪk] *adj.* 外交的；外

交上的；老练的

idiomatic [ˌɪdɪə'mætɪk] *adj.* 惯用的；符合语言习惯的

systematic [ˌsɪstə'mætɪk] *adj.* 系统的；体系的

The **climatic** changes are **enigmatic**, so there is no need for you to be **dramatic**. 气候变化神秘莫测，所以你没有必要大惊小怪。

Her speaking **idiomatic** language in **diplomatic** occasions is automatic. 她在外交场合使用俗语是无意识的。

-mble

-mble 结构：

amble ['æmbl] *v.* （马）缓行；从容漫步 n. 漫步；从容轻松的步伐

ramble ['ræmbl] *v.* （在乡间）漫步，闲逛；漫谈，闲聊

gamble ['gæmbl] *v./n.* 赌博；打赌；冒险

humble ['hʌmbl] *adj.* 谦逊的；简陋的；（级别或地位）低下的

mumble ['mʌmbl] *v.* 含糊地说话

tremble ['trembl] *v.* 发抖；战栗；焦虑；摇晃；摇动

resemble [rɪ'zembl] *v.* 类似，像

The **humble** gambler **rambles** on a country road, **mumbling** about **gambling** while **trembling**. 卑微的赌徒漫步在乡间小路上，一边颤抖一边咕哝着赌博的事。

medi-

medi- 结构：

media ['miːdɪə] *n.* 媒体；媒质（medium 的复数）

mediate ['miːdɪeɪt] *v.* 调解；斡旋；居中

mediator ['miːdɪeɪtə(r)] n. 调解员

medicine ['medsn] *n.* 药；医学；内科

medium ['miːdɪəm] *adj.* 中等的；中号的 *n.* 方法；媒体；媒介

The **media** report that a **mediator** is **mediating** the dispute between **medicine** buyers and sellers. 据媒体报道，一位调解员正在调解药品买卖双方的纠纷。

memor-

memor- 结构:

memory ['memərɪ] *n.* 记忆，记忆力；内存，存储器；回忆

memorial [mə'mɔːrɪəl] *n.* 纪念碑，纪念馆；纪念仪式；纪念物

memorize ['meməraɪz] *v.* 记住，背熟；记忆

单词串联

A three-year-old boy can **memorize** many poems. 一个三岁的男孩能记住许多诗。

This **memorial** is in **memory** of a general. 这个纪念馆是为了纪念一位将军。

-ment

-ment 结构（这类词一般是名词）:

garment ['gɑːmənt] *n.* 衣服，服装；外表，外观

moment ['məʊmənt] *n.* 片刻，瞬间，时刻；重要，契机

element ['elɪmənt] *n.* 元素；要素；原理；成分；自然环境

pavement ['peɪvmənt] *n.* 人行道

basement ['beɪsmənt] *n.* 地下室；地窖

parliament ['pɑːləmənt] *n.* 议会，国会

instrument ['ɪnstrəmənt] *n.* 仪器；工具；乐器；手段；器械

monument ['mɒnjumənt] *n.* 纪念碑；历史遗迹；不朽的作品

environment [ɪn'vaɪrənmənt] *n.* 环境，外界

单词串联

Wait for a **moment** and let me show you the **pavement** leading to the **basement**. 等一下，我带你去看看通向地下室的人行道。

The **instrument** in front of the **parliament** building is a **monument** to a man who has devoted himself to protecting the **environment**. 国会大厦前的这个乐器是对一个致力环境保护的人的纪念。

⊙ **-ment** 作为名词后缀，含有行动或过程、结果、情况的意义；其构成一般是"动词 + **ment**"：

treatment ['triːtmənt] *n.* 治疗，疗法；处理；对待

adjustment [ə'dʒʌstmənt] *n.* 调整，调节；调节器

settlement ['setlmənt] *n.* 解决，处理

movement ['muːvmənt] *n.* 运动；活动；运转；乐章

amusement [ə'mjuːzmənt] *n.* 消遣，娱乐；乐趣

government ['gʌvənmənt] *n.* 政府；政体；管辖

entertainment [ˌentəˈteɪnmənt] *n.* 娱乐；消遣；款待

单词串联

The **government** made an **adjustment**, that is, there should be no **amusement** or **entertainmant** on such special days. 政府做了一部分调整，那就是在这样的特殊日子里不应该有娱乐活动。

The new **treatment** for the patient is to add more body **movements** in her daily life. 对病人的新治疗方法是在日常生活中增加锻炼。

metre

metre [ˈmiːtə(r)] *n.* 米；公尺；韵律

-metre 结构：

kilometre [kɪˈlɒmɪtə(r)] *n.* 公里；千米

millimetre [ˈmɪlɪmiːtə(r)] *n.* 毫米；千分之一米

单词串联

One **millimetre** is short; one **metre** is long, and one **kilometre** is longer. 一毫米很短，一米很长，一千米更长。

micro

micro [ˈmaɪkrəʊ] *adj.* 极小的；基本的；微小的；微观的

micro- 结构：

microwave [ˈmaɪkrəweɪv] *n.* 微波；微波炉

microscope [ˈmaɪkrəskəʊp] *n.* 显微镜

microprocessor [ˌmaɪkrəʊˈprəʊsesə(r)] *n.* 微处理器

单词串联

I **microwaved** a **micro** popcorn and used a **microscope** to observe it. 我微波了一个微型爆米花，然后用显微镜观察它。

mill

mill [mɪl] *n.* 磨坊，磨粉厂；工厂，制造厂

mill- 结构：

million [ˈmɪljən] *n.* 百万；无数 *adj.* 百万的；无数的

millionaire [ˌmɪljəˈneə(r)] *n.* 百万富翁；大富豪

单词串联

The person who has **millions** of **mills** is a **millionaire**. 拥有数百万工厂的那个人是一个百万富翁。

mine

mine [maɪn] ***pron.* 我的 *n.* 矿井**

mine- 结构：

miner ['maɪnə(r)] *n.* 矿工

-mine 结构：

illumine [ɪ'lu:mɪn] *v.* 照明；启发

dertermine [dɪ'tɜ:mɪn] *v.* 决定；确定；下定决心

单词串联

The **miners determined** to **illumine** the **mine** with headlights. 矿工们决定用头灯照亮矿井。

mis-

mis- 结构：

miss [mɪs] *v.* 错过；未见到，未听到；想念

missile ['mɪsaɪl] *n.* 导弹；投射物

○ **mis- 作为动词前缀，含有"坏、错误"的意义：**

mistake [mɪ'steɪk] *n.* 错误；误会；过失 *v.* 弄错；误解

mistaken [mɪ'steɪkən] *adj.* 错误的；弄错的；被误解的

mistakenly [mɪ'steɪkənlɪ] *adv.* 错误地；曲解地

mislead [mɪs'li:d] *v.* 误导；带错

misleading [ˌmɪs'li:dɪŋ] *adj.* 误导的；引入歧途的；让人产生错误观念的

misunderstand [ˌmɪsʌndə'stænd] *v.* 误解；误会

misunderstanding [ˌmɪsʌndə'stændɪŋ] *n.* 误解；误会；不和

单词串联

It's a **mistake** to fire **missiles**. 发射导弹是错误的。

The **misleading** messages lead me to a **misunderstanding**. 这些误导性的信息使我产生了误解。

mor-

mor- 结构：

more [mɔ:(r)] *adv.* 更多；此外；更大程度地 *adj.* 更多的 *pron.* 更多的数量

moral ['mɒrəl] *adj.* 道德的；精神上的；品性端正的 *n.* 道德；寓意

morning ['mɔ:nɪŋ] *n.* 早晨；黎明；初期

moreover [mɔ:r'əʊvə(r)] *adv.* 而且；此外

单词串联

Moreover, she is **more moral** in the **morning**. 而且，她在早上更有道德感。

-mous

famous ['feɪməs] *adj.* 著名的；出名的
infamous ['ɪnfəməs] *adj.* 声名狼藉的；无耻的；邪恶的；不名誉的
enormous [ɪ'nɔːməs] *adj.* 庞大的，巨大的；凶暴的，极恶的

单词串联

The **infamous** movie directed by a **famous** director has attracted **enormous** publicity. 由一位著名导演执导的这部臭名昭著的电影吸引了公众的极大关注。

-mpire

-mpire 结构：

empire ['empaɪə(r)] *n.* 帝国；大企业
umpire ['ʌmpaɪə(r)] *n.* 裁判员 *v.* (为……) 做裁判员，当裁判
vampire ['væmpaɪə(r)] *n.* 吸血鬼

单词串联

The **vampire** works as an **umpire** in this business **empire**. 那个吸血鬼是这个商业帝国的裁判员。

-mple

-mple 结构：

ample ['æmpl] *adj.* 充足的
simple ['sɪmpl] *adj.* 简单的；单纯的；天真的
dimple ['dɪmpl] *n.* 酒窝；浅凹
sample ['sɑːmpl] *n.* 样品，样本
temple ['templ] *n.* 庙宇；寺院；神殿；太阳穴

单词串联

In a **temple**, there's a **simple** girl with two **dimples** distributing **ample** **samples**. 在一座庙里，一个有着两个酒窝的单纯女孩正在分发大量样品。

multi-

➡ **multi- 作为词根，表示"很多"：**

multiple ['mʌltɪpl] *adj.* 多重的；多样的；许多的
multiply ['mʌltɪplaɪ] *v.* 乘，(使) 相乘；(使) 大幅增加；(使) 繁殖
multinational [ˌmʌltɪ'næʃnəl] *adj.* 跨国公司的；多国的

单词串联

This **multinational** enterprise has **multiplied** the output of **multiple** furniture. 这家跨国企业使多种家具的产量成倍增加。

N

-nade

-nade 结构：

grenade [grəˈneɪd] *n.* 手榴弹；灭火弹

serenade [ˌserəˈneɪd] *n.* 小夜曲

lemonade [ˌleməˈneɪd] *n.* 柠檬水

单词串联

Would you like a cup of **lemonade** or a **grenade** when you listen to the **serenade**?
你听小夜曲的时候是想要一杯柠檬水还是一颗手榴弹？

-nage

-nage 结构：

manage [ˈmænɪdʒ] *v.* 管理；经营；控制；设法

teenage [ˈtiːneɪdʒ] *adj.* 青少年的 *n.* 青少年时期

personage [ˈpɜːsənɪdʒ] *n.* 要人；角色；名士；（戏剧或历史）人物

单词串联

A **teenage manages** to be a **personage**.
一个少年设法成为一个大人物。

-nal

-nal 结构：

canal [kəˈnæl] *n.* 运河；灌溉渠

signal [ˈsɪgnəl] *n.* 信号；暗号

journal [ˈdʒɜːnl] *n.* 日报，杂志；日记；分类账

original [əˈrɪdʒənl] *adj.* 原来的；开始的；首创的 *n.* 原件；原型；原创作品

criminal [ˈkrɪmɪnl] *adj.* 犯罪的；刑事的；罪过的 *n.* 罪犯

单词串联

He recorded every detail of the **canal** in his **journal**. 他在日记中记录了这条运河的每一个细节。

144

The **criminal** created an **original** way of committing murder. 罪犯创造了一种新颖的杀人方式。

name

name [neɪm] *n.* 名称，名字；姓名；名誉 *v.* 命名，任命；指定；称呼

-name 结构：

surname ['sɜːneɪm] *n.* 姓，姓氏
nickname ['nɪkneɪm] *n.* 绰号；昵称
firstname [ˌfɜːst'neɪm] *n.* 名字

> **单词串联**
>
> My **name** is James Lee. Lee is my **surname**, James my **firstname**, and my **nickname** is Panda. 我叫詹姆斯·李。李是我的姓，詹姆斯是我的名，我的昵称是熊猫。

-nary

-nary 结构：

visionary ['vɪʒənrɪ] *adj.* 有远见的；宗教幻觉的；空想的；梦想的
imaginary [ɪ'mædʒɪnərɪ] *adj.* 虚构的，假想的；想象的
ordinary ['ɔːdnrɪ] *adj.* 普通的；平凡的；平常的

extraordinary [ɪk'strɔːdnrɪ] *adj.* 非凡的；特别的；离奇的；特派的

> **单词串联**
>
> How **extraordinary** this **ordinary** dictionary is! 这本普通的词典是多么不寻常啊！

This **visionary** leader has an **imaginary** friend. 这位有远见的领导人有一个想象中的朋友。

-nate

-nate 结构：

senate ['senət] *n.* 参议院，上院
donate [dəʊ'neɪt] *v.* 捐赠，捐献
urinate ['jʊərɪneɪt] *v.* 小便，撒尿
alternate [ɔːl'tɜːnət] *adj.* 交替的，轮流的；间隔的 *v.*（使）交替，（使）轮流 *n.* 代理人；候补者

> **单词串联**
>
> The **alternate** of a member of the **senate donated** money to charity. 参议员的代理人向慈善机构捐了款。

nation

nation [ˈneɪʃn] *n.* 国家；民族；国民

nation- 结构：

national [ˈnæʃnəl] *adj.* 国家的；国民的；民族的；国立的 *n.* 国民

nationality [ˌnæʃəˈnælətɪ] *n.* 国籍，国家；民族；部落

nationwide [ˈneɪʃnˈwaɪd] *adj.* 全国范围的；全国性的 *adv.* 在全国

international [ˌɪntəˈnæʃnəl] *adj.* 国际的；国际通用的

单词串联

National welfare is important for the whole **nation**. 国民福利对整个国家都很重要。

The **international** meeting has a **nationwide** influence. 这次国际会议具有全国性的影响。

-nation 结构：

destination [ˌdestɪˈneɪʃn] *n.* 目的地，终点

explanation [ˌekspləˈneɪʃn] *n.* 详细说明，解释；辩解

单词串联

She gave us a detailed **explanation** of the fine differences between these two **destinations**. 她给我们详细地解释了这两个目的地之间的细微差别。

-neer

-neer 结构：

sneer [snɪə(r)] *v./n.* 嘲笑，冷笑

pioneer [ˌpaɪəˈnɪə(r)] *n.* 先锋；拓荒者

engineer [ˌendʒɪˈnɪə(r)] *n.* 工程师

单词串联

Don't **sneer** at the queer volunteer who is also an excellent **engineer**. 不要嘲笑那个古怪的志愿者，他也是一个优秀的工程师。

neg-

neg- 结构：

neglect [nɪˈglekt] *v./n.* 忽视，忽略；疏忽；漏做

negative [ˈnegətɪv] *adj.* 负的；消极的；否定的；阴性的

negotiate [nɪˈgəʊʃɪeɪt] *v.* 谈判，商议；转让；越过

单词串联

Try to **neglect** your **negative** thought when you **negotiate** with him. 当你和他谈判时，试着忽略你的消极想法。

-ness

-ness 作为名词后缀:

illness ['ɪlnəs] *n.* 病; 疾病; 生病; 身体不好; 不适

witness ['wɪtnəs] *n.* 证人; 目击者; 证据 *v.* 目击; 证明; 为……作证

sadness ['sædnəs] *n.* 悲哀; 悲伤, 悲痛

kindness ['kaɪndnəs] *n.* 仁慈; 好意; 友好的行为

sickness ['sɪknəs] *n.* 疾病; 呕吐; 弊病; 生病; 反胃

darkness ['dɑːknəs] *n.* 黑暗; 模糊; 无知; 阴郁

weakness ['wiːknəs] *n.* 弱点; 软弱; 嗜好

business ['bɪznəs] *n.* 商业; 事务; 行业

happiness ['hæpɪnəs] *n.* 幸福

单词串联

I feel a deep **sadness** to say that the **witness** works in the art **business** and is recovering from an **illness**. 我很难过地告诉你, 这位证人从事艺术工作, 正在从疾病中康复。

Your **kindness** enlightened the **darkness** and brought me **happiness**. 你的善良照亮了黑暗, 也给我带来了快乐。

-nical

-nical 结构:

cynical ['sɪnɪkl] *adj.* 愤世嫉俗的; 冷嘲的

clinical ['klɪnɪkl] *adj.* 临床的; 诊所的

technical ['teknɪkl] *adj.* 工艺的, 科技的; 技术上的

单词串联

He is **cynical** about the **clinical** trials and the **technical** problems. 他对临床试验和技术问题持怀疑态度。

-nish

-nish 结构:

vanish ['vænɪʃ] *v.* 消失; 突然不见

punish ['pʌnɪʃ] *v.* 惩罚; 严厉对待; 贪婪地吃喝

Spanish ['spænɪʃ] *adj.* 西班牙 (语 / 人) 的 *n.* 西班牙语 / 人

astonish [ə'stɒnɪʃ] *v.* 使惊讶; 使十分吃惊; 使害怕

单词串联

A **Spanish** student was **punished** because he had **vanished** and **astonished** the teacher. 一名西班牙学生受到了惩罚, 因为他突然失踪, 让老师大吃一惊。

-nist

-nist 结构：

pianist ['pɪənɪst] *n.* 钢琴家；钢琴演奏者

violinist [ˌvaɪəˈlɪnɪst] *n.* 小提琴演奏者，小提琴家

receptionist [rɪˈsepʃənɪst] *n.* 接待员；传达员；接线员

单词串联

The **receptionist** welcomed the **pianist** and the **violinist** with a big smile. 接待员满脸笑容地欢迎钢琴家和小提琴家。

-nite

-nite 结构：

unite [juˈnaɪt] *v.* （使……）混合；（使……）联合；（使……）团结

ignite [ɪgˈnaɪt] *v.* 点燃；使燃烧；使激动 *v.* 点火；燃烧

granite [ˈgrænɪt] *n.* 花岗岩

单词串联

As long as we are **united**, we can even **ignite** the **granite**. 只要我们团结一致，我们甚至可以点燃花岗岩。

north

north [nɔːθ] *n.* 北（方）*adj.* 北方的；朝北的 *adv.* 在 / 向北方

north- 结构：

northeast [ˌnɔːθˈiːst] *n.* 东北方 / 部 *adj.*（向 / 来自）东北的 *adv.* 在 / 向 / 来自东北

northern [ˈnɔːðən] *adj.* 北部 / 方的

northwest [ˌnɔːθˈwest] *n.* 西北方 / 部 *adj.* 来自 / 在西北的 *adv.* 在 / 向 / 来自西北地

单词串联

People from the **north** have a noticeable **northern** accent. 来自北方的人有明显的北方口音。

-nounce

-nounce 结构：

announce [əˈnaʊns] *v.* 宣布，宣告

denounce [dɪˈnaʊns] *v.* 谴责；告发；公然抨击

pronounce [prəˈnaʊns] *v.* 发音；宣判；断言

单词串联

The police **annnounced** that it was an old lady who had **denounced** the murderer. 警方宣布是一位老太太告发了凶手。

-nous

-nous 结构：

ominous ['ɒmɪnəs] *adj.* 预兆的；不吉利的

poisonous ['pɔɪzənəs] *adj.* 有毒的；恶毒的；讨厌的

monotonous [mə'nɒtənəs] *adj.* 单调的，无抑扬顿挫的；无变化的

mountainous ['maʊntənəs] *adj.* 多山的；巨大的；山一般的

> **单词串联**
>
> His **monotonous** tone has an **ominous** touch in it. 他单调的语调中有一种不祥的意味。
>
> People grow **poisonous** flowers in the **mountainous** region. 人们在山区种植有毒的花。

nov-

nov- 结构：

novel ['nɒvl] *adj.* 新奇的；异常的 *n.* 小说

novelty ['nɒvltɪ] *n.* 新奇；新奇的事物

novelist ['nɒvəlɪst] *n.* 小说家

> **单词串联**
>
> The **novelist** had written a **novel** and it soon became a **novelty** for people. 这位小说家写了一部小说，而且它很快就成为了人们的新宠。

-ntain

-ntain 结构：

contain [kən'teɪn] *v.* 包含；控制；容纳

fountain ['faʊntən] *n.* 喷泉，泉水；源泉

mountain ['maʊntən] *n.* 山；山脉

> **单词串联**
>
> The artificial **mountain contains** a **fountain.** 这座假山上有一个喷泉。

O

-oast

-oast 结构：

roast [rəʊst] *v.* 烘，烤；炒 *n.* 烤肉；一盘烘烤物；烘，烤（尤指咖啡）

coast [kəʊst] *n.* 海岸；滑行

boast [bəʊst] *v.* 夸口说，自吹自擂 *n.* 自夸；吹嘘

> **单词串联**
>
> He is **roasting** meat and **boasting** about himself on the **coast**. 他在海滨边烤肉边吹嘘自己。

-(l)oath-

oath [əʊθ] *n.* 宣誓，誓言，誓约；诅咒，咒骂

-oath 结构：

loath [ləʊθ] *adj.* 勉强的；不情愿的（= loth）

(l)oath- 结构：

loathe [ləʊð] *v.* 讨厌，厌恶

loathing ['ləʊðɪŋ] *n.* 嫌恶

loathsome ['ləʊðsəm] *adj.* 令人憎恶的；令人呕吐的

> **单词串联**
>
> It's **loathsome** when she is **loath** to take the **oath**. 她不愿宣誓真是令人讨厌。

-ocate

-ocate 结构：

locate [ləʊ'keɪt] *v.* 位于；查找……的地点 *v.* 定位；定居

allocate ['æləkeɪt] *v.* 分配；拨出；提供；调拨；指定

dislocate ['dɪsləkeɪt] *v.* 使脱臼；使混乱

advocate ['ædvəkeɪt] *v.* 提倡，拥护；为……辩护 *n.* 拥护者；辩护者

suffocate ['sʌfəkeɪt] *v.* 受阻，受扼制；（使……）窒息

> **单词串联**
>
> First you need to **allocate** your time and then **locate** the position of your brother. 首先，你需要分配你的时间，然后找到你哥哥在哪里。

I **advocate** that you should let her go because she seems **suffocated**. 我主张你放她走，因为她似乎窒息了。

-oker

-oker 结构：

joker ['dʒəʊkə(r)] *n.* 爱开玩笑的人；家伙；丑角牌

broker ['brəʊkə(r)] *n.* 经纪人

smoker ['sməʊkə(r)] *n.* 吸烟者；薰制工

单词串联

The **joker** told the **broker** to stop being a **smoker**. 小丑告诉经纪人不要再抽烟了。

-olate

-olate 结构：

isolate ['aɪsəleɪt] *v.* （使）隔离，孤立；将……剔出

violate ['vaɪəleɪt] *v.* 违反，违背；侵犯，妨碍；亵渎

chocolate ['tʃɒklət] *n.* 巧克力，巧克力糖；巧克力色

单词串联

To **isolate chocolate** from the ice cream **violated** our agreement. 把巧克力从冰淇淋中分离出来违反了我们的约定。

-onal

-onal 结构：

rational ['ræʃnəl] *adj.* 合理的；理性的

seasonal ['siːzənl] *adj.* 季节的；周期性的；依照季节的

emotional [ɪ'məʊʃənl] *adj.* 情绪的；易激动的；感动人的

traditional [trə'dɪʃənl] *adj.* 传统的；惯例的

conventional [kən'venʃənl] *adj.* 传统的；常见的；惯例的

单词串联

It's **rational** to say that sometimes one's **emotional** change is **seasonal**. 有时说一个人的情绪变化是季节性的很合理。

Eating mooncakes at the Mid-Autumn Festival is a **traditional** and **conventional** custom. 中秋节吃月饼是一种传统习俗。

order

order ['ɔːdə(r)] *n.* 指示，命令；订购，订单；安排；条理

order- 结构：

orderly ['ɔːdəlɪ] *adj.* 有条理的；守秩序的 *adv.* 守秩序地

-order 结构：

border ['bɔːdə(r)] *n.* 国境，边界 *v.* 接壤，毗邻

disorder [dɪsˈɔːdə(r)] *n.* 混乱；骚乱 *v.* 使混乱；使凌乱

recorder [rɪˈkɔːdə(r)] *n.* 录音机；录像机；竖笛；记录员

单词串联

There is seldom **disorder** on the **border** of the two countries. 这两个国家的边界很少会有骚乱。

Please put away the **recorders** in **order**. 请把录音机放整齐。

-orrow

-orrow 结构：

sorrow ['sɒrəʊ] *n.* 悲伤；懊悔；伤心事 *v.* 哀痛；哀悼

borrow ['bɒrəʊ] *v.* 借；借用

tomorrow [təˈmɒrəʊ] *adv.* 在明天；在未来 *n.* 明天；未来

单词串联

I want to **borrow** a **tomorrow** filled with joys and **sorrows**. 我想借一个充满欢乐和悲伤的明天。

-ort

-ort 结构：

sort [sɔːt] *n.* 种类 *v.* 整理，把……分类

resort [rɪˈzɔːt] *n.* 旅游胜地 *v.* 求助于

retort [rɪˈtɔːt] *v./n.* 反驳，回嘴

distort [dɪˈstɔːt] *v.* 扭曲；曲解

escort ['eskɔːt] *n.* 护送者；护送 *v.* 押送；护送

short [ʃɔːt] *adj.* 短暂的；（长度或距离）短的，矮的

单词串联

"There are many **sorts** of drinks." he **retorted**. "饮料有很多种。"他反驳道。

The journey to the **resort** won't be **short**, so please allow me to **escort** you there. 去度假村的路程很长，请允许我陪你们去。

-ory

-ory 结构：

glory ['glɔːrɪ] *n.* 光荣，荣誉；赞颂

ivory ['aɪvərɪ] *n.* 象牙；乳白色 *adj.* 乳白色的；象牙制的

theory ['θɪərɪ] *n.* 理论；原理；学说；推测

单词串联

The baby's teeth are **ivory**. 婴儿的牙齿是象牙色的。

My **theory** won the first prize and it was such a **glory** for me. 我的理论获得了一等奖，这对我来说太光荣了。

ouch

ouch [aʊtʃ] *int.* 哎哟（突然疼痛时发出的声音）

-ouch 结构：

couch [kaʊtʃ] *n.* 睡椅，长沙发

vouch [vaʊtʃ] *v.* 担保；证明

touch [tʌtʃ] *v.* 接触；轻按 *n.* 触碰；轻按；触觉

crouch [kraʊtʃ] *v.* 蹲伏；俯身接近

retouch [ˌriː'tʌtʃ] *v.* 润饰，修整（图画、照片等）*n.* 润饰，修整

单词串联

She **crouches** at a corner of the **couch** and **retouches** a picture on the computer. 她蹲在沙发的一角修改电脑上的一张图片。

-ough

-ough 结构：

rough [rʌf] *adj.* 粗糙的；粗略的；粗野的

tough [tʌf] *adj.* 艰苦的，困难的；坚强的，不屈不挠的；强壮的

plough [plaʊ] *v.* 犁；耕 *n.* 犁地；耕地（= plow）

though [ðəʊ] *conj.* 虽然，尽管 *adv.* 虽然；不过；然而

enough [ɪ'nʌf] *adv.* 足够地，充足地 *adj.* 充足的

through [θruː] *prep.* 穿过，从一端到另一端；穿行；越过；透过……看到

although [ɔːl'ðəʊ] *conj.* 尽管，虽然；但是，然而

thorough ['θʌrə] *adj.* 彻底的；十分的；周密的

Though the ground is **rough** and **ploughing** is hard to do, he is **tough** **enough** to handle it all. 虽然土地很粗糙，犁地很困难，但他足够坚强，能应付一切。

Although I made a **thorough** plan, walking **through** the darkness is still scary for me. 虽然我做了一个周密的计划，但在黑暗中穿行对我来说仍然很可怕。

ounce

ounce [aʊns] *n.* 盎司；少量

-ounce 结构：

bounce [baʊns] *v.* 弹起；反弹 *n.* 弹跳；弹力；活力

pounce [paʊns] *v.* 突袭，猛扑；扑过去抓住

单词串联

The little girl **pounced** upon the ball, but the ball **bounced** away. 小女孩扑向球，但球弹开了。

-ound

-ound 结构：

sound [saʊnd] *n.* 声音；噪音；音响 *adj.* 合理的；无损的；有能力的

pound [paʊnd] *n.* 英镑；重击，重击声

abound [ə'baʊnd] *v.* 大量存在，有许多；富于

profound [prə'faʊnd] *adj.* 深厚的；意义深远的；渊博的

单词串联

There **abounds** with enormous amount of **pounds**. 那里有大量的英镑。

The **sound** from space has a **profound** meaning. 来自太空的声音有着深刻的含义。

-ouse

-ouse 结构：

louse [laʊs] *n.* 虱子；寄生虫

mouse [maʊs] *n.* 鼠标；老鼠

blouse [blaʊz] *n.* 宽松的上衣；女装衬衫

arouse [ə'raʊz] *v.* 引起；唤醒；鼓励

spouse [spaʊs] *n.* 配偶

单词串联

My **spouse** wearing a **blouse** **arouses** my anger with a **mouse**. 我的配偶穿着衬衫，用一只老鼠惹我生气。

out

out [aʊt] *adv.* 出现；向外；在室外
prep. 从……里面出去，离开

⊙ -out- 结构的副词和介词：

outdoors [ˌaʊtˈdɔːz] *adv.* 在户外 *n.* 户外

without [wɪˈðaʊt] *prep.* 没有；不和……在一起；不带 *adv.* 没有，缺乏

throughout [θruːˈaʊt] *adv./prep.* 自始至终；遍及

单词串联

Throughout the whole summer, she stayed inside **without** going **outdoors**.
整个夏天，她都待在家里没有出去。

⊙ out- 结构的名词：

outcome [ˈaʊtkʌm] *n.* 结果，结局；成果

outing [ˈaʊtɪŋ] *n.* 远足；外出，短途旅游；体育比赛

outline [ˈaʊtlaɪn] *n.* 轮廓；大纲；概述，概要；略图

output [ˈaʊtpʊt] *n.* 输出，输出量；产量；出产

outside [ˌaʊtˈsaɪd] *n.* 外部

单词串联

The **outcome** of the negotiation is that we will have an **outing** in the **outside**. 谈判的结果是我们将进行一次户外活动。

⊙ out- 结构的形容词：

outer [ˈaʊtə(r)] *adj.* 外面的，外部的；远离中心的

outdoor [ˈaʊtdɔː(r)] *adj.* 户外的；露天的；野外的

outward [ˈaʊtwəd] *adj.* 向外的；外面的；公开的

outgoing [ˈaʊtgəʊɪŋ] *adj.* 对人友好的，开朗的

outspoken [aʊtˈspəʊkən] *adj.* 坦率的，直言不讳的

outstanding [aʊtˈstændɪŋ] *adj.* 杰出的；显著的；未解决的；未偿付的

单词串联

She is an **outstanding** person who is also **outgoing** and **outspoken**. 她是一个优秀的人，也很外向和坦率。

-out 结构：

about [əˈbaʊt] *adv.* 大约；将近；到处 *prep.* 关于；目的是；针对；忙于

roundabout [ˈraʊndəbaʊt] *n.* 环岛，环状交叉路口 *adj.* 迂回的；绕道的

shout [ʃaʊt] *v./n.* 呼喊；喊叫；大声说

单词串联

A person is **shouting about** something at the **roundabout**. 有一个人在环岛处大喊着什么。

In spite of my **outward** calmness, I'm very excited about the **outdoor** activities in the **outer** suburbs of the city. 尽管我外表很平静，但我对城市远郊的户外活动感到非常兴奋。

-outh

-outh 结构：

couth [ku:θ] *n.* 教养，礼貌

youth [ju:θ] *n.* 青年；青春；年轻；青少年时期

mouth [maʊθ] *n.* 口，嘴；河口

单词串联

That **youth** has no **couth** because she opens her **mouth** wide. 那个年轻人没有教养，因为她把嘴巴张得很大。

over

over [ˈəʊvə(r)] ***adv.*** 倒下；翻转；穿过；完全覆盖 ***prep.*** 在……上面；从……上方；穿越

over- 结构：

overall [ˌəʊvərˈɔːl] *adj.* 全部的；全体的 *adv.* 全部地；总的说来 *n.* 工装裤

overlap [ˌəʊvəˈlæp] *v.* 与……重叠，与……互搭 *n.* 重叠的部分

overlook [ˌəʊvəˈlʊk] *v.* 忽略；俯瞰；远眺；不计较；监督；检查

overcoat [ˈəʊvəkəʊt] *n.* 大衣，外套

overcome [ˌəʊvəˈkʌm] *v.* 克服；胜过；（在感情等上）压倒，击垮

overview [ˈəʊvəvjuː] *n.* 概述；综述；概观

overhead [ˌəʊvəˈhed] *adv.* 在头顶上方；在高处 *adj.* 在头上方的，在空中的

overweight [ˌəʊvəˈweɪt] *adj.* 超重的；过重的 *n.* 超重；过重

单词串联

That lady in an **overcoat** and an **overall overlooked** the **overview** of the fact. 那位穿大衣和工装裤的女士忽略了这个事实的概述。

That child is **overweight**, but he can **overcome** this problem and be healthy. 那个孩子超重了，但他能克服这个困难并保持健康。

The clouds **overhead overlapped**. 头顶上的云重叠在一起。

-over 结构：

lover ['lʌvə(r)] *n.* 爱人，恋人；……的爱好者；情人

hover ['hɒvə(r)] *v.* 盘旋，翱翔；徘徊

I **hover** at the doorway because my love with my **lover** is **over**. 我徘徊在门口，因为我和爱人的爱情结束了。

-ower

-ower 结构：

tower ['taʊə(r)] *n.* 塔；高楼；堡垒

lower ['ləʊə(r)] *adj.* 下方的；在底部的 *adv.* 处于较低位置地；向低处下降地

flower ['flaʊə(r)] *n.* 花；精华；开花植物

blower ['bləʊə(r)] *n.* 鼓风机，吹风机；吹制工；吹牛者

follower ['fɒləʊə(r)] *n.* 追随者；信徒；属下

sunflower ['sʌnflaʊə(r)] *n.* 向日葵

There are **flowers** and **sunflowers** at the **lower** part of the **tower**. 塔的底部有花和向日葵。

P

pace

pace [peɪs] **n. 一步；步速；步伐；速度 v. 踱步；缓慢而行**

-pace 结构：

space [speɪs] *n.* 空间；太空；距离 *v.* 把……分隔开

airspace ['eəspeɪs] *n.* 空域；领空；空间

We protect our **airspace** and explore **space** at our own **pace**. 我们以自己的速度保护我们的领空和探索太空。

pair

pair [peə(r)] **n. 一对，一双，一副**

-pair 结构：

repair [rɪ'peə(r)] *v./n.* 修理；修缮；补救；弥补

impair [ɪm'peə(r)] *v.* 损害；削弱；减少

despair [dɪ'speə(r)] *n.* 绝望；令人绝望的人或事 *v.* 绝望，丧失信心

"Many **pairs** of shoes need to be **repaired**." The shoemaker says in **despair**. "有好多双鞋需要修补。" 鞋匠绝望地说。

pan

pan [pæn] **n. 平底锅；盘状的器皿**

pan- 结构：

panic ['pænɪk] *n.* 恐慌 *adj.* 恐慌的；没有理由的

pants [pænts] *n.* 裤子；长裤；内裤 *adj.* 较差的

panda ['pændə] *n.* 熊猫

pancake ['pænkeɪk] *n.* 薄烤饼；粉饼

A **panda** in **pants** is making **pancakes** with a **pan**. 一只穿裤子的熊猫正在用平底锅做煎饼。

-pan 结构：

Japan [dʒəˈpæn] *n.* 日本

dustpan [ˈdʌstpæn] *n.* 簸箕

单词串联

Do you use **dustpans** in **Japan**? 在日本你们用簸箕吗?

paper

paper [ˈpeɪpə(r)] *n.* 纸；论文；文件；报纸

-paper 结构：

wallpaper [ˈwɔːlpeɪpə(r)] *n.* 壁纸，墙纸

notepaper [ˈnəʊtpeɪpə(r)] *n.* 信纸；便条纸；笔记用纸

newspaper [ˈnjuːzpeɪpə(r)] *n.* 报纸

单词串联

My **paper** was published on the **newspaper**, which now is used as **wallpaper**. 我的论文发表在现在用作墙纸的报纸上。

par-

par- 结构：

Paris [ˈpærɪs] *n.* 巴黎（法国首都）

parcel [ˈpɑːsl] *n.* 包裹，小包；（待售商品的）一批

parrot [ˈpærət] *n.* 鹦鹉；学舌者

park [pɑːk] *n.* 公园；停车场 *v.* 停车；坐下

parking [ˈpɑːkɪŋ] *n.* 停车

单词串联

A **parrot** from Paris, with **parcels**, is looking for a **parking** spot in the **park**. 一只来自巴黎的带着包裹的鹦鹉正在公园里找车位。

para-

para- 结构：

parade [pəˈreɪd] *n./v.* 游行；阅兵；炫耀；行进

parallel [ˈpærəlel] *n.* 平行线；对比 *v.* 使……与……平行 *adj.* 平行的；类似的

paralyse [ˈpærəlaɪz] *v.* 使……无力；使……麻痹；使……瘫痪

paradise [ˈpærədaɪs] *n.* 天堂

parachute [ˈpærəʃuːt] *n.* 降落伞 *v.* 跳伞；用降落伞投送

She was **paralysed** because of a **parachuting** accident. 她因一次跳伞事故瘫痪了。

Two angels, **parallel** to each other, **parade** in **paradise**. 两个天使彼此平行，在天堂游行。

-pare

-pare 结构：

spare [speə(r)] *adj.* 额外的；空闲的 *v.* 饶恕；匀出

prepare [prɪ'peə(r)] *v.* 准备；使适合；装备

compare [kəm'peə(r)] *v.* 比较，对比；与……类似，将……比作

In my **spare** time, I like to **prepare** dinner for my family and **compare** it with other family's dinner. 在空闲时间，我喜欢为我的家人准备晚餐，并与其他家庭的晚餐进行比较。

part

part [pɑːt] *n.* 部分；角色；零件；一些；片段

part- 结构：

party ['pɑːtɪ] *n.* 政党，党派；聚会

partly ['pɑːtlɪ] *adv.* 部分地；在一定程度上

partner ['pɑːtnə(r)] *n.* 伙伴；合伙人；配偶

partnership ['pɑːtnəʃɪp] *n.* 伙伴关系；合作关系

What's the most essential **part** in a **partnership**? 合作关系中最重要的是什么？

My **partner** doesn't want to attend the **party partly** because she's sick. 我的伴侣不想参加聚会，部分原因是她病了。

-part 结构：

apart [ə'pɑːt] *adv.* 分开地；分离地

depart [dɪ'pɑːt] *v.* 离开；起程；偏离；违背

We're **apart** now. He **departed** for the government department and I am in my apartment. 我们现在分开了。他去政府部门了；我在我的公寓里。

parti-

parti- 结构：

partial ['pɑːʃl] *adj.* 部分的；热爱的；偏袒的；不完整的

particular [pə'tɪkjələ(r)] *adj.* 特别的；详细的；独有的；挑剔的

particularly [pə'tɪkjələlɪ] *adv.* 非常，尤其

participate [pɑː'tɪsɪpeɪt] *v.* 参与，参加

单词串联

— You **participated** in the activity. Did you enjoy it? 你参加了活动。你玩得开心吗？

— No, not **particularly**. I'm not **partial** to activities. 不是特别开心。我不喜欢活动。

pass

pass [pɑːs] *v.* 通过，经过；传递；传球

pass- 结构：

passive ['pæsɪv] *adj.* 被动的，消极的

passion ['pæʃn] *n.* 激情；热情；酷爱

单词串联

As I **passed** the lady for whom I have **passion**, her **passive** attitude towards me hurt me. 当我经过那位我爱的女士时，她对我的消极态度伤害了我。

-pass 结构：

surpass [sə'pɑːs] *v.* 超越；胜过，优于

compass ['kʌmpəs] *n.* 指南针；圆规；范畴；界限

overpass ['əʊvəpɑːs] *n.* 立交桥，高架桥

underpass ['ʌndəpɑːs] *n.* 地下通道；下穿交叉道

单词串联

It **surpassed** my expectations when he showed me the right **underpass** and **overpass** only by using a **compass**. 他仅凭指南针就给我指出正确的地下通道和立交桥，这超出了我的预期。

path

path [pɑːθ] *n.* 道路；小路；轨道；路线，路径；途径

path- 结构：

pathway [ˈpɑːθweɪ] *n.* 路，道；途径，路径

pathetic [pəˈθetɪk] *adj.* 可怜的，悲哀的；感伤的

单词串联

There is a **pathetic** puppy on the **pathway**. 小路上有一只可怜的小狗。

-path 结构：

bypath [ˈbaɪˌpɑːθ] *n.* 侧道；小路；私道；（尤指乡村的）旁道，小路

footpath [ˈfʊtpɑːθ] *n.* 人行道；小路；（尤指乡间的）人行小径

psychopath [ˈsaɪkəpæθ] *n.* 精神病患者

单词串联

A **psychopath** is pacing along the **footpath**. 一个精神病患者在人行道上踱步。

pear

pear [peə(r)] *n.* 梨树；梨子

-pear 结构：

spear [spɪə(r)] *n.* 矛，枪

appear [əˈpɪə(r)] *v.* 出现；显得；出庭；登场

disappear [ˌdɪsəˈpɪə(r)] *v.* 消失；失踪；不复存在

单词串联

A cat **appeared** with a **spear** from behind a **pear** tree then **disappeared**. 一只猫拿着长矛出现在梨树后面，然后又消失了。

-pel

-pel 结构：

repel [rɪˈpel] *v.* 击退；抵制；使厌恶

expel [ɪkˈspel] *v.* 驱逐；开除

impel [ɪmˈpel] *v.* 推动；驱使；激励

compel [kəmˈpel] *v.* 强迫，迫使

单词串联

It **repelled** me when I was **expelled** from school. 我被学校开除时，感到很厌恶。

The manager felt **compelled** to **impel** you to take risks. 经理觉得不得不强迫你去冒险。

pen

pen [pen] *n.* 钢笔；围栏

pen- 结构：

pencil ['pensl] *n.* 铅笔

penalty ['penəltɪ] *n.* 罚款，罚金；处罚

pending ['pendɪŋ] *adj.* 未决定的；行将发生的

单词串联

A writer with a **pen** is inquiring about the **pending penalty**. 一位拿着笔的作家正在询问即将进行的处罚。

-pen 结构：

open ['əʊpən] *adj.* 公开的；敞开的；空旷的；坦率的；营业着的 *v.* 公开；打开

deepen ['di:pən] *v.* （使）加深；（使）强烈；（使）低沉

happen ['hæpən] *v.* 发生；碰巧；偶然遇到

sharpen ['ʃɑ:pən] *v.* 削尖；磨快；使敏捷；加重

单词串联

She **happens** to **sharpen** a **pencil** when I am about to **open** the door. 我正要开门的时候，她碰巧在削铅笔。

per

per [pɜ:] *prep./adv.* 每，每一

per- 结构：

period ['pɪərɪəd] *n.* 期间；时期；经期；课时；句点

-per 结构：

prosper ['prɒspə(r)] *v.* 繁荣，昌盛；成功

whisper ['wɪspə(r)] *v.* 耳语；密谈；造谣 *n.* 耳语（声）；轻柔的声音

单词串联

Within a limited **period** of time, she **whispered** into my ear, "May our country **prosper**!" 在有限的时间内，她在我耳边低语：“愿我们的国家繁荣昌盛！”

person

person ['pɜ:sn] *n.* 人；某人；人称

person- 结构：

personal ['pɜ:sənl] *adj.* 个人的；身体的；亲自的

personally ['pɜ:sənəlɪ] *adv.* 亲自地；当面；个别地；就自己而言

personnel [ˌpɜ:sə'nel] *n.* 人事部门；全体人员

pet

pet [pet] *n.* 宠物；受宠爱的人

-pet 结构：

carpet ['kɑ:pɪt] *n.* 地毯

puppet ['pʌpɪt] *n.* 木偶；傀儡；受他人操纵的人

trumpet ['trʌmpɪt] *n.* 喇叭；喇叭声

phone

phone [fəʊn] *n.* 电话；耳机，听筒 *v.* 打电话

phone- 结构：

telephone ['telɪfəʊn] *n.* （美）电话；电话机 *v.* 打电话

videophone ['vɪdɪəʊfəʊn] *n.* 可视电话

-pic

-pic 结构：

epic ['epɪk] *n.* 叙事诗；史诗 *adj.* 史诗般的；漫长而艰难的

tropic ['trɒpɪk] *n.* 回归线；热带

Olympic [ə'lɪmpɪk] *adj.* 奥林匹克的；奥林匹斯山的

Olympics [ə'lɪmpɪks] n. 奥林匹克运动会

-pical

-pical 结构：

typical ['tɪpɪkl] *adj.* 典型的

atypical [ˌeɪ'tɪpɪkl] *adj.* 非典型的；不合规则的

tropical ['trɒpɪkl] *adj.* 热带的

> **单词串联**
>
> Durians are a **typical tropical** fruit. 榴莲是一种典型的热带水果。

place

place [pleɪs] *n.* 地方；住所；座位 *v.* 放置；任命；寄予

-place 结构：

replace [rɪ'pleɪs] *v.* 取代，代替；替换，更换

displace [dɪs'pleɪs] *v.* 取代；置换；转移；把……免职

misplace [ˌmɪs'pleɪs] *v.* 随意搁置，乱放（而一时找不到）

birthplace ['bɜːθpleɪs] *n.* 出生地；发源地

> **单词串联**
>
> That **place** next to the fireplace is my **birthplace**. 壁炉旁边的那个地方就是我的出生地。
>
> Somehow my suitcase was **misplaced**; I had to **replace** it with a new one. 不知怎么的，我的手提箱放错了地方，我得换一个新的。

plain

plain [pleɪn] *adj.* 平的；简单的；朴素的；清晰的 *n.* 平原

-plain 结构：

explain [ɪk'spleɪn] *v.* 说明；解释

complain [kəm'pleɪn] *v.* 投诉；发牢骚；控诉

> **单词串联**
>
> On a **plain**, she **explained** to me why she **complained** about her family. 在一块平原上，她向我解释了她为什么抱怨她的家庭。

plane

plane [pleɪn] *n.* 飞机；平面；程度

plane- 结构：

planet ['plænɪt] *n.* 行星

-plane 结构：

airplane ['eəpleɪn] *n.* 飞机

hydroplane ['haɪdrəpleɪn] *n.* 水上滑艇；水上飞机

> **单词串联**
>
> A **plane** can also be called an **airplane**, but not a **hydroplane**. plane（飞机）也可以说是 airplane（飞机），但不是 hydroplane（水上滑行艇）。

plant

plant [plɑːnt] *n.* 工厂；植物；设备 *v.* 种植；培养；栽培；安置

-plant 结构：

implant [ɪmˈplɑːnt] *v.* 种植；灌输；嵌入

supplant [səˈplɑːnt] *v.* 取代，替代

transplant [trænsˈplɑːnt] *n./v.* 移植；移栽

单词串联

A farmer **transplanted** a **plant** from the garden to the farmyard. 一个农民把一株植物从花园移植到农场。

I can **implant** an idea into your mind and then **supplant** it with another one. 我可以在你的脑海里植入一个想法，然后用另一个想法取代它。

-ple

-ple 结构：

apple [ˈæpl] *n.* 苹果

maple [ˈmeɪpl] *n.* 枫树；淡棕色

staple [ˈsteɪpl] *adj.* 主要的 *n.* 主要产品；订书钉

purple [ˈpɜːpl] *adj.* 紫色的；帝王的 *n.* 紫色；紫色颜料

people [ˈpiːpl] *n.* 人；人类；民族；公民

单词串联

Those **people** in **purple** see an **apple** growing on a **maple** tree. 穿紫色衣服的人们看见枫树上结着一个苹果。

plea

plea [pliː] *n.* 恳求，请求；辩解，辩护；借口，托辞

plea- 结构：

plead [pliːd] *v.* 借口；为……辩护；恳求；以……作为辩解

please [pliːz] *int.* 请（礼貌用语）*v.* 使喜欢；使高兴

pleased [pliːzd] *adj.* 高兴的；喜欢的；乐意做某事

pleasant [ˈpleznt] *adj.* 令人愉快的；舒适的；友好的；和善的

单词串联

This **pleasant** boy is **pleased** to **please** his friends. 这个可爱的男孩很乐意让他的朋友们高兴。

I **plead** with him for a piece of **pleasant** music. 我恳求他给我放一首愉快的音乐。

-ply

-ply 结构：

reply [rɪˈplaɪ] *v.* 回答；答辩；回击 *n.* 回答；答辩

apply [əˈplaɪ] *v.* 申请；涂，敷；应用；适用；适合

imply [ɪmˈplaɪ] *v.* 意味；暗示；隐含

simply ['sɪmplɪ] *adv.* 简单地；仅仅；简直；朴素地；坦白地

supply [sə'plaɪ] *n.* 供给，补给；供应品 *v.* 供给，提供；补充

单词串联

Simply speaking, I **supply** foods, and I need to **apply** for water. 简单地说，我提供食物，我需要申请水。

His **reply implies** that he doesn't care about you. 他的回答暗示他不在乎你。

-pon

-pon 结构：

upon [ə'pɒn] *prep.* 在……之上；即将来临 *adv.* 在上面地；此后

thereupon [,ðeərə'pɒn] *adv.* 于是；随即；关于那，在其上

coupon ['ku:pɒn] *n.* 优惠券；息票；赠券

weapon ['wepən] *n.* 武器，兵器

单词串联

Thereupon this American man bought a **weapon** with a **coupon**. 于是，这个美国人用一张优惠券买了一件武器。

polit-

polit- 结构：

politics ['pɒlətɪks] *n.* 政治，政治学；政治活动；政纲

political [pə'lɪtɪkl] *adj.* 政治的；党派的；对政治感兴趣的

politician [,pɒlə'tɪʃn] *n.* 政治家，政客

单词串联

The **politician** studying **politics** is facing a **political** problem. 这个学习政治的政治家面临着一个政治问题。

popul-

popul- 结构：

popular ['pɒpjələ(r)] *adj.* 流行的，通俗的；受欢迎的；大众的；普及的

populate ['pɒpjuleɪt] *v.* 居住于；构成人口

population [,pɒpju'leɪʃn] *n.* 人口；种群；全体居民；总体

单词串联

This big city is **popular** and **populated** by a large **population**. 这个大城市很受欢迎，人口众多。

port

port [pɔ:t] *n.* 港口，口岸

port- 结构：

porter ['pɔ:tə(r)] *n.* 门房；服务员；行李搬运工；守门人

portion ['pɔ:ʃn] *n.* 部分；一份

portrait ['pɔ:treɪt] *n.* 肖像；描写；半身雕塑像

portfolio [pɔ:t'fəʊlɪəʊ] *n.* 公文包；文件夹；作品集

单词串联

At the **port**, a **portion** of **porters** carry **portraits** and **portfolios** from the ship to the warehouse. 在港口，一部分搬运工把肖像和文件夹从船上搬到仓库。

-port 结构：

airport ['eəpɔːt] *n.* 机场；航空站

export ['ekspɔːt] *v.* 传播，输出 *n.* 输出，出口；出口商品

import ['ɪmpɔːt] *v.* 输入，进口 *n.* 进口，进口货；输入

support [sə'pɔːt] *v./n.* 支持；帮助；支撑；维持；证实

passport ['pɑːspɔːt] *n.* 护照，通行证；过境许可证

report [rɪ'pɔːt] *n.* 报告；报道；成绩单 *v.* 报告；报导

reporter [rɪ'pɔːtə(r)] *n.* 记者

sport [spɔːt] *n.* 运动；游戏；娱乐

transport ['trænspɔːt] *v.* 运输；流放 *n.* 交通工具；运输工具

单词串联

You need a **passport** to fly from the **airport**. 你需要护照才能从机场起飞。

Both the **exports** and the **imports** are expanding. 出口和进口都在扩大。

A **reporter** **reported** that these **sport** products needed to be **transported** to the gym to **support** the athletes. 有记者报道，这些运动产品需要被运送到健身房，以支持运动员们。

post

post [pəʊst] *n.* 岗位；邮件 *v.* 张贴；公布；邮递

post- 结构：

poster ['pəʊstə(r)] *n.* 海报，广告；招贴

postage ['pəʊstɪdʒ] *n.* 邮资，邮费

postman ['pəʊstmən] *n.* 邮递员；邮差

postcard ['pəʊstkɑːd] *n.* 明信片

postcode ['pəʊstkəʊd] *n.* （英）邮政编码；邮区号

postpone [pə'spəʊn] *v.* 使……延期；把……放在次要地位

单词串联

A **postman** is **posting** a **poster** to look for a preson who lost a **postcard** that has a **postcode** on it. 一个邮递员正在张贴一张海报，为了寻找一个丢失了一张带有邮编的明信片的人。

Why did you **postpone** to pay the **postage**? 你为什么推迟付邮费？

pot

pot [pɒt] *n.* 壶；盆；罐

-pot 结构：

spot [spɒt] *n.* 地点；斑点

teapot ['ti:pɒt] *n.* 茶壶

The **teapot** and the clay **pot** are covered with muddy **spots**. 茶壶和瓦罐上布满了泥点。

pot- 结构：

potato [pə'teɪtəʊ] *n.* 土豆，马铃薯

potent ['pəʊtnt] *adj.* 有效的；强有力的，有权势的

potential [pə'tenʃl] *adj.* 潜在的，可能的 *n.* 潜能，可能性

These **potatoes** have the **potential** to be **potent** weapons. 这些土豆有可能成为强有力的武器。

power

power ['paʊə(r)] *n.* 力量，能力；电力，功率，性能；政权，势力

power- 结构：

powerful ['paʊəfl] *adj.* 强大的；强有力的

powerpoint ['paʊəpɔɪnt] *n.* 微软办公软件；幻灯片

I have the **power** to make a **powerful powerpoint**. 我有能力制作一张强大的幻灯片。

-power 结构：

enpower [ɪm'paʊə(r)] *v.* 授权，允许；使能够

overpower [ˌəʊvə'paʊə(r)] *v.* 压倒；克服；使无法忍受

superpower ['sju:pəpaʊə(r)] *n.* 超级大国；超级强权

Obtaining nuclear weapons **enpowers** the **superpower** to **overpower** the small countries. 获得核武器使超级大国能够压倒小国。

-pper

-pper 结构：

upper ['ʌpə(r)] *adj.* 上面的，上部的；较高的

supper ['sʌpə(r)] *n.* 晚餐，晚饭

slipper ['slɪpə(r)] *n.* 拖鞋

pepper ['pepə(r)] *n.* 胡椒；辣椒；胡椒粉

It's **supper** time; put on your **slippers** and bring me the **pepper** on the **upper** part of the cupboard. 晚餐时间到了；穿上你的拖鞋，然后把柜子上面的胡椒拿给我。

-ppy

-ppy 结构：

puppy ['pʌpɪ] *n.* 小狗，幼犬

happy ['hæpɪ] *adj.* 幸福的；高兴的

unhappy [ʌn'hæpɪ] *adj.* 不快乐的；不幸福的

单词串联

My **puppy** is **happy** to play with me but **unhappy** to stay alone. 我的小狗很高兴和我一起玩，不喜欢独自待着。

pre-

pre- 结构：

precise [prɪ'saɪs] *adj.* 精确的；明确的；严格的

predict [prɪ'dɪkt] *v.* 预言，预知，预卜；做预报

premier ['premɪə(r)] *adj.* 首要的；第一的；最初的 *n.* 总理，首相

prejudice ['predʒudɪs] *n.* 偏见；侵害 *v.* 使产生偏见

单词串联

At that **precise** moment, someone **predicted** that people would hold **prejudice** against the pregnant **premier**. 就在那个时候，有人预测人们会对怀孕的总理抱有偏见。

pref-

pref- 结构：

prefer [prɪ'fɜː(r)] *v.* 更喜欢；宁愿；提出；提升

prefect ['priːfekt] *n.* 学长；地方行政长官；省长；县长

preface ['prefəs] *n.* 前言；引语；序言；序幕；开端

单词串联

My **prefect** in college **prefered** to write a **preface** for my new book. 我的大学学长更愿意为我的新书作序。

pres-

pres- 结构：

press [pres] *v.* 压；按；逼迫 *n.* 报刊杂志；榨汁机；印刷机；新闻界

pressure [ˈpreʃə(r)] *n.* 压力；压迫，压强

preserve [prɪˈzɜːv] *v.* 保护；腌；禁猎 *n.* 保护区；禁猎地；果酱；蜜饯

president [ˈprezɪdənt] *n.* 总统；董事长；校长；主席；总裁

单词串联

In a **preserve**, a lot of **pressure** was **pressed** upon the present **president**.
在保护区，现任总统承受了很大的压力。

pret-

pret- 结构：

pretty [ˈprɪti] *adj.* 漂亮的；悦目的，动听的 *adv.* 相当地，颇；非常

pretext [ˈpriːtekst] *n.* 借口；托辞

pretend [prɪˈtend] *v.* 假装，伪装，佯装

单词串联

The boy came up with a **pretext** and **pretended** not to care about that **pretty** girl. 男孩找了个借口，假装不在乎那个漂亮的女孩。

prev-

prev- 结构：

prevail [prɪˈveɪl] *v.* 盛行，流行；战胜，获胜

prevent [prɪˈvent] *v.* 预防，阻止

preview [ˈpriːvjuː] *v./n.* 预览；试映；事先查看

单词串联

The idea of **preventing** people from watching movie **previews prevails**.
禁止人们观看电影预告片的想法盛行。

prim

prim [prɪm] *adj.* **拘谨的；整洁的；呆板的**

prim- 结构：

primary [ˈpraɪməri] *adj.* 主要的；初级的；基本的

primitive [ˈprɪmətɪv] *adj.* 原始的，远古的；简单的，粗糙的

primarily [ˈpraɪmərəli] *adv.* 首先；主要地，根本上

单词串联

Finding the **prim** boy who lives in a **primitive** cabin is the **primary** mission.
首要任务是找到那个住在原始小屋的古板男孩。

pro-

proud [praʊd] *adj.* 自豪的；得意的；自负的；突出的

project ['prɒdʒekt] *n.* 工程；方案；计划；事业；项目；专题研究

prohibit [prə'hɪbɪt] *v.* 阻止，禁止

单词串联

He is **proud** that he stopped the execution of the **prohibited project**. 他为自己阻止了被禁止的项目的实行而感到自豪。

prob-

probe [prəʊb] *n.* 探针；调查 *v.* 调查；探测

problem ['prɒbləm] *n.* 难题；引起麻烦的人

probable ['prɒbəbl] *adj.* 很可能的；可信的

probably ['prɒbəblɪ] *adv.* 大概；或许；很可能

单词串联

The result of the **probe** into the financial **problem** is **probably** true. 对财务问题的调查结果可能是真实的。

proc-

process [prə'ses] *n.* 过程 *v.* 加工；审核；处理

processing ['prəʊsesɪŋ] *n.* 加工；处理；运算

proceed [prə'siːd] *v.* 开始；继续进行；发生；行进

procedure [prə'siːdʒə(r)] *n.* 程序，手续；步骤

单词串联

There are certain **procedures** needed to be done before **proceeding** the **precessing**. 开始加工之前，有一些特定的手续要完成。

prod-

produce [prə'djuːs] *v.* 生产；引起；创作；生育，繁殖

product ['prɒdʌkt] *n.* 产品；结果；乘积

production [prə'dʌkʃn] *n.* 成果；产品；生产；作品

单词串联

The new **production** line can **produce** more **products** per hour. 这条新生产线每小时能生产更多的产品。

prof-

prof- 结构：

profit ['prɒfɪt] *n.* 利润；利益 *v.* 获利；盈利；有益于

profile ['prəʊfaɪl] *n.* 侧面；轮廓；外形；剖面；简况

professor [prə'fesə(r)] *n.* 教授；教师，老师；教练

profession [prə'feʃn] *n.* 职业，专业；声明，宣布，表白

单词串联

The **professor's profession** is to draw **profiles** and **profits** from them. 教授的职业是画人物特写并从中获利。

prog-

prog- 结构：

programme ['prəʊgræm] *n.* 计划，规划；节目；程序

progress ['prəʊgres] *n.* 进步，发展；前进 *v.* 使进步；使进展

progressive [prə'gresɪv] *adj.* 进步的；先进的

单词串联

The compere of the new TV **programme** is making **progressive progress**. 这个新电视节目的主持人正在取得稳定的进步。

prom-

prom- 结构：

promise ['prɒmɪs] *n./v.* 许诺，允诺；希望 *n.* 诺言；承诺

promote [prə'məʊt] *v.* 促进；提升；推销；发扬

prominent ['prɒmɪnənt] *adj.* 突出的，显著的；杰出的；卓越的

prompt [prɒmpt] *v.* 提示，鼓励；促进 *adj.* 敏捷的，迅速的；立刻的

promptly ['prɒmptlɪ] *adv.* 迅速地；立即地；敏捷地

单词串联

She **promised** to **promote** this **prominent** product **promptly**. 她答应立即推销这种好产品。

prop-

prop- 结构：

proper ['prɒpə(r)] *adj.* 适当的；本身的；特有的；正派的

properly ['prɒpəlɪ] *adv.* 适当地；正确地；恰当地

property ['prɒpətɪ] *n.* 性质，性能；财产；所有权

propose [prə'pəʊz] *v.* 建议；打算，计划；求婚

proposal [prə'pəʊzl] *n.* 提议，建议；计划；求婚

单词串联

It's not **proper** to **propose** to her in his family **property**. 在他的家族房产里向她求婚不合适。

prov-

prov- 结构：

prove [pruːv] *v.* 证明；证实；检验；显示；证明是

provide [prə'vaɪd] *v.* 提供；规定；准备；供应；产生；制造

province ['prɒvɪns] *n.* 省；领域；职权；行政区；区域

单词串联

It's outside my **province** to **provide** proof to **prove** her innocence. 提供证据证明她的清白不在我的职责范围内。

-pse

-pse 结构：

corpse [kɔːps] *n.* 尸体

eclipse [ɪ'klɪps] *n.* 日食，月食 *v.* 遮住……的光；（使）黯然失色

glimpse [glɪmps] *n.* 一瞥，一看 *v.* 瞥见

单词串联

Suddenly she **glimpses** a **corpse** of an animal when the **eclipse** happens. 日食发生时，她突然瞥见一具动物尸体。

psych

psych [saɪk] *n.* （非正式）精神病学家，精神科医生（= psychiatrist）

psych- 结构：

psychiatrist [saɪˈkaɪətrɪst] *n.* 精神病医生

psycho [ˈsaɪkəʊ] *n.* 精神病患者

psychology [saɪˈkɒlədʒɪ] *n.* 心理学；心理状态

psychologist [saɪˈkɒlədʒɪst] *n.* 心理学家，心理学者

单词串联

A **psychologist** is a scientist who studies **psychology**, and a **psychiatrist** is a doctor who studies and treats **psychos**. 心理学家是研究心理学的科学家，而精神病医生是研究和治疗精神病患者的医生。

-pture

-pture 结构：

rapture [ˈræptʃə(r)] *n.* 兴高采烈 *v.* 使……狂喜；使……着迷

rupture [ˈrʌptʃə(r)] *n.* 破裂；决裂；疝气 *v.* (使)破裂；发疝气

scripture [ˈskrɪptʃə(r)] *n.* (大写)圣经；经文；手稿

capture [ˈkæptʃə(r)] *v.* 俘获；夺得；捕捉，拍摄

recapture [ˌriːˈkæptʃə(r)] *v./n.* 夺回；拿回；再体验

单词串联

I **captured** a thief, and I will **recapture** him if he escapes. 我抓了一个贼，如果他逃走了我要把他抓回来。

She read a quote from **scripture** with **rapture**. 她如痴如醉地读了一段经文。

put

put [pʊt] *v.* 放；表达；移动；安置；赋予

-put 结构：

input [ˈɪnpʊt] *n.* 投入；输入电路 *v.* 输入；将……输入电脑

put- 结构：

putrid [ˈpjuːtrɪd] *adj.* 腐败的；腐烂的；令人厌恶的

putrefy [ˈpjuːtrɪfaɪ] *v.* 化脓，腐烂；堕落

单词串联

The meat is **putrefying** and it stinks with a **putrid** smell. 肉正在腐烂，散发出一股令人恶心的气味。

Q

quar-

quar- 结构：

quarrel ['kwɒrəl] *n.* 吵架，口角 *v.* 吵架，争论；反对

quarter ['kwɔːtə(r)] *n.* 四分之一；地区；季度；一刻钟

quarantine ['kwɒrənti:n] *n.* 检疫隔离期；隔离；检疫；检疫区

> **单词串联**
>
> A **quarter** of the people had **quarrels** in **quarantine**. 四分之一的人在隔离期间发生过争吵。

-que-

-que 结构：

cheque [tʃek] *n.* 支票

unique [ju'ni:k] *adj.* 独特的；唯一的 *n.* 独一无二的人或物

antique [æn'ti:k] *n.* 古董，古物

technique [tek'ni:k] *n.* 技巧；手法

> **单词串联**
>
> The **antique** dealer employs a **unique** **technique** to write a **cheque**. 这位古董商使用一种独特的方法开支票。

que- 结构：

queue [kju:] *n.* 队列 *v.* 使……排队

question ['kwestʃən] *n.* 问题；询问；疑问句 *v.* 询问；怀疑；审问

> **单词串联**
>
> Wait in the **queue**, if you want to ask the queen **questions**. 如果你想问女王问题，请排队等候。

-quence

-quence 结构：

eloquence ['eləkwəns] *n.* 口才；雄辩；雄辩术；修辞

sequence ['si:kwəns] *n.* 序列；顺序；续发事件

consequence ['kɒnsɪkwəns] *n.* 结果；重要性；推论

The **consequence** was that they showed their **eloquence** in a particular **sequence**. 结果是他们在一个特定的顺序中表现出他们的口才。

qui-

qui- 结构：

quit [kwɪt] *v.* 离开；放弃；停止

quilt [kwɪlt] *n.* 被子；棉被

quick [kwɪk] *adj.* 快的，迅速的；敏捷的

quiet ['kwaɪət] *adj.* 安静的；安定的；不动的；温顺的

Covered under a **quilt**, she was **quick** to **quit** speaking and became **quite**. 盖上被子，她很快就不说话安静了下来。

-quire

-quire 结构：

enquire [ɪn'kwaɪə(r)] *v.* 询问；打听

inquire [ɪn'kwaɪə(r)] *v.* 调查；询问

acquire [ə'kwaɪə(r)] *v.* 获得；学到

He came to **enquire** me that how I **acquired** a good knowledge of Chinese. 他来问我是怎样精通汉语的。

R

race

race [reɪs] *n.* 属；种族；家庭；赛事 *v.* 赶奔；疾走

-race 结构：

terrace ['terəs] *n.* 平台；梯田；阳台

brace [breɪs] *n.* 夹子；支架；牙箍 *v.* 使做准备；抵住；绷紧；支撑

embrace [ɪm'breɪs] *v.* 拥抱；欣然采纳；信奉；包含

grace [greɪs] *n.* 优雅；恩惠；魅力 *v.* 为增色；使荣耀；使生辉

disgrace [dɪs'greɪs] *n.* 耻辱；丢脸的人或事 *v.* 使……失宠；给……丢脸

trace [treɪs] *v.*（通过调查）找到；追溯；追踪 *n.* 痕迹；踏出来的小路

retrace [rɪ'treɪs] *v.* 追溯；折回；重描；沿……折返

单词串联

Before the running **race**, the family **embrace** each other on the **terrace**. 赛跑前，一家人在阳台上相互拥抱。
You **disgraced** the family by **retracing** the **trace** you once walked. 重走你走过的路使这个家庭蒙羞。

-racy

-racy 结构：

piracy ['paɪrəsɪ] *n.* 海盗行为；剽窃

literacy ['lɪtərəsɪ] *n.* 读写能力；精通文学

accuracy ['ækjərəsɪ] *n.* 精确度，准确性

democracy [dɪ'mɒkrəsɪ] *n.* 民主政体；民主国家

单词串联

I don't have problems with **literacy** and I can read with **accuracy**. 我在读写方面没有问题，我能准确地阅读。

In **democracies**, most people are against the **piracy** of books. 在民主国家，大多数人反对盗版书籍。

178

-rade

-rade 结构：

trade [treɪd] *n.* 贸易；行业 *v.* 交易，买卖；以物易物

comrade ['kɒmreɪd] *n.* 同志；伙伴

masquerade [,mæskə'reɪd] *n.* 掩藏；化装；欺骗；化妆舞会

> **单词串联**
>
> My **comrades** in **trading** business all came to the **masquerade**. 我做生意的伙伴们都来参加化装舞会了。
>
>

rage

rage [reɪdʒ] *n.* 愤怒；狂暴，肆虐；情绪激动

-rage 结构：

garage ['gærɑ:dʒ] *n.* 车库；汽车修理厂

mirage ['mɪrɑ:ʒ] *n.* 海市蜃楼；幻想，妄想

enrage [ɪn'reɪdʒ] *v.* 激怒；使暴怒

storage ['stɔ:rɪdʒ] *n.* 存储；仓库；贮藏所

outrage ['aʊtreɪdʒ] *n.* 愤怒；暴行；侮辱 *v.* 凌辱；对……施暴行；激起愤怒

average ['ævərɪdʒ] *n.* 平均（数）*adj.* 平均（数）的；普通的

beverage ['bevərɪdʒ] *n.* 饮料

> **单词串联**
>
> The **mirage** of a **garage enraged** him and he shouted out of **rage**. 一个车库的海市蜃楼激怒了他，他愤怒地大喊。
>
> I am **outraged** by the **storage** of enormous **average beverages**. 我对储存的大量普通饮料感到愤怒。
>
>

rain

rain [reɪn] *n.* 雨；下雨；雨天；雨季 *v.* 下雨；降雨

rain- 结构：

rainy ['reɪnɪ] *adj.* 下雨的；多雨的

raining ['reɪnɪŋ] *adj.* 下雨的

rainfall ['reɪnfɔ:l] *n.* 降雨；降雨量

rainbow ['reɪnbəʊ] *n.* 彩虹

raindrop ['reɪndrɒp] *n.* 雨滴；雨点

> **单词串联**
>
> It's been **rainy** for a few days, and after the **rain**, we will be able to see a **rainbow**. 雨下了几天了，雨过天晴后，我们就能看到彩虹了。
>
>

-rain 结构：

train [treɪn] *n.* 火车；行列；长队；裙裾 *v.* 培养；训练；瞄准

grain [greɪn] *n.* 粮食；颗粒；谷物；纹理；晶粒

drain [dreɪn] *v.* 排水；流干；喝光；使精疲力竭

brain [breɪn] *n.* 头脑，智力；脑袋；聪明的人；智者

sprain [spreɪn] *v./n.* 扭伤（关节）

📙 单词串联

I **sprained** my ankle while chasing the **train**. 我在追火车时扭伤了脚踝。

She **drained** the water in the bottle after carrying a few bags of **grain**. 她搬了几袋粮食后，把瓶子里的水都喝干了。
My **brain** is the best. 我是最聪明的。

-ral

-ral 结构：

oral [ˈɔːrəl] *adj.* 口头的，口述的 *n.* 口试

moral [ˈmɒrəl] *adj.* 道德的；精神上的；品性端正的 *n.* 道德；寓意

immoral [ɪˈmɒrəl] *adj.* 不道德的；邪恶的

rural [ˈruərəl] *adj.* 农村的，乡下的；田园的；有田园特色的

plural [ˈpluərəl] *adj.*（语法）复数（形式）的；多样的

📙 单词串联

People living in some **rural** areas are **moral** and good at **oral** English. 生活在一些农村地区的人们道德高尚，英语口语也很好。

-rance

-rance 结构：

France [frɑːns] *n.* 法国；法郎士（姓氏）

entrance [ˈentrəns] *n.* 入口；进入

insurance [ɪnˈʃuərəns] *n.* 保险；保险费；保障措施

appearance [əˈpɪərəns] *n.* 外貌，外观；出现，露面

📙 单词串联

A monkey from **France**, who is at the **entrance** now, wants to buy an **insurance** for its **appearance**. 一只来自法国的猴子现在在入口处，它想为自己的外表买份保险。

-rand

-rand 结构：

brand [brænd] *n.* 品牌，商标；类型；烙印 *v.* 给……设计品牌

grand [grænd] *adj.* 宏伟的；豪华的；极重要的

errand ['erənd] *n.* 使命；差事；差使

> **单词串联**
>
> I have a **grand** plan for our **brand** but first I need to run an **errand** for my mom. 我对我们的品牌有一个宏伟的计划，但首先我要为我妈妈跑腿。

rank

rank [ræŋk] ***n.* 排；等级；军衔；队列**

-rank 结构：

frank [fræŋk] *adj.* 坦白的，直率的；诚实的；坦白的

prank [præŋk] *n.* 恶作剧，开玩笑

> **单词串联**
>
> To be **frank**, don't do **prank** on people of high social **rank**. 坦率地说，不要对社会地位高的人恶作剧。

-rant

-rant 结构：

tyrant ['taɪrənt] *n.* 暴君；专制统治者；专制君主；专横的人

vibrant ['vaɪbrənt] *adj.* 充满生机的；醒目的；洪亮的

warrant ['wɒrənt] *n.* 根据；证明 *v.* 保证；担保

tolerant ['tɒlərənt] *adj.* 宽容的；容忍的；纵容的；放任的

insurant [ɪn'ʃʊərənt] *n.* 被保险人；投保人；保险契约者

ignorant ['ɪgnərənt] *adj.* 无知的；愚昧的；缺乏教育的；没有学识的

restaurant ['restrɒnt] *n.* 餐馆；饭店

> **单词串联**
>
> The **vibrant tyrant** needs to be **tolerant** of all kinds of complaints. 生机勃勃的暴君需要容忍各种抱怨。

The **insurant** of the **restaurant** is **ignorant**. 饭店的投保人很无知。

-rary

-rary 结构：

library ['laɪbrərɪ] *n.* 图书馆，藏书室；文库

literary ['lɪtərərɪ] *adj.* 文学的；爱好文学的

contrary ['kɒntrərɪ] *adj.* 相反的；对立的 *n.*
相反；反面

arbitrary ['ɑːbɪtrərɪ] *adj.* 任意的；武断的；
专制的

temporary ['temprərɪ] *adj.* 暂时的，临时的
n. 临时工

contemporary [kən'temprərɪ] *adj.* 发生 /
属于同时期的；当代的 *n.* 同代人；同时期
的东西

On the **contrary**, this **temporary library**
has a big collection of **contemporary**
literary books. 相反，这个临时图书馆
收藏了大量当代文学书籍。

rate

rate [reɪt] *n.* **比率，率；速度；价格；**
等级 *v.* **认为；估价**

-rate 结构：

pirate ['paɪrət] *n.* 海盗；盗版；侵犯专利权
者 *adj.* 盗版的

narrate [nə'reɪt] *v.* 叙述；给……作旁白

accurate ['ækjərət] *adj.* 精确的

overrate [ˌəʊvə'reɪt] *v.* 高估

decorate ['dekəreɪt] *v.* 装饰；布置

birthrate ['bɜːθreɪt] *n.* 出生率

The **pirate** can **narrate** many stories
about the sea. 这个海盗能讲很多关于
海洋的故事。

The **birthrate** is **overrated** and not
accurate. 出生率被高估了，而且不准确。
Let's **decorate** the house together. 我
们一起布置房子吧。

-ration

-ration 结构：

celebration [ˌselɪ'breɪʃn] *n.* 庆典，庆祝会；
庆祝；颂扬

decoration [ˌdekə'reɪʃn] *n.* 装饰，装潢；装
饰品；奖章

corporation [ˌkɔːpə'reɪʃn] *n.* 公司；法人（团
体）；社团

immigration [ˌɪmɪ'greɪʃn] *n.* 移居（入境）；
移民人数

administration [ədˌmɪnɪ'streɪʃn] *n.* 管理；
行政；实施；行政机构

After a separation of two years, they
moved together and did the **decoration**
together. 分居两年后，他们搬到一个屋
檐下并一起装修了房子。

The board of the **corporation** decided that there would be a **celebration**. 公司董事会决定举行一场庆祝活动。

The **administration** of **immigration** is closed. 移民局已经关闭了。

-rave

rave [reɪv] *v.* 狂乱地说；（写作）热情地描写 *n.* 狂欢晚会

-rave 结构：

crave [kreɪv] *v.* 渴望；恳求

brave [breɪv] *adj.* 勇敢的，无畏的；表现勇敢的

grave [greɪv] *n.* 墓穴，坟墓；死亡

engrave [ɪn'greɪv] *v.* 雕刻；铭记

单词串联

It's **brave** of you to have an all-night **rave** in front of the **graves**. 你们真厉害，敢在墓地前通宵狂欢。

I **crave** the ring that was **engraved** with his name. 我渴望那枚刻有他名字的戒指。

-ray

-ray 结构：

gray [greɪ] *adj.* 灰色的；苍白的；阴郁的 *n.* 灰色；暗淡的光线

pray [preɪ] *v.* 祈祷；恳求；央求

array [ə'reɪ] *n.* 数组，阵列；排列，列阵；大批

spray [spreɪ] *n.* 喷雾，喷雾剂；喷雾器

单词串联

I **pray** for a vast **array** of **spray** that is in **gray** bottles. 我祈求大量装在灰色瓶子里的喷雾剂。

-rce

-rce 结构：

force [fɔːs] *n.* 力量；武力；军队 *v.* 促使，推动；强迫；强加

divorce [dɪ'vɔːs] *n./v.* 离婚；分离；脱离；离婚判决

fierce [fɪəs] *adj.* 凶猛的；猛烈的；暴躁的

pierce [pɪəs] *v.* 刺穿；穿孔于（耳朵、鼻子）；（光、声）穿透

source [sɔːs] *n.* 来源；水源；原始资料

resource [rɪ'sɔːs] *n.* 资源，财力；办法；智谋；应对方法

scarce [skeəs] *adj.* 缺乏的，不足的；稀有的 *adv.* 仅仅；几乎不；几乎没有

Such a kind of **fierce force pierced** my ears that I can **scarce** hear anything. 一种强烈的力量刺穿了我的耳朵，我几乎听不见了。

We don't have the **resources** to find the **source** of the news of their **divorce**. 我们没有足够的资源去寻找他们离婚消息的来源。

-rch

-rch 结构：

torch [tɔːtʃ] *n.* 火把，火炬；手电筒

porch [pɔːtʃ] *n.* 门廊；走廊

church [tʃɜːtʃ] *n.* 教堂；礼拜；教派

单词串联

In the **church**, people are holding **torches** and standing on the **porch**. 在教堂里，人们拿着火把站在门廊上。

reach

reach [riːtʃ] *v.* 达到；延伸；影响

-reach 结构：

breach [briːtʃ] *n./v.* 违背，违反

preach [priːtʃ] *v./n.* 说教；讲道；鼓吹；传道

单词串联

She **reached** to the church, finding a priest was **preaching** something that **breached** morality. 她来到教堂，发现一位牧师正在宣扬违背道德的东西。

real

real [ˈriːəl] *adj.* 实际的；真实的；实在的 *adv.* 真正地；确实地

real- 结构：

realize [ˈrɪəlaɪz] *v.* 实现；认识到

really [ˈrɪəlɪ] *adv.* 实际上；真正地；真的吗？（表示语气）

reality [rɪˈælətɪ] *n.* 现实；实际；真实

-real 结构：

unreal [ˌʌnˈrɪəl] *adj.* 不真实的；假的；幻想的；虚构的

cereal [ˈsɪərɪəl] *n.* 谷类，谷物；谷类食品；谷类植物

单词串联

I **really** want to **realize** my dream even though I've learnt the **reality**. 我真的想实现我的梦想，即使我已经了解了现实。

It's **unreal** that we got **real cereal** here. 真不敢相信我们能买到真正的麦片。

-rect-

-rect 结构：

correct [kə'rekt] ***adj.*** 正确的；恰当的；端正的 ***v.*** 改正；指出错误

rect- 结构：

rectify ['rektɪfaɪ] *v.* 矫正；改正

rectangle ['rektæŋgl] *n.* 矩形；长方形

单词串联

The teacher **rectified** the **rectangle** I drew and now it is **correct**. 老师纠正了我画的矩形，现在它是正确的了。

-ree

-ree 结构：

tree [tri:] *n.* 树；木料；树状物

free [fri:] *adj.* 免费的；自由的，不受约束的

carefree ['keəfri:] *adj.* 无忧无虑的；没有烦恼的；不负责的

referee [ˌrefə'ri:] *n.* 裁判员；调解人 *v.* 仲裁；担任裁判

decree [dɪ'kri:] *n.* 法令；判决 *v.* 发布命令

单词串联

Trees live on **free** things and are **carefree.** 树靠免费的东西生活，无忧无虑。

Decrees issued require **referees** to be just and fair. 颁布的法令要求裁判公平公正。

reg-

reg- 结构：

regret [rɪ'gret] *v.* 后悔；对……感到遗憾

regard [rɪ'gɑ:d] *v.* 注重，考虑；看待；尊敬；把……看作

regular ['regjələ(r)] *adj.* 有规律的，定时的；经常的 *n.* 常客

register ['redʒɪstə(r)] *v.* 登记；（旅馆）登记住宿

regulation [ˌregju'leɪʃn] *n.* 管理；规则；校准

单词串联

I **regret** to inform you that accoding to the **regular regulation**, you can't **register** at a hotel without the health code. 很遗憾地通知您，按照规定，没有健康码不能登记住宿。

rent

rent [rent] *n.* 租金 *v.* 租用；出租

rent- 结构：

renter ['rentə(r)] *n.* 承租人；佃户；房东

rental [ˈrentl] *n.* 租金；出租 *adj.* 出租的
rent-free [ˌrent ˈfriː] *adj./adv.* 免租金的

> 单词串联
>
> Let's **rent** a **rental** car. 我们租辆车吧。
>
>
>
> The **renter** told the boy that he could live **rent-free** no more. 房东告诉男孩，他再也不能免费住在这里了。

-rent 结构：

current [ˈkʌrənt] *adj.* 现在的；流通的，通用的；最近的
parent [ˈpeərənt] *n.* 父亲（或母亲）
apparent [əˈpærənt] *adj.* 显而易见的；貌似的；表面上的
transparent [trænsˈpærənt] *adj.* 透明的；显然的；坦率的；易懂的
grandparent [ˈɡræn(d)peər(ə)nt] *n.*（外）祖父；（外）祖母

> 单词串联
>
> It was **apparent** that what my **parents** and **grandparents** said was **transparent**. 很明显，我的父母和祖父母说的话很容易理解。

requ-

requ- 结构：

require [rɪˈkwaɪə(r)] *v.* 需要；要求；命令

requirement [rɪˈkwaɪəmənt] *n.* 时机，机会
request [rɪˈkwest] *n.* 请求；需要 *v.* 要求，请求

> 单词串联
>
> At the company's **request**, you have to meet all the **requirements** to obtain the information you **require**. 应公司要求，你必须满足所有条件才能获得你需要的信息。
>
>

-rge

-rge 结构：

urge [ɜːdʒ] *v.* 力劝，催促；驱策，推进 *n.* 强烈的欲望，迫切要求
forge [fɔːdʒ] *v.* 锻造，铸造；缔造
surge [sɜːdʒ] *n.* 汹涌；大浪，波涛
surgeon [ˈsɜːdʒən] *n.* 外科医生

> 单词串联
>
> The **surgeon** has a strong **urge** to **forge** a surgical knife. 这位外科医生非常想锻造一把外科手术刀。
>
>

-rical

lyrical ['lɪrɪkl] *adj.* 抒情诗调的；感情丰富的；热情的

electrical [ɪ'lektrɪkl] *adj.* 电的；用电的；发电的

historical [hɪ'stɒrɪkl] *adj.* 历史的；史学的

单词串联

The man who rode an **electrical** scooter told me that this **lyrical** poem had a **historical** background.
骑电动车的那个人告诉我说这首抒情诗有一段历史背景。

ride

ride [raɪd] *v.* 骑，乘

-ride 结构：

bride [braɪd] *n.* 新娘；姑娘，女朋友

pride [praɪd] *n.* 自豪；骄傲；自尊心 *v.* 使得意，以……自豪

单词串联

With **pride**, the **bride** got married by **riding** a bike. 新娘自豪地骑着自行车结婚了。

-ril

-ril 结构：

April ['eɪprəl] *n.* 四月

nostril ['nɒstrəl] *n.* 鼻孔

peril ['perəl] *n.* 危险；冒险

imperil [ɪm'perəl] *v.* 危及；使陷于危险

单词串联

In **April**, the teacher told us the **perils** of poking **nostril**. 老师在四月份告诉了我们戳鼻孔的危险。

-rious

-rious 结构：

curious ['kjʊərɪəs] *adj.* 好奇的，有求知欲的；古怪的

serious ['sɪərɪəs] *adj.* 严肃的，严重的；认真的；庄重的；危急的

various ['veərɪəs] *adj.* 各种各样的；多方面的

单词串联

She has **various** faces; sometimes she is **serious**, and sometimes she is **curious** and childish. 她有很多面；她有时很严肃，有时又好奇有孩子气。

rip

rip [rɪp] *v.* 撕；锯；裂开

rip- 结构：

ripe [raɪp] *adj.* 熟的，成熟的；时机成熟的

ripen ['raɪpən] *v.* （使）成熟

ripple ['rɪpl] *n.* 波纹；涟漪

> 单词串联
>
> A **ripe** apple dropped into the pool and the pool **rippled**. 一个熟了的苹果掉到池塘里，然后池塘起了涟漪。

-rip 结构：

drip [drɪp] *v.* 滴下，使滴下 *n.* 水滴；滴水声

strip [strɪp] *v.* 脱去衣服；剥去（外皮）*n.* （纸、金属、织物等）带，条状物

> 单词串联
>
> Water keeps **dripping** from his clothes, so he has to **strip** them off. 水不断地从他的衣服上滴下来，所以他不得不脱掉衣服。

rite

rite [raɪt] *n.* 仪式；惯例，习俗；典礼

-rite 结构：

write [raɪt] *v.* 写，写字；写作，作曲；写信；填写；写入

favourite ['feɪvərɪt] *adj.* 特别受喜爱的 *n.* 特别喜爱的人（或物）

> 单词串联
>
> **Writing** is my **favourite** activity, not attending some weird **rite**. 写作是我最喜欢的活动，而不是参加什么奇怪的仪式。

-rity

-rity 结构：

purity ['pjʊərətɪ] *n.* 纯度；纯洁；纯净；纯粹；清晰

security [sɪ'kjʊərətɪ] *n.* 安全，安全性；保证；证券；抵押品

majority [mə'dʒɒrətɪ] *n.* 多数；大多数；多半；多数席位；成年

minority [maɪ'nɒrətɪ] *n.* 少数民族；少数派；未成年

authority [ɔː'θɒrətɪ] *n.* 权威；权力；当局

> 单词串联
>
> The **majority** voted for the present authority, and the **minority** were against it. 大多数人投票支持现任当局，而少数人反对它。

The **purity** of water guarantees people's **security**. 水的纯净保证了人们的安全。

-roach

-roach 结构：

reproach [rɪ'prəʊtʃ] *n.* 责备；耻辱 *v.* 责备；申斥

approach [ə'prəʊtʃ] *v.* 走进；与……接洽；处理；临近 *n.* 方法；接近；接洽；（某事的）临近

cockroach ['kɒkrəʊtʃ] *n.* 蟑螂

> **单词串联**
>
> Don't **approach** the **cockroach**, otherwise you will be **reproached**. 不要接近那只蟑螂，否则你会挨骂的。

-rop

-rop 结构：

crop [krɒp] *n.* 产量；农作物；庄稼

prop [prɒp] *n.* 支撑物；道具 *v.* 支撑；放置

drop [drɒp] *v.* 掉落；下降 *n.* 滴

> **单词串联**
>
> He **propped** his body against the wall on hearing the news that the wheat **crop** has **dropped**. 他一听到小麦收成下降的消息，就把身子靠在了墙上。

round

round [raʊnd] *adj.* 圆的；弧形的；大概的 *adv.* 旋转；周围；围绕；到处 *prep.* 大约；在……周围

-round 结构：

around [ə'raʊnd] *adv.* 在四周；到处；大约；围绕 *prep.* 围绕；在那边

surround [sə'raʊnd] *v.* 围绕；包围

> **单词串联**
>
> The **round** buildings **around** the square are **surrounded** with policemen. 广场周围的圆形建筑物被警察包围着。

-rous

-rous 结构：

numerous ['nju:mərəs] *adj.* 许多的，很多的，众多的

humorous ['hju:mərəs] *adj.* 诙谐的，幽默的；滑稽的，可笑的

dangerous ['deɪndʒərəs] *adj.* 危险的

单词串联

He is **humerous** when there are **numerous** people around, but **dangerous** when he is alone. 周围人多的时候他很幽默，一个人的时候他很危险。

row

row [rəʊ] *n.* 行，排；划船；街道 *v.* 划船；使……成排

-row 结构：

crow [krəʊ] *n.* 乌鸦；鸣叫

grow [grəʊ] *v.* 发展；生长；渐渐变得……；种植

throw [θrəʊ] *v.* 投；抛；掷

单词串联

A **row** of **crows** are **throwing** pebbles onto a **growing** tree. 一排乌鸦正在向一棵正在生长的树上扔石子。

-rror

-rror 结构：

error ['erə(r)] *n.* 误差；错误；过失；不道德行为；恶行

terror ['terə(r)] *n.* 恐怖；恐怖行动；恐怖时期；可怕的人

horror ['hɒrə(r)] *n.* 惊骇；惨状；极端厌恶；令人恐怖的事物

mirror ['mɪrə(r)] *n.* 镜子；真实的写照；榜样 *v.* 反射；反映

单词串联

It's such a **horror** to look into the **mirror** at midnight. 半夜照镜子真可怕。

Her heart was filled with **terror** so that she made many **errors**. 她心里充满了恐惧，因此犯了许多错误。

-rry

-rry 结构：

carry ['kærɪ] *v.* 拿，扛；携带；支持；搬运

curry ['kʌrɪ] *n.* 咖哩饭菜，咖喱食品；咖喱粉，咖喱

hurry ['hʌrɪ] *v./n.* 仓促（做某事）；匆忙，急忙

sorry ['sɒrɪ] *adj.* 遗憾的；对不起的 *int.* 对不起，抱歉

worry ['wʌrɪ] *v.* （使）担心；烦扰 *n.* 担心；让人发愁的事（或人）

My mother feels **sorry** because she made **curry** in **hurry**. 因为我妈妈匆匆忙忙地做了咖喱，所以她感到很抱歉。

Don't **worry**. I will **carry** you home. 别担心。我带你回家。

-rtain

-rtain 结构:

curtain ['kɜːtn] *n.* 幕；窗帘

certain ['sɜːtn] *adj.* 某一；必然的；确信；无疑的；有把握的

uncertain [ʌn'sɜːtn] *adj.* 无把握的；多变的；不确定的；信心不足的

She looks **certain** to close the **curtain**, but you are **uncertain** of it. 她看上去肯定要拉上窗帘，但你却不确定。

rude

rude [ruːd] *adj.* 粗鲁的；无礼的

-rude 结构:

crude [kruːd] *adj.* 粗糙的；天然的；粗鲁的；粗制的

prude [pruːd] *n.* 拘守礼仪的人；故作正经的人

intrude [ɪn'truːd] *v.* 闯入；侵入；侵扰；打扰；干涉

I don't mean to be **rude** but that **crude prude intruded** my house. 我不是有意无礼，但那个粗鲁的假正经闯入了我的房子。

-rupt

-rupt 结构:

erupt [ɪ'rʌpt] *v.* 爆发；喷出；喷发；冒出；突然出现；突然发生；勃然大怒

abrupt [ə'brʌpt] *adj.* 生硬的；突然的；唐突的；陡峭的

disrupt [dɪs'rʌpt] *v.* 破坏；使瓦解；使分裂；使中断；使陷于混乱

My brother took an **abrupt** departure to see the volcano **erupting**. 我哥哥突然离开去看火山喷发。

A righteous man **disrupted** a corrupt group. 一个正义的人瓦解了一个腐败的团体。

rush

rush [rʌʃ] *n.* 冲进；匆促；急流 *v.* 冲；
奔；闯；赶紧；涌现

-rush 结构：

crush [krʌʃ] *v.* 压坏，压扁；将……塞进；
压碎 *n.* 拥挤的人群；迷恋

brush [brʌʃ] *n.* 刷子；画笔；毛笔 *v.* 刷；画；
擦过；掠过

airbrush ['eəbrʌʃ] *n.* 喷枪，气笔

单词串联

I **rushed** out of the room because
I had a **crush** on the one who was
painting with a **brush**. 我冲出房间，因
为我喜欢那个用画刷画画的人。

-rve

-rve 结构：

carve [kɑːv] *v.* 雕刻；切开

curve [kɜːv] *n.* 曲线；弯曲；曲线球 *v.* 弯；
使弯曲

nerve [nɜːv] *n.* 神经；勇气 *v.* 鼓起勇气

starve [stɑːv] *v.*（使）饿死；（使）挨饿；
渴望

单词串联

Though I am **starving**, I don't have
the **nerve** to **carve** the turkey. 虽然我
很饿，但我不敢切火鸡。

S

sacr-

scar- 结构：

sacred ['seɪkrɪd] *adj.* 神的；神圣的；宗教的；庄严的

sacrifice ['sækrɪfaɪs] *n.* 牺牲；祭品；供奉 *v.* 献祭；奉献

sacrificial [ˌsækrɪ'fɪʃl] *adj.* 牺牲的；献祭的；用于祭祀的

单词串联

During a **sacrificial** rite, food was **sacrificed** to the **sacred** ancestors. 在祭祀仪式上，食物被献祭给神圣的祖先。

-sage

-sage 结构：

usage ['juːsɪdʒ] *n.* 使用；用法；惯例；惯用；惯用法

visage ['vɪzɪdʒ] *n.* 面貌，容貌；外表

sausage ['sɒsɪdʒ] *n.* 香肠；腊肠

单词串联

"Do you know the **usage** of this word?" I ask the man who has a **visage** that looks like a **sausage**. "你知道这个词的用法吗？" 我向一个脸长得像香肠的人问道。

-sal

-sal 结构：

causal ['kɔːzl] *adj.* 因果关系的；有原因的；构成原因的

refusal [rɪ'fjuːzl] *n.* 拒绝

disposal [dɪ'spəʊzl] *n.* 处理；支配；清理；安排

单词串联

There is a **causal** link between her **refusal** of your proposal and your attitude towards waste **disposal**. 她拒绝你的建议与你对废物处理的态度有因果关系。

sand

sand [sænd] *n.* 沙；沙地；沙滩；沙子

sand- 结构：

sandwich ['sænwɪtʃ] *n.* 三明治（状物）；夹心面包片

-sand 结构：

thousand ['θaʊznd] *n.* 一千；一千个；许许多多

quicksand ['kwɪksænd] *n.* 流沙，危险状态

> 单词串联
>
> There is no **sand** in the one **thousand sandwiches**, but there is **sand** in **quicksand**. 一千个三明治里没有沙，流沙里有沙。

-sant

-sant 结构：

peasant ['peznt] *n.* 农民；乡下人

incessant [ɪn'sesnt] *adj.* 不断的；不停的；连续的

unpleasant [ʌn'pleznt] *adj.* 讨厌的；使人不愉快的

> 单词串联
>
> Some **peasants** are **unpleasant** to his **incessant** chatter. 他一直絮絮叨叨使一些农民很不愉快。

saw

saw [sɔː] *n.* 锯；格言 *v.* 看见；明白，了解（**see** 的过去式）

-saw 结构：

jigsaw ['dʒɪgsɔː] *n.* 拼图玩具；线锯；复杂难懂的问题

seesaw ['siː sɔː] *n.* 跷跷板

> 单词串联
>
> I **saw** two boys play **seesaw** and a girl play **jigsaw**. 我看见了两个男孩玩跷跷板，一个女孩玩拼图。

say

say [seɪ] *v.* 讲；说明

say- 结构：

saying ['seɪɪŋ] *n.* 谚语，格言，警句

-say 结构：

essay ['eseɪ] *n.* 散文；随笔；论说文 *v.* 尝试；努力

hearsay ['hɪəseɪ] *n.* 传闻，谣言

> 单词串联
>
> That there are many **sayings** in her **essay** is only **hearsay**. 她的文章中有许多格言警句只是个传闻。

scape

scape [skeɪp] *n.* 花茎

-scape 结构：

escape [ɪ'skeɪp] *v./n.* 逃避，避开，避免

moonscape ['mu:nskeɪp] *n.* 月球表面；月面景色

单词串联

A fairy **escaped** from the **scape** and flew to the **moonscape**. 一位仙女从花茎中逃了出来，飞向了月球。

sci-

sci- 结构：

scion ['saɪən] *n.* （尤指名门望族的）子弟

scissors ['sɪzəz] *n.* 剪刀

scientific [ˌsaɪən'tɪfɪk] *adj.* 与科学有关的；系统的，谨慎的（方式）

单词串联

The **scion** handles **scissors** in a **scientific** way. 这位富家子弟谨慎地使用剪刀。

sco-

sco- 结构：

score [skɔ:(r)] *n.* 分数；二十 *v.* 得分；记分；给……评分

scold [skəuld] *v.* 责骂；叱责

scope [skəup] *n.* 范围；余地；视野；眼界

scoop [sku:p] *n.* 勺；铲子；一勺（的量）

单词串联

My mom **scolded** me for I bought a **score** of **spoons**. 我妈妈责备我买了二十个勺子。

scribe

scribe [skraɪb] *n.* 抄写员

-scribe 结构：

describe [dɪ'skraɪb] *v.* 描述，描绘，形容；画出……图形

subscribe [səb'skraɪb] *v.* 订阅；签署；赞成；捐助

单词串联

A **scribe subscribed** to a newspaper that **describes** the usages of typers. 一位抄写员订阅了一份描述打字机用法的报纸。

-sect-

-sect 结构：
insect ['ɪnsekt] *n.* 昆虫

sect- 结构：
sector ['sektə(r)] *n.* 部门；区域；扇形
section ['sekʃn] *n.* 截面；部分；部门；地区；章节
sectional ['sekʃənl] *adj.* （社会或国家中）某群体的

单词串联
In Section Two, there are pictures of insects. 第二部分有昆虫的图片。
The sectional interests of the sales sector is also essential. 销售部门的利益也很重要。

see

see [siː] *v.* 看见；理解；领会；觉察；拜访

-see 结构：
foresee [fɔːˈsiː] *v.* 预见；预知
addressee [ˌædreˈsiː] *n.* 收件人，收信人

单词串联
The addressee foresaw the content of the letter. 收信人预见了信的内容。

semi-

semi- 结构：
seminar ['semɪnɑː(r)] *n.* 讨论会，研讨班；讨论会
semicircle ['semɪsɜːkl] *n.* 半圆，半圆形；半圆物
semicolon [ˌsemɪˈkəʊlən] *n.* 分号

单词串联
During the seminar, students sat in a semicircle to discuss the usage of a semicolon. 研讨会上，学生们围坐成半圆形来讨论分号的用法。

sens-

sens- 结构：
sense [sens] *n.* 感觉，官能；观念；道理；理智 *v.* 感觉到
sensory ['sensərɪ] *adj.* 感觉的；感官的；感知力的
sensitive ['sensətɪv] *adj.* 敏感的；灵敏的；易受伤害的；易受影响的

单词串联
I sense that she is sensitive to sensory changes. 我觉得她对感官变化很敏感。

sent

sent [sent] *v.* 送，寄出（**send** 的过去式和过去分词）

sent- 结构：

sentence ['sentəns] *n.* 句子，命题；判决 *v.* 判决，宣判

sentimental [ˌsentɪ'mentl] *adj.* 情感的；多愁善感的

-sent 结构：

absent ['æbsənt] *adj.* 缺席的；缺少的；心不在焉的；茫然的

present ['preznt] *adj.* 现在的；出席的 *n.* 礼物；现在，目前

> **单词串联**
>
> I **sent** my friend a **present** but she seemed **absent**. 我送了朋友一件礼物，但她看上去心不在焉。

That **sentence** he wrote was too **sentimental**. 他写的那句话太伤感了。

separa-

separat- 结构：

separate ['seprət] *adj.* 单独的；不相关的 *v.* （使）分离；（把……）分成不同部分

separable ['sepərəbl] *adj.* 可分开的；可分隔的；可分离的

separator ['sepəreɪtə(r)] *n.* 分离器

separately ['seprətlɪ] *adv.* 分别地；单独地

separation [ˌsepə'reɪʃn] *n.* 分开；离别；（夫妇的）分居

> **单词串联**
>
> You could use a **separator** to **separate** the yolk and the egg white. 你可以用分离器把蛋黄和蛋清分开。

This part is not **separable** from the machine. 这部分与机器是分不开的。

They are having a **separation**. That is, they live **separately**. 他们分居了，也就是说他们分开生活了。

-ser

-ser 结构：

loser ['lu:zə(r)] *n.* 失败者；遗失者

miser ['maɪzə(r)] *n.* 守财奴；吝啬鬼

adviser [əd'vaɪzə(r)] *n.* 顾问；劝告者

eraser [ɪ'reɪzə(r)] *n.* 橡皮；擦除器；清除器

dresser ['dresə(r)] *n.* 梳妆台；碗柜；化妆师；服装师

serv-

serv- 结构：

servile ['sɜːvaɪl] *adj.* 恭顺的；奴性的

servant ['sɜːvənt] *n.* 佣人；雇工

service ['sɜːvɪs] *n.* 服务，服侍；服役；仪式 *v.* 检修；提供服务

serve

serve [sɜːv] *v.* 招待，供应；为……服务；对……有用；可作……用

-serve 结构：

deserve [dɪ'zɜːv] *v.* 应受，应得

reserve [rɪ'zɜːv] *v.* 预订；储备；拥有（某种权利）；留出（一部分稍后使用）

observe [əb'zɜːv] *v.* 观察；遵守；说；注意到；评论

The waitress **served** the customers badly, and it was not what they **deserved**. 那位女服务员对顾客的服务很差，这不是他们应得的。

set

set [set] *v.* 放，置，使处于；使开始；以……为背景 *n.* （物品的）一套，一副

-set 结构：

upset [ˌʌp'set] *v.* 使心烦；颠覆；扰乱 *adj.* 心烦的；混乱的

preset [ˌpriː'set] *v.* 预调，预置；给……预定时间；预先决定

sunset ['sʌnset] *n.* 日落，傍晚

tea set ['ti: set] *n.* 茶具

Where did you **set** your **tea set**? 你把茶具放在哪里了？

I'd like to watch the **sunset** when I am **upset**. 不开心的时候，我喜欢看日落。

ship

ship [ʃɪp] *n.* 船，舰；三（或多）桅帆船；艇（尤指赛艇）；宇宙飞船

-ship 结构：

hardship ['hɑːdʃɪp] *n.* 困苦；苦难；艰难险阻；困境

friendship ['frendʃɪp] *n.* 友谊；友爱；友善

spaceship ['speɪsʃɪp] *n.* 宇宙飞船

ownership ['əʊnəʃɪp] *n.* 拥有；所有；所有权；物主身份

scholarship ['skɒləʃɪp] *n.* 奖学金；学识，学问

relationship [rɪ'leɪʃnʃɪp] *n.* 关系；关联

The **spaceship** witnessed the **hardship** we've been through and the **friendship** we've built. 这艘宇宙飞船见证了我们经历的苦难，以及我们建立的友谊。
She who has won a **scholarship** has the **ownership** of this house. 赢得奖学金的她拥有这所房子的所有权。

-sible

-sible 结构：

sensible ['sensəbl] *adj.* 明智的；通情达理的；合乎情理的；意识到的

feasible ['fiːzəbl] *adj.* 可行的；可能的；可实行的

invisible [ɪn'vɪzəbl] *adj.* 看不见的；暗藏的

Though she's a **sensible** person who can come up with **feasible** plans, she still feels **invisible**. 虽然她是一个明智的人，能想出可行的计划，但她仍然觉得自己被忽视了。

-sic-

sic- 结构：

sick [sɪk] *adj.* 厌恶的；病态的；渴望的

basic ['beɪsɪk] *adj.* 基本的；基础的 *n.* 基础；要素

music ['mjuːzɪk] *n.* 音乐，乐曲

单词串联

The little boy is **sick** of the **basic** theories of **music**. 这个小男孩对基本的音乐理论感到厌烦。

side

side [saɪd] *n.* 方面；侧面；旁边

-side 结构:

aside [ə'saɪd] *adv.* 离开，撇开；在旁边 *n.* 旁白；私语；离题话

inside [ˌɪn'saɪd] *prep.* 在……里面；在……时间内 *n.* 里面，内部；内心 *adv.* 在里面；在狱中；在心里 *adj.* 里面/内部的

beside [bɪ'saɪd] *prep.* 在旁边 *adv.* 在附近

besides [bɪ'saɪdz] *prep.* 除……之外（还）*adv.* 况且；此外

单词串联

Besides the boy that sits **beside** his mom, his father is **inside** the house. 除了坐在妈妈旁边的那个男孩，他爸爸还在房子里。

sign

sign [saɪn] *n.* 迹象；符号；记号；手势；指示牌 *v.* 签署；签名

sign- 结构:

signature ['sɪɡnətʃə(r)] *n.* 署名；签名；识别标志

-sign 结构:

design [dɪ'zaɪn] *v.* 设计；构思 *n.* 打算；设计图样；装饰图案

resign [rɪ'zaɪn] *v.* 辞职；放弃；委托；使听从；屈从

单词串联

She **signed** her **signature** on her **design** paper and **resigned**. 她在设计文件上签了名，然后辞职了。

sin

sin [sɪn] *n.* 罪恶；罪孽；过失

sin- 结构:

sink [sɪŋk] *v.* (在水或泥里) 下沉；使 (船只) 沉没 *n.* 洗涤槽，水槽；洼地

since [sɪns] *prep.* 自……以后；(表示气愤) 何曾 *conj.* 自……以来；因为

single ['sɪŋɡl] *adj.* 单一的；单身的；单程的 *n.* 单程票

sincere [sɪnˈsɪə(r)] *adj.* 真诚的；诚挚的；真实的

I've been **single since** I was born, and I am **sincere** in finding myself a partner. 我从出生起就一直单身，我很真诚地想给自己找个伴侣。

-sin 结构：

raisin [ˈreɪzn] *n.* 葡萄干

basin [ˈbeɪsn] *n.* 流域；盆地；盆

cousin [ˈkʌzn] *n.* 堂兄弟姊妹；表兄弟姊妹

assassin [əˈsæsɪn] *n.* 刺客，暗杀者

My **cousin** Emily put the **raisin** in a **basin**. 我表姐艾米丽把葡萄干放在水盆里。

-sis

-sis 结构：

basis [ˈbeɪsɪs] *n.* （尤指抽象概念的）基础；底部；主要成分

oasis [əʊˈeɪsɪs] *n.* 绿洲；舒适的地方；令人宽慰的事物

crisis [ˈkraɪsɪs] *n.* 危机；危险期；决定性时刻；紧要关头

thesis [ˈθiːsɪs] *n.* 论文；论点

My sister is writing a **thesis** on the **basis** of these documents. 我妹妹正在根据这些文件写论文。

The only **oasis** in the desert is facing a big **crisis**. 沙漠中唯一的绿洲正面临一场大危机。

-sist

-sist 结构：

insist [ɪnˈsɪst] *v.* 坚持，强调

assist [əˈsɪst] *v.* 参加，出席；协助

resist [rɪˈzɪst] *v.* 抵抗，抗拒；忍耐

He **resists** to **assist** the professor who **insists** to attend the conference. 他拒绝协助坚持要参加会议的教授。

site

site [saɪt] *n.* 地点；位置；场所

-site 结构：

website [ˈwebsaɪt] *n.* 网站

opposite [ˈɒpəzɪt] *adj.* 相反的；对面的；对立的 *n.* 对立面；反义词 *prep.* 在……的对面

On the **opposite site**, a man is looking through a cooking **website**. 对面位置上，一个男人正在浏览一个烹饪网站。

sky

sky [skaɪ] *n.* 天空

sky- 结构：

skyline [ˈskaɪlaɪn] *n.* 地平线；空中轮廓线
skyscraper [ˈskaɪskreɪpə(r)] *n.* 摩天楼，超高层大楼

单词串联

In the **sky**, I can see the **skyline** and the **skyscrapers**. 在天空中，我可以看到地平线和摩天大楼。

-sky 结构：

dusky [ˈdʌskɪ] *adj.* （光线）昏暗的；（颜色）暗的
husky [ˈhʌskɪ] *adj.* 声音沙哑的；强壮的

单词串联

One **dusky** evening, a man with a **husky** voice was drinking whiskey in a bar. 一个昏暗的晚上，一个声音低沉的男人在酒吧里喝威士忌。

sol-

sol- 结构：

solar [ˈsəʊlə(r)] *adj.* 太阳的；日光的；利用太阳光的
solid [ˈsɒlɪd] *adj.* 固体的；可靠的；立体的；结实的
soldier [ˈsəʊldʒə(r)] *n.* 军人

单词串联

Soldiers are very **solid**, and people can always count on them. 士兵们非常可靠，人们总是可以依靠他们。

-solute

-solute 结构：

resolute [ˈrezəlu:t] *adj.* 坚决的；果断的
absolute [ˈæbsəlu:t] *adj.* 绝对的；完全的
dissolute [ˈdɪsəlu:t] *adj.* 放荡的；风流的

单词串联

I have **absolute** proof to prove that he is a **dissolute** man and I am **resolute** to stay away from him. 我有确凿的证据证明他是一个放荡的人，我坚决要离他远一点。

some

some [sʌm] *det.* 一些；某些 *pron.* 有些人/事物；部分 *adv.* 大约；某种程度上

some- 结构：

somehow ['sʌmhaʊ] *adv.* 以某种方法；莫名其妙地

somebody ['sʌmbədɪ] *pron.* 有人，某人；重要人物

sometimes ['sʌmtaɪmz] *adv.* 有时，间或

something ['sʌmθɪŋ] *pron.* 某事；某物；想来重要（或值得注意）的事物

单词串联

Somehow, someboby and something sometimes keep changing. 不知何故，人和物有时会不断变化。

-some 结构：

tiresome ['taɪəsəm] *adj.* 烦人的，无聊的；令人讨厌的

awesome ['ɔːsəm] *adj.* 令人敬畏的；使人畏惧的；可怕的；极好的

handsome ['hænsəm] *adj.* 英俊的；可观的；慷慨的；健美而端庄的

troublesome ['trʌblsəm] *adj.* 麻烦的；讨厌的；使人苦恼的

单词串联

That handsome and awesome woman sometimes finds her husband troublesome and tiresome. 那个帅气又了不起的女人有时会发现她的丈夫麻烦又烦人。

son

son [sʌn] *n.* 儿子；孩子（对年轻人的称呼）

-son 结构：

arson ['ɑːsn] *n.* 纵火；纵火罪

lesson ['lesn] *n.* 教训；课

prison ['prɪzn] *n.* 监狱；监禁；拘留所

poison ['pɔɪzn] *n.* 毒药；极有害的思想 *v.* 毒害；下毒；败坏；污染

reason ['riːzn] *n.* 理由；理性；动机

grandson ['ɡrænsʌn] *n.* 孙子；外孙

单词串联

Our son was poisoned by the idea of committing arson. Now you have a solid reason to give him a lesson. 我们的儿子被纵火的想法所毒害。现在你有充分的理由教训他了。

Their grandson was sent to prison for five years. 他们的孙子被判入狱五年。

song [sɒŋ] *n.* 歌曲; 歌唱; 鸟鸣声

单词串联

Would you like to sing a **song**? 你想唱支歌吗?

south

south [saʊθ] *n.* (南) 方 *adj.* 位于南方的; 来自南方的 *adv.* 向南

south- 结构:

southerner ['sʌðənə(r)] n. 南方人

southeast [ˌsaʊθ'iːst] *n.* 东南 (方) *adj.* 东南 (部) 的 *adv.* 在 / 朝东南

southwest [ˌsaʊθ'west] *n.* 西南 *adj.* 西南的 *adv.* 往 / 来自西南

单词串联

People living in the **south** of the country are called the **southerner**. 住在这个国家南部的人被称为南方人。

spire

spire ['spaɪə(r)] *n.* 尖顶; 尖塔

-spire 结构:

inspire [ɪn'spaɪə(r)] *v.* 激励; 赋予灵感; 使产生 (感觉或情感)

respire [rɪ'spaɪə(r)] *v.* 呼吸

conspire [kən'spaɪə(r)] *v.* 密谋; 似乎共同导致 (不良后果)

单词串联

The **spire** of that church **inspired** me. 那座教堂的尖顶启发了我。

Don't forget to **respire** when you **conspire** to sabotage the New Year party. 当你们密谋破坏新年晚会时, 可别忘了呼吸。

spirit

spirit ['spɪrɪt] *n.* 精神; 心灵; 情绪; 志气; 烈酒

spirit- 结构:

spirited ['spɪrɪtɪd] *adj.* 精神饱满的, 热情洋溢的; 意志坚定的

spiritual ['spɪrɪtʃuəl] *adj.* 精神的, 心灵的; 宗教的

单词串联

That **spirited** girl has an active **spiritual** life. 那个精神饱满的女孩有活跃的心灵生活。

-ssage

-ssage 结构:

passage ['pæsɪdʒ] *n.* 一段 (文章)

massage ['mæsɑːʒ] *n.* 按摩, 推拿 *v.* 按摩

message ['mesɪdʒ] *n.* 消息 *v.* 通知；报信

单词串联

She received a **message** when she was reading a **passage** and having a **massage**. 她在阅读一篇文章和做按摩时，收到了一条信息。

-ssible

-ssible 结构：

possible ['pɒsəbl] *adj.* 可能 / 合适的 *n.* 可能性；合适的人；可能的事物

accessible [ək'sesəbl] *adj.* 易接近的；可进入的；可理解的

impossible [ɪm'pɒsəbl] *adj.* 不可能（存在）/ 难以忍受的 *n.* 不可能（的事）

单词串联

The top secret is **accessible** to no one but him. 这个最高机密只有他知道。 To make the **impossible** **possible**. 让不可能成为可能。

stage

stage [steɪdʒ] *n.* **阶段；舞台；戏剧；驿站**

-stage 结构：

hostage ['hɒstɪdʒ] *n.* 人质；抵押品

upstage [ʌp'steɪdʒ] *adv./adj.* 在（或向）舞台后部 *v.* 抢……的风头

单词串联

On the **stage**, the actor who plays the kidnapper is **upstaged** by the actress who plays the **hostage**. 舞台上，扮演绑架犯的男演员被扮演人质的女演员抢尽风头。

stall

stall [stɔːl] *n.* **货摊；畜栏；（房间内的）小隔间**

-stall 结构：

install [ɪn'stɔːl] *v.* 安装；任命；安顿

forestall [fɔː'stɔːl] *v.* 先发制人，预先阻止

单词串联

A man tried to **install** a camera in a **stall**, but a policeman **forestalled** him. 一名男子试图在摊位上安装摄像头，但一名警察阻止了他。

-stance

-stance 结构：

distance ['dɪstəns] *n.* 距离；远方；疏远；间隔

assistance [ə'sɪstəns] *n.* 帮助；援助；支持

circumstance ['sɜːkəmstəns] *n.* 环境；境遇；（尤指）经济状况；命运

单词串联

A friend, living some **distance** away, offered me **assistance** under such **circumstance**. 这种情况下，一位住得相当远的朋友给了我帮助。

stand

stand [stænd] *v.* （使）站立；忍受；抵抗

stand- 结构：

standard ['stændəd] *n.* 标准；水准；度量衡标准 *adj.* 标准的；合规格的

-stand 结构：

withstand [wɪð'stænd] *v.* 抵挡；禁得起；反抗

understand [ˌʌndə'stænd] *v.* 理解；熟悉

单词串联

Do you **understand** the **standards** of **standing**? 你懂站立的标准吗？

-stant

-stant 结构：

instant ['ɪnstənt] *adj.* 立即的；紧急的；紧迫的

distant ['dɪstənt] *adj.* 遥远的；冷漠的；远隔的；冷淡的

assistant [ə'sɪstənt] *n.* 助手，助理，助教 *adj.* 辅助的，助理的

resistant [rɪ'zɪstənt] *adj.* 抵抗的，反抗的；顽固的

constant ['kɒnstənt] *adj.* 不变的；恒定的；经常的

inconstant [ɪn'kɒnstənt] *adj.* 变化无常的；易变的；多变的

单词串联

The **distant assistant** is **resistant** to assist the professor. 冷漠的助理不愿意帮助教授。

start

start [stɑːt] *n.* 起点 *v.* 出发；开始；启动

start- 结构：

startle ['stɑːtl] *v.* 使吓一跳；使惊奇

startup ['stɑːtʌp] *n.* 启动；开办；初创企业

-start 结构：

restart [ˈriːstɑːt] v./n. 重新启动；重新开始

upstart [ˈʌpstɑːt] n. 自命不凡的新上任者；狂妄自大的新手

It **startled** me when I **heard** the **upstart restarted** a firm. 当我听说这个狂妄自大的新手重新启动了一家公司时，我很吃惊。

state

state [steɪt] **n. 国家；州；情形 v. 规定；声明；陈述 adj. 国家的；州的**

state- 结构：

statement [ˈsteɪtmənt] n. 声明；陈述，叙述

-state 结构：

estate [ɪˈsteɪt] n. 房地产；财产；身份

overstate [ˌəʊvəˈsteɪt] v. 夸张；夸大的叙述

understate [ˌʌndəˈsteɪt] v. 轻描淡写；避重就轻地说

Your feeling was **overstated**, but the objective truth was **understated**. 你的感觉被夸大了，但客观事实却被低估了。The **state** announced a **statement** this morning. 州政府今早发表了一份声明。

-sten

-sten 结构：

listen [ˈlɪsn] v. 听，倾听；听从，听信

fasten [ˈfɑːsn] v. 使固定；集中于；扎牢；强加于

hasten [ˈheɪsn] v. 加速；催促

Fasten your seat belt please; I **hasten** to go home and **listen** to the music I like. 请系好安全带；我要赶紧回家听我喜欢的音乐。

-ster-

ster- 结构：

stern [stɜːn] adj. 严厉的；坚定的；严峻的

sterile [ˈsteraɪl] adj. 不育的；无菌的；贫瘠的；不毛的

His **stern** father had a **sterile** debate with his mother. 他严厉的父亲和母亲进行了一场毫无结果的辩论。

-ster 结构：

foster [ˈfɒstə(r)] v. 促进；收养 adj. 代养的

oyster [ˈɔɪstə(r)] n. 牡蛎

duster ['dʌstə(r)] *n.* 抹布，掸子；除尘器；黑板擦

lobster ['lɒbstə(r)] *n.* 龙虾

disaster [dɪ'zɑːstə(r)] *n.* 灾难，灾祸；不幸；彻底的失败

monster ['mɒnstə(r)] *n.* 怪物；巨人；残忍的人

单词串联

The **monster** that looks like a **duster** ate an **oyster** and **fostered** a **lobster**. 这个看起来像抹布的怪物吃了一只牡蛎，养了一只龙虾。

-stitute

-stitute 结构：

institute ['ɪnstɪtjuːt] *n.* 机构 *v.* 实行；授予……职位

constitute ['kɒnstɪtjuːt] *v.* 组成，构成；建立；任命

substitute ['sʌbstɪtjuːt] *n.* 代用品；代替者 *v.* 替代，代替

单词串联

The newly **constituted** educational **institute** can not **substitute** schools. 这个新成立的教育机构不能取代学校。

-stle

-stle 结构：

castle ['kɑːsl] *n.* 城堡；象棋中的车

rustle ['rʌsl] *v.* 发出沙沙声；沙沙作响 *n.* 沙沙声；飒飒声

whistle ['wɪsl] *n.* 口哨；汽笛；呼啸声 *v.* 吹口哨

wrestle ['resl] *v./n.* 摔跤；斗争

单词串联

The referee blew a **whistle** to start a **wrestle** in a **castle**. 在一座城堡里，裁判吹响哨子，开始一场摔跤比赛。

strain

strain [streɪn] *n.* 张力；拉紧；负担；扭伤 *v.* 拉紧；尽力

-strain 结构：

restrain [rɪ'streɪn] *v.* 抑制，控制；约束；制止

constrain [kən'streɪn] *v.* 驱使；强迫；束缚

单词串联

Don't **constrain** him to do what he doesn't like, or **restrain** him from doing what he likes. 不要强迫他做自己不喜欢的事，也不要限制他做自己喜欢的事。

-strate

-strate 结构：

frustrate [frʌ'streɪt] *v.* 挫败；阻挠；使感到灰心

illustrate ['ɪləstreɪt] *v.* 阐明，举例说明；图解；加插图

magistrate ['mædʒɪstreɪt] *n.* 地方法官；文职官员；治安推事

> **单词串联**
>
> The **magistrate** can't **illustrate** the dispute clearly, which made me **frustrated**. 地方法官不能清楚地说明这场纠纷，这让我很沮丧。

struct

struct [strʌkt] *n.* 结构；结构体

-struct 结构：

instruct [ɪn'strʌkt] *v.* 指导；通知；命令

obstruct [əb'strʌkt] *v.* 妨碍；阻塞

> **单词串联**
>
> The teacher **instructed** me to learn the **struct** of the sentence but my slow mind **obstructed** me. 老师指导我学习句子的结构，但我迟钝的思维阻碍了我。

sty

sty [staɪ] *v.* 关入猪栏 *n.* 猪圈

sty- 结构：

style [staɪl] *n.* 方式；款式；时尚；风格

stylish ['staɪlɪʃ] *adj.* 时髦的；现代风格的

> **单词串联**
>
> Her dressing **style** is quite **stylish**. 她的穿衣风格很时髦。

-sty 结构：

rusty ['rʌstɪ] *adj.* 生锈的，腐蚀的；锈色的；迟钝的

dusty ['dʌstɪ] *adj.* 灰尘覆盖的；粉状的

frosty ['frɒstɪ] *adj.* 结霜的，严寒的；冷淡的；灰白的

thirsty ['θɜːstɪ] *adj.* 口渴的，口干的；缺水的；渴望的

> **单词串联**
>
> In a **frosty** morning, a **thirsty** boy found a **rusty** and **dusty** bottle. 一个霜冻的早晨，一个口渴的男孩发现了一个生锈的、满是灰尘的瓶子。

-sual

-sual 结构：

usual ['juːʒuəl] *adj.* 惯例的；平常的

unusual [ʌnˈjuːʒuəl] *adj.* 不寻常的；与众不同的；不平常的

casual [ˈkæʒuəl] *adj.* 随便的；非正式的；临时的；偶然的

sensual [ˈsenʃuəl] *adj.* 感官的，愉悦感官的

单词串联

It's **unusual** for you to wear such **casual** clothes. 你穿这样休闲的衣服很不寻常。

Sensual pleasure is quite **usual** for people. 感官快感对人们来说是很平常的。

sub-

sub- 结构：

submit [səbˈmɪt] *v.* 使服从；主张；呈递；提交

subject [ˈsʌbdʒɪkt] *n.* 主题；起因；科目 *adj.* 易遭受……的；有待于……的；受……支配的

subjective [səbˈdʒektɪv] *adj.* 主观的；个人的；出于个人感情的

单词串联

From my **subjective** perspective, this **subject** can't be substituted. 从我个人的角度来看，这个科目不能被取代。

I **submitted** my report yesterday. 我昨天提交了报告。

sue

sue [suː] *v.* 控告；请求

-sue 结构：

issue [ˈɪʃuː] *n.* 问题；流出；期号；发行物 *v.* 发行，发布；发给；放出

tissue [ˈtɪʃuː] *n.* 组织；纸巾；薄纱；薄绢；面巾纸

ensue [ɪnˈsjuː] *v.* 接着发生，因而发生

pursue [pəˈsjuː] *v.* 继续；从事；追赶；纠缠；追求

单词串联

I will **sue** you if you continue to **issue** this magazine. 如果你继续发行这本杂志，我会起诉你的。

Long-lasting pain will **ensue** if you go on **pursuing** her. 如果你继续追她，就会带来持久的痛苦。

suit

suit [sjuːt] *n.* 套装，西装 *v.* 适合；合适

suit- 结构：

suite [swiːt] *n.* （一套）家具；套房；组曲

suitable [ˈsjuːtəbl] *adj.* 适当的；相配的

suitcase [ˈsjuːtkeɪs] *n.* （旅行用的）手提箱；行李箱

The **suitcase** in the **suite** is **suitable** for you to take when you travel. 套间里的手提箱适合你旅行时携带。

-suit 结构：

lawsuit ['lɔ:sju:t] *n.* 诉讼（尤指非刑事案件）；诉讼案件

pursuit [pə'sju:t] *n.* 追赶，追求；职业，工作；消遣活动

单词串联

His **pursit** is to solve **lawsuits** in court but it doesn't **suit** him. 他的追求是在法庭上解决诉讼案件，但这不适合他。

-sult

-sult 结构：

insult [ɪn'sʌlt] *v./n.* 侮辱；辱骂；损害

result [rɪ'zʌlt] *n.* 结果；成绩；答案；比赛结果

consult [kən'sʌlt] *v.* 查阅；商量；向……请教；咨询

单词串联

The **result** of the **consulting** made her feel **insulted**. 咨询的结果使她感到屈辱。

-sume

-sume 结构：

assume [ə'sju:m] *v.* 设想；承担；采取

resume [rɪ'zju:m] *v.* （中断后）继续；恢复 *n.* 个人简历，履历

presume [prɪ'zju:m] *v.* 假定；推测；擅自；假设；事前推定

单词串联

I **assume** that you won't **presume** on that man's **resume**. 我猜你不会利用那个人的简历。

super

super ['su:pə(r)] *adj.* 特级的；极好的

super- 结构：

superb [su:'pɜ:b] *adj.* 极好的；华丽的；宏伟的

superior [su:'pɪərɪə(r)] *adj.* 上级的；优秀的；高傲的 *n.* 上级；长者

supermarket ['su:pəmɑ:kɪt] *n.* 超级市场；自助售货商店

单词串联

Goods in this **superb supermarket** are **superior** to those in that one. 这家超市的商品比那家超市的商品好。

sure

sure [ʃʊə(r)] ***adj.* 确信的；必定的**
***adv.* 当然；的确；不用客气**

insure [ɪnˈʃʊə(r)] *v.* 给……保险；确保，保证

ensure [ɪnˈʃʊə(r)] *v.* 保证，确保；使安全

assure [əˈʃʊə(r)] *v.* 保证；担保；使确信；弄清楚

reassure [ˌriːəˈʃʊə(r)] *v.* 使安心；使消除疑虑；安慰；重新保证，再次确保

leisure [ˈleʒə(r)] *n.* 闲暇；空闲；安逸 *adj.* 空闲的；有闲的

closure [ˈkləʊʒə(r)] *n.* 关闭；终止，结束

treasure [ˈtreʒə(r)] *n.* 财富，财产；财宝；珍品 *v.* 珍爱；珍藏

pleasure [ˈpleʒə(r)] *n.* 快乐；希望；娱乐；令人高兴的事

measure [ˈmeʒə(r)] *n.* 测量；措施；程度；尺寸 *v.* 测量；估量；权衡

单词串联

She **reassured** me that she would make **sure** to **ensure** the safety of the baby. 她再次向我保证，她会确保婴儿的安全。

In our **leisure** time, we like to search for **treasures** with **pleasure**. 闲暇时，我们喜欢快乐地寻找珍宝。

sym-

symbol [ˈsɪmbl] *n.* 象征；符号；标志

symptom [ˈsɪmptəm] *n.* 症状；征兆

sympathy [ˈsɪmpəθɪ] *n.* 同情；慰问；赞同

symphony [ˈsɪmfənɪ] *n.* 交响乐；和谐，和声；交响乐团

单词串联

Her colleagues in the **symphony** band conveyed their **sympathy** when she showed the **symptoms** of cancer. 交响乐团的同事在她表现出癌症症状时表达了他们的同情。

T

table

table ['teɪbl] *n.* 桌子；表格

table- 结构：

tablet ['tæblət] *n.* 碑；药片；写字板

tableware ['teɪblweə(r)] *n.* 餐具

单词串联

Is your **tablet** on the **table** that has **tablewares** on it? 你的平板电脑在放着餐具的桌子上吗？

-table 结构：

stable ['steɪbl] *adj.* 稳定的；沉稳的；持久的 *n.* 马厩；养马场

timetable ['taɪmteɪbl] *n.* 时间表；时刻表；课程表

vegetable ['vedʒtəbl] *n.* 蔬菜；植物

单词串联

The **timetable** is for you to grow **vegetables** in the **stable**. 这个时间表是为了让你在马房里种菜用的。

-tage

-tage 结构：

cottage ['kɒtɪdʒ] *n.* 小屋；村舍；（农舍式的）小别墅

heritage ['herɪtɪdʒ] *n.* 遗产；传统；继承物；继承权

shortage ['ʃɔːtɪdʒ] *n.* 缺乏，缺少；不足

sabotage ['sæbətɑːʒ] *v.* 妨害；蓄意破坏 *n.* 人为破坏；故意妨碍；捣乱

advantage [əd'vɑːntɪdʒ] *n.* 优势；利益；有利条件

disadvantage [ˌdɪsəd'vɑːntɪdʒ] *n.* 缺点；不利条件；损失

单词串联

What **advantages** and **disadvantages** do you think the **heritage** has? 你认为遗产有什么优点和缺点？

Their **sabotage** to the **cottage** caused the **shortage** of necessities. 他们对小屋的破坏造成了必需品的短缺。

tail

tail [teɪl] ***n.*** 尾巴；踪迹；辫子；燕尾服 ***v.*** 尾随；跟踪

tail- 结构：

tailor ['teɪlə(r)] *n.* 裁缝 *v.* 专门制作，订做

-tail 结构：

retail ['riːteɪl] *n.* 零售 *v.* 零售；详述

detail ['diːteɪl] *n.* 细节，琐事；具体信息

entail [ɪn'teɪl] *v.* 牵连；导致

curtail [kɜː'teɪl] *v.* 缩减；剪短；剥夺……特权等

单词串联

The old **tailor** who focuses on **details** makes **tails** and **retails** them, too. 专注于细节的老裁缝制作燕尾服并卖掉它们。

They **curtailed** the expenditure in household, which **entailed** the lack of food. 他们削减了家庭开支，导致食物的缺乏。

-tain

-tain 结构：

stain [steɪn] *v.*（被）玷污；留下污渍；给……染色；玷污，败坏（名声）

sustain [sə'steɪn] *v.* 维持；支撑，承担；忍受；供养；证实

retain [rɪ'teɪn] *v.* 保持；雇；记住

detain [dɪ'teɪn] *v.* 拘留；留住；耽搁

obtain [əb'teɪn] *v.* 获得；流行

Britain ['brɪtɪn] *n.* 英国；不列颠

captain ['kæptɪn] *n.* 首领；船长；上尉；海军上校

单词串联

That **captain** from **Britain obtained** lots of treasure but soon he was **detained** by the police. 那位来自英国的船长得到了许多财宝，但不久就被警方拘留了。

Those **stained** towels **retained** the same. 那些带有污迹的毛巾保持原状。

take

take [teɪk] ***v.*** 拿，取；带去；使达到；偷走；夺取；买下；订阅；吃，喝，服（药）

-take 结构：

stake [steɪk] *n.* 桩，棍子；赌注；火刑；奖金 *v.* 下赌注

uptake ['ʌpteɪk] *n.* 摄取；领会；举起

partake [pɑː'teɪk] *v.* 吃，喝；参与；带有某种性质

overtake [ˌəʊvə'teɪk] *v.* 赶上；压倒；突然来袭

The **stakes** you **take overtake** your rivals. 你带的赌注超过了你的对手。

There was a high **uptake** of a free training and I **partook** in it, too. 我也参加了一个有很多人参加的免费培训。

-tal

-tal 结构:

fatal ['feɪtl] *adj.* 致命的；重大的；毁灭性的

total ['təʊtl] *adj.* 全部的；完全的 *v.* 总数达 *n.* 总数，合计

petal ['petl] *n.* 花瓣

vital ['vaɪtl] *adj.* 至关重要的；生死攸关的；有活力的

metal ['metl] *n.* 金属；合金

mental ['mentl] *adj.* 精神的；脑力的；疯的

brutal ['bruːtl] *adj.* 残忍的；野蛮的

capital ['kæpɪtl] *n.* 首都；资金；大写字母 *adj.* 首都的；重要的；大写的

mortal ['mɔːtl] *adj.* 凡人的；致死的；终有一死的 *n.* 凡人，普通人

immortal [ɪ'mɔːtl] *adj.* 不朽的；神仙的；长生的

It's **vital** to have the **total capital**. 拥有总资本至关重要。

Those **fatal petals** are made of **metal**. 那些致命的花瓣是由金属制成的。

Every **mortal**, including the one who is **brutal** or has **mental** disease, is not **immortal**. 每个凡人，包括残忍的人和患有精神疾病的人，都终有一死。

-tant

-tant 结构:

hesitant ['hezɪtənt] *adj.* 迟疑的；踌躇的；犹豫不定的

militant ['mɪlɪtənt] *adj.* 好战的

reluctant [rɪ'lʌktənt] *adj.* 不情愿的；勉强的；顽抗的

important [ɪm'pɔːtnt] *adj.* 重要的，重大的；有地位的；有权力的

consultant [kən'sʌltənt] *n.* 顾问；会诊医生；咨询者

He is **hesitant** to seek for help from the **important consultant**. 他犹豫着要向这位重要顾问寻求帮助。

She is **reluctant** to partake in the **militant** club. 她不愿意参加这个好战的俱乐部。

-tard-

tard- 结构：

tardy ['tɑːdɪ] *adj.* 缓慢的，迟缓的；迟到的；拖沓的

-tard 结构：

retard ['rɪtɑːd] *v.* 延迟；阻止；妨碍；使减速 *n.* 笨蛋

bastard ['bɑːstəd] *n.* 私生子；卑鄙小人，讨厌鬼

mustard ['mʌstəd] *n.* 芥末；芥菜；深黄色；芥末色

单词串联

No one can stop the **tardy bastard** from eating **mustard**. 没有人能阻止那个迟缓的讨厌鬼吃芥末。

-tary

-tary 结构：

voluntary ['vɒləntrɪ] *adj.* 自愿的；志愿的；自发的

secretary ['sekrətrɪ] *n.* 秘书；书记；部长；大臣

monetary ['mʌnɪtrɪ] *adj.* 货币的；财政的；金钱的

momentary ['məʊməntrɪ] *adj.* 瞬间的；短暂的；随时会发生的

单词串联

The boss's **secretary** is not a **voluntary** worker. 老板的秘书不是义工。

Our **monetary** difficulty is only **momentary**. 我们的财政困难只是暂时的。

-tation

-tation 结构：

station ['steɪʃn] *n.* 车站；驻地；地位；身份

invitation [ˌɪnvɪ'teɪʃn] *n.* 邀请；引诱；请帖；邀请函

reputation [ˌrepju'teɪʃn] *n.* 名声，名誉；声望

expectation [ˌekspek'teɪʃn] *n.* 期待；预期

presentation [ˌprezn'teɪʃn] *n.* 展示；描述，陈述；介绍

单词串联

Will you attend the dictation race at the train **station**? And here is the **invitation**. 你会参加火车站的听写比赛吗？这是邀请函。

Her **presentation** shows that your **reputation** is out of our **expectation**. 她的演讲表明，您的声誉出乎我们的意料。

teen

teen [ti:n] *n.* 青少年（等于 **teenager**）

-teen 结构：

thirteen [ˌθɜːˈtiːn] *num.* 十三
fourteen [ˌfɔːˈtiːn] *num.* 十四
fifteen [ˌfɪfˈtiːn] *num.* 十五
sixteen [ˌsɪksˈtiːn] *num.* 十六
seventeen [ˌsevnˈtiːn] *num.* 十七
eighteen [ˌeɪˈtiːn] *num.* 十八
nineteen [ˌnaɪnˈtiːn] *num.* 十九

Every **teen** can count from **thirteen** to **nineteen**. 每个青少年都可以从十三数到十九。

tele

tele [ˈtelɪ] *n.* 电视（= television）

tele- 结构：

telegram [ˈtelɪɡræm] *n.* 电报 *v.* 用电报发送；发电报
television [ˈtelɪvɪʒn] *n.* 电视，电视机；电视业

My mom **telegrams** me that our **television** is not working. 我妈妈给我电报说我们的电视坏了。

-tem

-tem 结构：

item [ˈaɪtəm] *n.* 条款，项目；一则；一件商品（或物品）
stem [stem] *n.* 干；茎
system [ˈsɪstəm] *n.* 制度，体制；系统

These **items** in the contract are made according to the company's **system**. 合同中的这些条款是按照公司的制度制定的。

ten

ten [ten] *num.* 十个，十

tent [tent] *n.* 帐篷；住处；帷幕

tense [tens] *adj.* 紧张的；拉紧的 *v.* 拉紧，（使）变得紧张

tension ['tenʃn] *n.* 张力，拉力；紧张，不安 *v.* 使紧张；使拉紧

tennis ['tenɪs] *n.* 网球（运动）

单词串联

This company owns the ownership of the **patent** of this kind of **tent**. 这家公司拥有这种帐篷的专利。

My muscles become **tense** after playing table **tennis** for **ten** minutes. 打十分钟乒乓球后，我的肌肉变得很紧张。

often ['ɒfn] *adv.* 常常，时常；往往

shorten ['ʃɔːtn] *v.* 缩短；减少；变短

hearten ['hɑːtn] *v.* 激励；鼓励；（使）振作

sweeten ['swiːtn] *v.* 减轻；（使）变甜；（使）悦耳

patent ['peɪt(ə)nt] *n.* 专利权 / 证 / 品 *adj.* 专利的

单词串联

He **often heartens** his sister to **sweeten** her stress. 他经常鼓励他的妹妹以减轻她的压力。

tend

tend [tend] *v.* 往往会；趋向，倾向；照料，照顾

tendency ['tendənsɪ] *n.* 倾向，趋势；癖好；癖好

attend [ə'tend] *v.* 出席；上（大学等）；照料；招待；陪伴

attention [ə'tenʃn] *n.* 注意力；关心；立正！（口令）

intend [ɪn'tend] *v.* 打算；想要；意指

intention [ɪn'tenʃn] *n.* 意图；目的；意向

单词串联

I **tend** to pay **attention** to his **intention**. 我倾向于关注他的意图。

She **intends** to **attend** her mother in hospital. 她打算去医院照顾她的母亲。

term

term [tɜːm] *n.* 术语；学期；期限；条款 *v.* 把……称作

term- 结构：

terminal ['tɜːmɪnl] *n.* 航空站；终点站；线接头 *adj.* 晚期的；无可挽回的；末端的

-term 结构：

midterm [ˌmɪd'tɜːm] *n.* 中期；期中考试 *adj.* 中期的；学期中间的

单词串联

During this **term**, we will have a **midterm** test and a **terminal** test. 这个学期，我们将进行一次期中考试和一次期末考试。

-ternal

-ternal 结构：

eternal [ɪ'tɜːnl] *adj.* 永恒的；不朽的

internal [ɪn'tɜːnl] *adj.* 内部的；体内的 *n.* 内脏；内部特征

external [ɪk'stɜːnl] *adj.* 外部的；表面的 *n.* 外部；外观；外面

paternal [pə'tɜːnl] *adj.* 父亲的；得自父亲的；父系遗传的

maternal [mə'tɜːnl] *adj.* 母亲的；母性的；母系的

fraternal [frə'tɜːnl] *adj.* 兄弟般的；友好的

单词串联

The **internal** decoration is grand, but the **external** looks shabby. 内部装修隆重，但外观显得破旧。

There were **fraternal** clubs in both **maternal** society and **paternal** society. 母性社会和父系社会都有兄弟会。

-tical

-tical 结构：

critical ['krɪtɪkl] *adj.* 批评的；危险的；决定性的；评论的

practical ['præktɪkl] *adj.* 实际的；实用性的；事实上的

identical [aɪ'dentɪkl] *adj.* 同一的；完全相同的

单词串联

At that **critical** moment, the **practical** method you came up with was **identical** to his. 那个关键时刻，你想出的实用方法和他的一样。

219

-timate

-timate 结构：

intimate ['ɪntɪmət] *adj.* 亲密的；私人的；精通的 *n.* 知己 *v.* 暗示；通知

ultimate ['ʌltɪmət] *adj.* 最终/极限/根本的 *n.* 终极；根本；基本原则

estimate ['estɪmət] *v./n.* 估计，估量；判断，评价

> **单词串联**
>
> Try to **estimate** the **ultimate** cause that made you become alienated from your once **intimate** friend. 试着估计一下使你与曾经亲密的朋友疏远的最终原因。

title

title ['taɪtl] *n.* 冠军；标题；头衔；权利

-title 结构：

entitle [ɪn'taɪtl] *v.* 给（某人）权利（或资格）；给……题名

subtitle ['sʌbtaɪtl] *n.* 副标题；说明或对白的字幕

> **单词串联**
>
> Your new **title** will **entitle** you to read the **subtitles** in a movie. 你的新头衔将赋予你阅读电影中字幕的权利。

-titude

-titude 结构：

altitude ['æltɪtjuːd] *n.* 高地；顶垂线；（等级和地位等的）高级；海拔

attitude ['ætɪtjuːd] *n.* 态度；看法；意见；姿势

aptitude ['æptɪtjuːd] *n.* 天资；自然倾向；适宜

certitude ['sɜːtɪtjuːd] *n.* 确信；确实

gratitude ['grætɪtjuːd] *n.* 感谢（的心情）；感激

> **单词串联**
>
> What's your **attitude** towards one's **aptitude**? 你对人的天赋有什么看法？
> With **certitude**, she expressed her **gratitude**. 她诚心表示感谢。

-tive

-tive 结构：

native ['neɪtɪv] *adj.* 本国的；土著的；天然的；天赋的 *n.* 本地人；土产

alternative [ɔːl'tɜːnətɪv] *adj.* 供选择的；*n.* 二中择一；供替代的选择

tentative ['tentətɪv] *adj.* 试验性的，暂定的；踌躇的

representative [ˌreprɪ'zentətɪv] *adj.* 有代表性的 *n.* 代表；典型

Seeking help from the **native** is an **alternative**. 向当地人寻求帮助也是一种选择。

The **representative** says that the conclusion is not final, but only **tentative**. 该代表说，这一结论不是最终的，只是暂时性的。

-tle

-tle 结构：

turtle ['tɜ:tl] *n.* 龟，甲鱼；海龟

subtle ['sʌtl] *adj.* 微妙的；精细的

beetle ['bi:tl] *n.* 甲虫

cattle ['kætl] *n.* 牛；牲畜（骂人的话）；家畜

battle ['bætl] *n.* 战役；斗争 *v.* 与……作战

little ['lɪtl] *adj.* 小的；很少的；短暂的 *adv.* 完全不 *n.* 少许

The discrimination between a **turtle** and a **beetle** is not **subtle**. 海龟和甲虫之间的区别很明显。

A herd of **little cattle** are having a **battle**. 一群小牛正在打架。

tom

tom [tɒm] *n.* 雄性动物

tom- 结构：

tomb [tu:m] *n.* 坟墓；死亡

tomato [tə'mɑ:təʊ] *n.* 番茄，西红柿

Why do you grow **tomatoes** around the **tomb**? 你为什么在坟墓周围种西红柿?

-tom 结构：

bottom ['bɒtəm] *n.* 底部；末端

custom ['kʌstəm] *n.* 习惯，惯例；风俗；经常光顾

accustom [ə'kʌstəm] *v.* 使习惯于，使适应

People in the **bottom** are **accustomed** to this **custom**. 底层人民习惯了这种习俗。

top

top [tɒp] *n.* 顶端；最高级别；尽头；上衣 *adj.* 最高/佳/重要的；居首位的

top- 结构：

topic ['tɒpɪk] *n.* 主题（= theme）；题目；一般规则；总论

-top 结构：

stop [stɒp] *v.* 停止；堵塞；断绝 *n.* 停止；车站

The **topic** today is not to **stop** before you get to the **top**. 今天的话题是不要在登顶前停下来。

tor

tor [tɔ:(r)] *n.* 石山

tor- 结构：

torn [tɔ:n] *v.* 撕开；撕掉；扯破；击破；裂开；拉伤（tear 的过去分词）

torture ['tɔ:tʃə(r)] *n./v.* 折磨；拷问；歪曲

tortoise ['tɔ:təs] *n.* 乌龟

tornado [tɔ:'neɪdəʊ] *n.* 龙卷风；旋风；暴风；大雷雨

torment ['tɔ:ment] *n.* 痛苦；折磨 *v.* 折磨，使痛苦

单词串联

The **tornado** had **torn** down the **tortoise's** house, which was such a **torment** for it. 龙卷风摧毁了乌龟的房子，这对它来说很痛苦。

-tor 结构：

motor ['məʊtə(r)] *n.* 发动机，马达；汽车；引擎

factor ['fæktə(r)] *n.* 因素；要素

suitor ['sju:tə(r)] *n.* 求婚者；请愿者

editor ['edɪtə(r)] *n.* 编者，编辑；社论撰写人；剪辑师

traitor ['treɪtə(r)] *n.* 叛徒；卖国贼；背信弃义的人

单词串联

The **factor** for the **editor** to be a **traitor** was that someone stole his **motor**. 这名编辑成为叛徒的原因是有人偷了他的汽车。

-tory

-tory 结构：

story ['stɔ:rɪ] *n.* 故事；小说；描述；新闻报道；情节；假话

history ['hɪstrɪ] *n.* 历史，历史学；历史记录；来历

dormitory ['dɔ:mətrɪ] *n.* 宿舍，学生宿舍

单词串联

In the **dormitory**, a boy is telling **stories** in **history**. 宿舍里，一个男孩正在讲历史故事。

track

track [træk] *n.* 轨道；足迹；小道

-track 结构：

sidetrack ['saɪdtræk] *v.* 使转变话题；使转移目标

backtrack ['bæktræk] *v.* 回溯；由原路返回；放弃

soundtrack ['saʊndtræk] *n.* 声带；声道；声迹；电影配音

单词串联

We have to **backtrack** and go along the **track**. 我们必须原路返回，沿着那条小道走。

Don't let them **sidetrack** you from what you intended to do. 不要让他们把你的注意力从你要做的事情上分散开。
The song will be a perfect choice for the **soundtrack** of the movie. 这首歌作为电影配乐再好不过了。

tract

tract [trækt] *n.* 束；大片土地，地带；小册子

tract- 结构：

tractor ['træktə(r)] *n.* 拖拉机；牵引机

-tract 结构：

attract [ə'trækt] *v.* 吸引；引起

retract [rɪ'trækt] *v.* 缩回；缩进；取消

distract [dɪ'strækt] *v.* 转移；分心

abstract ['æbstrækt] *adj.* 抽象（派）的 *v./n.* 摘要；提取

subtract [səb'trækt] *v.* 减去；扣掉

contract ['kɒntrækt] *n.* 合同，契约 *v.* 收缩；感染；订约

单词串联

The new **tractor attracted** a lot of people. 这辆新拖拉机吸引了很多人。

This **abstract** painting **distracted** me from the **contract**. 这幅抽象画分散了我对合同的注意力。

tray

tray [treɪ] *n.* 托盘

-tray 结构：

stray [streɪ] *v.* 迷路，走失，偏离；逃离 *adj.* 走失的；无主的；零星的；孤立的

betray [bɪ'treɪ] *v.* 背叛；泄露

单词串联

A **stray** man with a **tray betrayed** us. 一个带着托盘的流浪汉背叛了我们。

tri-

tri- 结构：

trip [trɪp] *n.* （尤指短程往返的）旅行；（赛跑等）赛程

trick [trɪk] *n.* 诡计；恶作剧；窍门；花招；骗局；欺诈 *v.* 欺骗；哄骗

triangle ['traɪæŋgl] *n.* 三角（形）；三角关系

> **单词串联**
>
> During the **trip**, he **tricked** us with a **triangle**. 旅行中，他用一个三角形欺骗了我们。

tribute

tribute ['trɪbjuːt] *n.* （尤指对死者的）致敬，悼念，吊唁礼物

-tribute 结构：

attribute [ə'trɪbjuːt] *n.* 属性；特质 *v.* 归属；把……归于

contribute [kən'trɪbjuːt] *v.* 贡献；投稿 *v.* 有助于，是……的原因之一

> **单词串联**
>
> This poem is a **tribute** to my deceased friend. 这首诗献给我逝去的朋友。
> The coach **attributes** the team's failure to his instruction. 教练把球队的失败归咎于他的指导。

Each of us can **contribute** to the future of the world. 我们每个人都能为世界的未来做出贡献。

trust

trust [trʌst] *n./v.* 信任，信赖

-trust 结构：

entrust [ɪn'trʌst] *v.* 委托

distrust [dɪs'trʌst] *n./v.* 不信任，怀疑

mistrust [ˌmɪs'trʌst] *v./n.* 不信任，怀疑

> **单词串联**
>
> He should not **entrust** the money to his friend because I **mistrust** him. 他不应该把钱托付给他的朋友，因为我不信任他。
> I **trust** you, but I **distrust** him. 我相信你，但我不信任他。

try

try [traɪ] *v.* 试图，努力；试验；审判

-try 结构：

entry ['entrɪ] *n.* 进入；入口

poetry ['pəʊətrɪ] *n.* 诗；诗意

carpentry ['kɑːpəntrɪ] *n.* 木器；木工手艺；木工技艺

-tten

-tten 结构：

kitten ['kɪtn] *n.* 小猫

rotten ['rɒtn] *adj.* 腐烂的；堕落的；恶臭的

mitten ['mɪtn] *n.* 连指手套

-tton

-tton 结构：

cotton ['kɒtn] *n.* 棉花；棉布

button ['bʌtn] *n.* 按钮；纽扣

mutton ['mʌtn] *n.* 羊肉

-tty

-tty 结构：

kitty ['kɪtɪ] *n.* 小猫，猫咪

witty ['wɪtɪ] *adj.* 诙谐的；富于机智的

petty ['petɪ] *adj.* 琐碎的；小气的

chatty ['tʃætɪ] *adj.* 饶舌的；爱讲闲话的

knotty ['nɒtɪ] *adj.* 棘手的，难解决的

-tual

-tual 结构：

actual ['æktʃuəl] *adj.* 真实的；实际的

punctual ['pʌŋktʃuəl] *adj.* 准时的；精确的

mutual [mjuː.tʃuəl] *adj.* 共同的；相互的

perpetual [pə'petʃuəl] *adj.* 永久的；不断的

-ture

-ture 结构：

future ['fjuːtʃə(r)] *n.* 未来；前途

gesture ['dʒestʃə(r)] *n.* 姿态；手势

mixture ['mɪkstʃə(r)] *n.* 混合；混合物；混合剂

furniture ['fɜːnɪtʃə(r)] *n.* 家具

sculpture ['skʌlptʃə(r)] *n./v.* 雕塑；雕刻；刻蚀

adventure [əd'ventʃə(r)] *n.* 冒险；冒险精神

departure [dɪ'pɑːtʃə(r)] *n.* 离开；出发；违背

单词串联

She said via **gesture** language, in the **future**, she would buy some **furniture**. 她通过手语说，将来她会买很多家具。

I delayed my **departure** because I wanted an **adventure** here among these **sculptures**. 我推迟我的离开，因为我想在这些雕塑中冒险。

turn

turn [tɜːn] *v./n.* 转动,(使)旋转; 转弯; 翻过来

turn- 结构：

turnover ['tɜːnəʊvə(r)] *n.* 翻覆；营业额

turnaround ['tɜːnəraʊnd] *n.* 转变；转向；突然好转；回车道

单词串联

The **turnover** of last season was such a **turnaround** for our department. 上一季的营业额对于我们部门来说是一个转机。

-turn 结构：

return [rɪ'tɜːn] *v.* 返回；恢复；把……退回；以……相报 *n.* 返回；归还

overturn [,əʊvə'tɜːn] *v.* 推翻；倾覆；翻掉

单词串联

The cat **overturned** the vase when I **returned** home. 我回家时，猫把花瓶打翻了。

U

-ual

-ual 结构：

manual [ˈmænjuəl] *adj.* 体力的；手控的 *n.* 说明书；小册子

gradual [ˈɡrædʒuəl] *adj.* 逐渐的；平缓的

individual [ˌɪndɪˈvɪdʒuəl] *adj.* 个人的；个别的；独特的 *n.* 个人，个体

单词串联

In this **manual**, it says that the change of an **individual** is **gradual**. 这本手册说一个人的变化是平缓进行的。

-uation

-uation 结构：

situation [ˌsɪtʃuˈeɪʃn] *n.* 情况；形势；处境；位置

graduation [ˌɡrædʒuˈeɪʃn] *n.* 毕业；毕业典礼；刻度，分度；分等级

punctuation [ˌpʌŋktʃuˈeɪʃn] *n.* 标点；标点符号

单词串联

After **graduation** she found herself in a helpless **situation** because she didn't know how to use **punctuations** correctly. 毕业后，她发现自己处于一种无助的境地，因为她不知道如何正确使用标点符号。

-uck

-uck 结构：

duck [dʌk] *n.* 鸭子；鸭肉

suck [sʌk] *v.* 吸吮；吸取

truck [trʌk] *n.* 卡车；交易；手推车

单词串联

I see a **duck** driving a **truck**. 我看见一只鸭子开着卡车。

-uel

-uel 结构:

fuel ['fju:əl] *n.* 燃料；刺激因素；食物 *v.* 给……提供燃料；煽动；推动

duel ['dju:əl] *n.* 决斗；斗争，抗争

cruel ['kru:əl] *adj.* 残忍的；让人受难的；无情的

gruel ['gru:əl] *n.* 稀粥，燕麦粥

refuel [ˌri:'fju:əl] *v.* 给（交通工具）补充燃料，加油

sequel ['si:kwəl] *n.* 续集；结局；继续；后果

单词串联

After **refuelling** the truck, he had some **gruel** and then went to watch the **cruel duel** between two men. 给卡车加油后，他吃了些粥，然后去看了一场两个男人之间的残酷决斗。

-uff

-uff 结构:

puff [pʌf] *v.* 喷出，张开；膨胀，使膨胀；抽（香烟、烟斗）

stuff [stʌf] *n.* 东西；材料；填充物 *v.* 填满；装满；塞满

cuff [kʌf] *n.* 袖口，裤子翻边；手铐

handcuff ['hændkʌf] *v.* 给……戴上手铐；限制

单词串联

The police **handcuffed** the man who was **puffing** at a cigar. 警察给那个抽雪茄的人戴上了手铐。

He folded up his **cuffs**, and then **stuffed** his hands in his pockets. 他卷起裤脚，然后把手塞进口袋里。

-uge

-uge 结构:

huge [hju:dʒ] *adj.* 巨大的；庞大的；无限的

rouge [ru:ʒ] *n.* 胭脂 *v.*（在……上）搽胭脂；弄红；变红

gouge [gaʊdʒ] *v.* 用半圆凿子挖；欺骗 *n.* 沟；圆凿

refuge ['refju:dʒ] *n.* 避难；避难所；庇护

单词串联

A woman with **rouged** cheeks **gouged** a **huge** hole in the walls of the **refuge**. 一个脸颊涂了胭脂的女人在避难所的墙上挖了个大洞。

-uit

-uit 结构：

quit [kwɪt] *v.* 离开；放弃；停止；使……解除；辞职

fruit [fruːt] *n.* 水果；产物

circuit ['sɜːkɪt] *n.* 电路，回路；巡回；一圈；环道

biscuit ['bɪskɪt] *n.* 小点心，饼干

> **单词串联**
>
> He **quitted** his job and is eating **fruits** and **biscuits** at home all day. 他辞掉了工作，整天在家吃水果和饼干。

-ulate

-ulate 结构：

regulate ['regjuleɪt] *v.* 调节；规定；控制；校准

circulate ['sɜːkjəleɪt] *v.* （使）循环；（使）流通；（使）传播

calculate ['kælkjuleɪt] *v.* 计算；以为；做打算；推测

accumulate [ə'kjuːmjəleɪt] *v.* 累积；积聚；积攒

manipulate [mə'nɪpjuleɪt] *v.* 操纵；操作；巧妙地处理；篡改

> **单词串联**
>
> This criminal group **accumulated** much money by **manipulating** people. 这个犯罪集团通过操纵群众积累了大量资金。
>
> The rumour being **circulated** is that he is a man who is good at **calculating**. 流传的谣言是，他是一个善于计算的人。

-ull

-ull 结构：

bull [bʊl] *n.* 公牛

dull [dʌl] *adj.* 钝的；迟钝的；无趣的

gull [gʌl] *n.* 海鸥

pull [pʊl] *v.* 拉；拔；拖

> **单词串联**
>
> The **dull bull** with a **gull** is **pulling** a bag. 一头沉闷的公牛和一只海鸥正在拉一个袋子。

-ult

-ult 结构：

cult [kʌlt] *n.* 偶像；关注 *adj.* 受特定群体欢迎的

adult ['ædʌlt] *n.* 成年人或动物 *adj.* 成年的；成熟的

assult [ə'sɔ:lt] *v./n.* 攻击；袭击

tumult ['tju:mʌlt] *n.* 骚动；骚乱；吵闹；激动；喧哗

There was a long-lasting **tumult** on streets when an **adult** was **assulted**. 当一个成年人受到袭击时，街上发生了一场持久的骚乱。

-umb

-umb 结构：

dumb [dʌm] *adj.* 哑的，无说话能力的；不说话的

numb [nʌm] *adj.* 麻木的，失去知觉的；（因震惊、害怕等）呆滞的

crumb [krʌm] *n.* 面包屑，碎屑；少许

thumb [θʌm] *n.* 拇指；（手套的）拇指部分

succumb [sə'kʌm] *v.* 屈服；屈从；被压垮

She became **dumb** because her **thumbs** were **numb**. 她变得不能说话，因为她的拇指麻木了。

The girl **succumbed** to her poverty and started to pick up **crumbs** on the ground. 女孩向贫困屈服了，开始捡食地上的面包屑。

umber

umber ['ʌmbə(r)] *n.* 棕土；焦茶色

-umber 结构：

slumber ['slʌmbə(r)] *n.* 睡眠；麻木状态 *v.* 睡眠

plumber ['plʌmə(r)] *n.* 水管工；堵漏人员

cucumber ['kju:kʌmbə(r)] *n.* 黄瓜；胡瓜；类似黄瓜的果实

emcumber [ɪn'kʌmbə(r)] *v.* 阻塞；妨害；拖累；堵塞

number ['nʌmbə(r)] *n.* 数；（杂志等的）期；号码；数字

outnumber [ˌaʊt'nʌmbə(r)] *v.* 数目超过；比……多

A **plumber** is working but his son keeps **encumbering** him. 一个水管工在工作，但他的儿子一直缠着他。

The **cucumbers** I bought **outnumbered** yours. 我买的黄瓜比你的多。

-ump

-ump 结构：

jump [dʒʌmp] *v.* 跳跃；跨越；快速移动 *n.* 跳跃；暴涨

lump [lʌmp] *n.* 块，块状；肿块；瘤

hump [hʌmp] *n.* 驼峰；驼背；圆形隆起物 *v.* 背负（重物）

pump [pʌmp] *n.* 泵；泵送 *v.* 抽吸；喷出；注入；射向目标；打气

单词串联

Even though he has a **lump** on his back, he can still **jump** high. 尽管他背上有一个肿块，他仍然可以跳得很高。

He **humped** the **pump** up the stairs to his room. 他把水泵从楼梯上背到他的房间。

under

under [ˈʌndə(r)] *prep.* 在……下面；在……表面下 *adv.* 在下面；在水下

under- 结构：

underline [ˌʌndəˈlaɪn] *v.* 强调；在……下面划线 *n.* 下划线

undertake [ˌʌndəˈteɪk] *v.* 承担，保证；从事

underwear [ˈʌndəweə(r)] *n.* 内衣物

underground [ˌʌndəˈɡraʊnd] *adv.* 在地下；秘密地 *adj.* 位于地下的；地下的 *n.* 地铁；秘密政治组织

understanding [ˌʌndəˈstændɪŋ] *n.* 谅解，理解；理解力 *adj.* 了解的；聪明的；有理解力的

单词串联

He showed great **understanding** to the **underground** work I **undertake**. 他对我从事地下工作表现出极大的理解。
Please **underline** the pictures of your **underwear**. 在你的内衣的照片下面划线。

-under 结构：

founder [ˈfaʊndə(r)] *n.* 创立者，创办者，创建者

thunder [ˈθʌndə(r)] *n.* 雷；轰隆声；恐吓 *v.* 打雷；怒喝

单词串联

The **founder** of the building heard a **thunder**. 大楼的建造者听到一声雷响。

-une

-une 结构：

June [dʒuːn] *n.* 六月

immune [ɪˈmjuːn] *adj.* 免疫的；免于……的

tune [tjuːn] *n.* 曲调；和谐；心情

misfortune [ˌmɪsˈfɔːtʃuːn] *n.* 不幸；灾祸，灾难

In **June**, I wrote a beautiful **tune**, but people didn't like it, which was such a **misfortune** for me. 六月，我写了一首优美的曲子，但人们并不喜欢它，这对我来说真不幸。

I hope all people are **immune** to COVID-19. 我希望所有人都对新冠病毒免疫。

uni-

uni- 结构：

unit ['juːnɪt] *n.* 单位，单元；装置

united [juˈnaɪtɪd] *adj.* 一致的，统一的；团结的

union ['juːnɪən] *n.* 联盟，协会；工会；联合

单词串联

In next **unit**, we will discuss the importance for the labour **union** to be **united**. 下个单元，我们将讨论工会团结的重要性。

univers-

univers- 结构：

universe ['juːnɪvɜːs] *n.* 宇宙；世界；领域

universal [ˌjuːnɪˈvɜːsl] *adj.* 普遍的；通用的；宇宙的

university [ˌjuːnɪˈvɜːsətɪ] *n.* 大学；综合性大学；大学校舍

单词串联

Travelling the **universe** is a **universal** dream for most students in **university**. 大多数大学生的梦想是环游宇宙。

-unt

-unt 结构：

aunt [ɑːnt] *n.* 阿姨；姑妈；伯母；舅妈

hunt [hʌnt] *v.* 打猎；搜索；追捕 *n.* 搜寻；打猎

blunt [blʌnt] *adj.* 钝的，不锋利的；生硬的；直率的

amount [əˈmaʊnt] *n.* 数量，数额；总数 *v.* 总计；等于

单词串联

My **aunt hunted** a big **amount** of hares with a **blunt** knife. 我姑姑用钝刀猎到了大量野兔。

-unter

-unter 结构：

saunter [ˈsɔːntə(r)] *n.* 漫步；闲逛 *v.* 闲逛；漫步

hunter [ˈhʌntə(r)] *n.* 猎人；猎犬；搜寻者；狩猎用马

headhunter [ˈhedhʌntə(r)] *n.* 猎头者；物色人才的人

单词串联

A **headhunter** is **sauntering** in the streets to seek for someone special. 一个猎头在街上闲逛去寻找一个特别的人。

-urb

-urb 结构：

curb [kɜːb] *n.* 抑制；路边 *v.* 控制；勒住；用路缘围住

suburb [ˈsʌbɜːb] *n.* 郊区；边缘

perturb [pəˈtɜːb] *v.* 扰乱；使……混乱；使……心绪不宁

单词串联

Please **curb** your desire of **perturbing** the people living in the **suburb**. 请克制住你想要打扰住在郊区的人们的欲望。

-ure

-ure 结构：

pure [pjʊə(r)] *adj.* 纯的；纯粹的；纯洁的；清白的

impure [ɪmˈpjʊə(r)] *adj.* 不纯的；肮脏的；道德败坏的

failure [ˈfeɪljə(r)] *n.* 失败；故障；失败者

allure [əˈlʊə(r)] *n.* 诱惑力；引诱力 *v.* 吸引；引诱

brochure [ˈbrəʊʃə(r)] *n.* 手册，小册子

单词串联

The **impure** wolf tried to **allure** a **pure** rabbit with a **brochure**, but it turned out to be a **failure**. 一匹道德败坏的狼试图用小册子来诱惑一只纯洁的兔子，但是失败了。

urn

urn [ɜːn] *n.* 瓮；缸；茶水壶；骨灰盒

-urn 结构：

burn [bɜːn] *v.* 燃烧；烧毁 *n.* 灼伤，烧伤；烙印

mourn [mɔːn] *v.* 哀悼；忧伤；服丧；为……感到痛心

sunburn [ˈsʌnbɜːn] *n.* 晒黑；晒斑 *v.* 晒伤；晒黑；晒红

单词串联

She looks at the **urn** and **mourns** her dead father. 她看着骨灰盒，哀悼她死去的父亲。

I got **sunburned** under the **buring** sun. 我在烈日下晒伤了。

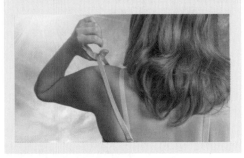

-urt

-urt 结构:

curt [kɜːt] *adj.* 简短而失礼的，唐突无礼的；简略的

hurt [hɜːt] *v.* （使）受伤；损害；（使）痛心 *n.* 痛苦；危害

blurt [blɜːt] *v.* 未加思索地冲口说出；突然说出；脱口而出

单词串联

What she **blurted** out with a **curt** voice at the court truly **hurt** me. 她在法庭上无礼地脱口而出的话真的伤害了我。

-ury

-ury 结构:

fury ['fjʊərɪ] *n.* 狂怒；暴怒；激怒者；性情暴烈的人

jury ['dʒʊərɪ] *n.* 陪审团；评判委员会

bury ['berɪ] *v.* 埋葬；隐藏

luxury ['lʌkʃərɪ] *n.* 奢侈，奢华；奢侈品；享受 *adj.* 奢侈的

单词串联

The **jury buried** all their **luxuries** with **fury**. 陪审团愤怒地埋葬了他们所有的奢侈品。

use

use [juːz] *v.* 使用，运用；利用；耗费；消耗；用掉；用完

use- 结构:

user ['juːzə(r)] *n.* 用户；使用者

used [juːst] *adj.* 习惯的；二手的，使用过的

useful ['juːsfl] *adj.* 有用的；有帮助的

单词串联

A **user used** this **useful used** book. 一位用户使用了这本有用的二手书。

-use 结构:

muse [mjuːz] *n./v.* 沉思；冥想

amuse [əˈmjuːz] v. 娱乐；消遣；使发笑；使愉快

accuse [əˈkjuːz] v. 控告，指控；谴责；归咎于

excuse [ɪkˈskjuːs] n. 借口；理由；假条 v. 原谅；为……申辩；

abuse [əˈbjuːs] n./v. 滥用；虐待；辱骂

refuse [rɪˈfjuːz] v. 拒绝，回绝；拒绝给，拒绝接受

disuse [dɪsˈjuːs] n. 不被使用 v. 停止使用

misuse [ˌmɪsˈjuːz] v. 误用，滥用；虐待

单词串联

He **mused** for a while and **refused** to **abuse** his position. 他沉思了一会儿后，决定拒绝滥用职权。

He was **accused** of making up fake **excuses** and **misusing** his power, which **amused** me a lot. 他被指控编造虚假的借口和滥用权力，这让我觉得很好笑。

-ush

-ush 结构：

bush [bʊʃ] n. 灌木；矮树丛

hush [hʌʃ] v. 安静；（使）安静，停止说话 int. 嘘；别作声

push [pʊʃ] v. 推动，增加；对……施加压力，逼迫

blush [blʌʃ] v. 脸红；感到惭愧 n. 脸红；红色；羞愧

单词串联

Hush! Someone is in the **bush**; let's **push** him out of it. 嘘！有人在灌木丛里；我们去把他推出来。

-ust

-ust 结构：

lust [lʌst] n. 性欲；强烈的欲望

rust [rʌst] n. 锈；生锈

dust [dʌst] n. 灰尘；尘埃；尘土

robust [rəʊˈbʌst] adj. 强健的；健康的

单词串联

Even though the **robust** machine is covered with **dust** and **rust**, my **lust** for it doesn't grow less. 尽管这台坚固的机器被灰尘和铁锈覆盖着，但我还是想要它。

-ute

mute [mjuːt] *adj.* 哑的；沉默的；无声的

route [ruːt] *n.* 路线，航线；道路，公路

brute [bruːt] *n.* 残酷的人，暴君 *adj.* 蛮干不动脑筋的；根本而令人不快的

minute ['mɪnɪt] *n.* 分钟；一会儿；会议记录

dispute [dɪ'spjuːt] *n./v.* 辩论；争吵

单词串联

A **brute** had a **dispute** about the **route** with a **mute** man for a few **minutes**. 一个野蛮人与一个沉默的人就路线选择发生了几分钟的争执。

utter

utter ['ʌtə(r)] *adj.* **完全的；彻底的** *v.* **说出；发出，表达**

utter- 结构：

utterly ['ʌtəlɪ] *adv.* 完全地；绝对地；全然地；彻底地

utterance ['ʌtərəns] *n.* 表达；说话；说话方式

单词串联

Your **utterance** is **utterly** curt. 你的说话方式很草率。

-utter 结构：

cutter ['kʌtə(r)] *n.* 刀具，切割机；切割者；裁剪者

butter ['bʌtə(r)] *n.* 黄油，奶油

stutter ['stʌtə(r)] *v.* 结结巴巴地说 *n.* 口吃，结巴

shutter ['ʃʌtə(r)] *n.* 快门；百叶窗；关闭物

单词串联

She **stutters**, "Can you close the **shutters** and pass me the **butter**?" 她结结巴巴地说道："你能关上百叶窗，然后把黄油递给我吗？"

V

-val

-val 结构：

oval ['əʊvl] *adj.* 椭圆的；卵形的 *n.* 椭圆形；卵形

interval ['ɪntəvl] *n.* 间隔；间距；幕间休息

removal [rɪ'muːvl] *n.* 免职；移动；排除

单词串联

I didn't give my approval for the **removal** of the **oval** stone. 我没有批准移动那个椭圆形石头。

van

van [væn] *n.* 先锋；厢式货车

van- 结构：

vanity ['vænətɪ] *n.* 虚荣心；空虚；浮华

vanilla [və'nɪlə] *n.* 香子兰，香草 *adj.* 香草味的

vantage ['vɑːntɪdʒ] *n.* 优势；有利情况；有利地位

-van- 结构：

advance [əd'væns] *n.* 发展；增长

单词串联

My **van** and canvas **vanished**. 我的货车和帆布消失了。

Be able to make **vanilla** ice creams is my **vantage** and also my **vanity**. 会制作香草冰淇淋是我的优势，也是我的虚荣心所在。

-vation

-vation 结构：

starvation [stɑː'veɪʃn] *n.* 饿死；挨饿

237

motivation [ˌməʊtɪˈveɪʃn] *n.* 动机；积极性；推动

reservation [ˌrezəˈveɪʃn] *n.* 预约，预订；保留

单词串联

I have my **reservation** about his **motivation**. 我对他的动机持保留态度。

Let's eat because I don't want to die of **starvation**. 我们吃饭吧，我不想饿死。

-vel-

vel- 结构：

velvet [ˈvelvɪt] *n.* 天鹅绒，丝绒

-vel 结构：

level [ˈlevl] *n.* 水平；标准；水平面 *adj.* 水平的；平坦的；同高的

travel [ˈtrævl] *v.* 长途旅行；经过 *n.* 旅行

gravel [ˈɡrævl] *n.* 碎石；砂砾

shovel [ˈʃʌvl] *n.* 铁铲；一铲的量；铲车 *v.* 铲除；用铲挖；把……胡乱塞入

marvel [ˈmɑːvl] *v.* 感到惊奇（或好奇）；大为赞叹 *n.* 令人惊异的人（或事）

单词串联

When **travelling**, I saw a man **shovel** many **gravels** into his mouth and I **marvelled**. 旅行时，我看见一个人把许多砾石铲进嘴里，这让我惊叹不已。

-ven

-ven 结构：

oven [ˈʌvn] *n.* 炉，灶；烤炉，烤箱

haven [ˈheɪvn] *n.* 保护区，避难所；港口

heaven [ˈhevn] *n.* 天堂；天空；极乐

单词串联

There is an **oven** in the **haven**. Do you have one in the **heaven**? 避难所里有一个烤箱。天堂里有吗？

-ver-

ver- 结构：

verb [vɜːb] *n.* 动词；动词词性

very [ˈverɪ] *adv.* 非常，很；完全 *adj.* 恰好的，正是的

verify [ˈverɪfaɪ] *v.* 核实；查证

versatile [ˈvɜːsətaɪl] *adj.* 多才多艺的；通用的，万能的

单词串联

A **very versatile** girl **verified** that her friend has betrayed her. 一个非常多才多艺的女孩证实她的朋友背叛了她。

-ver 结构：

silver [ˈsɪlvə(r)] *n.* 银；银器；银币；餐具 *adj.* 银的；含银的

slaver ['sleɪvə(r)] *n.* 口水；奴隶贩卖船；奴隶商人

shaver ['ʃeɪvə(r)] *n.* 理发师；电动剃刀

单词串联

The **slaver** used a **silver shaver** to shave. 奴隶贩子用银剃须刀刮胡子。

verse

verse [vɜːs] *n.* 诗，诗篇；韵文；诗节；歌曲段落

-verse 结构：

diverse [daɪˈvɜːs] *adj.* 不同的，相异的；多种多样的

adverse ['ædvɜːs] *adj.* 不利的；相反的；敌对的

reverse [rɪˈvɜːs] *v.* 颠倒；撤销；反转；交换 *adj.* 相反的；背面的；颠倒的

traverse ['trævɜːs] *v.* 横过；横越；穿过；横渡

单词串联

In order to get home, these elephants have **traversed diverse** areas. 为了回家，这些大象已经穿越了不同的地区。

My attorney says that no one can **reverse** the **adverse** condition. 我的律师说没有人能扭转这种不利状况。

vest

vest [vest] *n.* 背心；汗衫

vest- 结构：

vestige ['vestɪdʒ] *n.* 残留部分；遗迹；（通常用于否定句）丝毫，一点儿

-vest 结构：

harvest ['hɑːvɪst] *n.* 收获；产量；结果 *v.* 收割；得到

单词串联

A man in a **vest** says that there is not a **vestige** of the potato **harvest**. 一位穿背心的男子说土豆的收成一点也没有了。

vide

vide ['viːdeɪ] *v.* 参阅，请见

vide- 结构：

video ['vɪdɪəʊ] *n.* 视频；录像，录像机

-vide 结构：

divide [dɪˈvaɪd] *v.* （使）分开；分配；分隔；（道路）分叉；使产生分歧；除

provide [prəˈvaɪd] *v.* 提供；规定；准备

单词串联

Can you **divide** the teaching **videos provided** by the teacher into two categories? 你能否将教师提供的教学视频分为两类？

-vil-

vil- 结构：

vile [vaɪl] *adj.* 卑鄙的；邪恶的；低廉的；肮脏的

villa ['vɪlə] *n.* 别墅；郊区住宅

-vil 结构：

civil ['sɪvl] *adj.* 公民的；非宗教的；有礼貌的；民政的

devil ['devl] *n.* 魔鬼；撒旦；家伙；恶棍

单词串联

A **civil devil** used to live in a **vile villa**. 一个有礼貌的魔鬼曾经住在一个破败的别墅里。

vine

vine [vaɪn] *n.* 藤；葡萄树

vine- 结构：

vinegar ['vɪnɪɡə(r)] *n.* 醋

vineyard ['vɪnjəd] *n.* 葡萄园

单词串联

There're bottles of **vinegar** in the **vineyard**. 葡萄园里有很多瓶醋。

-vine 结构：

divine [dɪ'vaɪn] *adj.* 神的，天赐的；绝妙的卓越的

grapevine ['ɡreɪpvaɪn] *n.* 葡萄树；葡萄藤；小道消息；秘密情报网

单词串联

These **grapevines** are **divine** gifts. 这些葡萄藤是神赐的礼物。

vir-

vir- 结构：

virus ['vaɪrəs] *n.* 病毒；病毒性疾病；计算机病毒

virtue ['vɜːtʃuː] *n.* 美德；优点；贞操；功效；德行；善行

virtual ['vɜːtʃuəl] *adj.* 虚拟的；实质上的，事实上的

virtually ['vɜːtʃuəlɪ] *adv.* 事实上，几乎；实质上

单词串联

Virtually, not spreading **virus** on purpose is a **virtual virtue**. 实际上，不故意传播病毒是一种美德。

vis-

vis- 结构：

visa ['viːzə] *n.* 签证

visor ['vaɪzə(r)] *n.* 遮阳帽，遮阳板

vista ['vɪstə] *n.* 景色

visual ['vɪʒuəl] *adj.* 视觉的，视力的

> **单词串联**
>
> You need a **visor**, not a **visa**, to enjoy the **visual vista** in the countryside. 你需要一顶遮阳帽，而不是签证，用来享受乡村的视觉景观。

-vise

-vise 结构：

revise [rɪ'vaɪz] *v.* 修正；复习；校订；订正；修改

advise [əd'vaɪz] *v.* 建议；劝告，忠告；给……出主意

devise [dɪ'vaɪz] *v.* 设计；想出；发明；构思；策划

supervise ['suːpəvaɪz] *v.* 监督；管理；指导；主管；照看

> **单词串联**
>
> She **advised** that I should **devise** a device to **supervise** the workers. 她建议我设计一个设备来监督工人。

visi-

visi- 结构：

visit ['vɪzɪt] *v./n.* 访问，参观；浏览

visible ['vɪzəbl] *adj.* 明显的；看得见的；显然的；引人注目的

visitor ['vɪzɪtə(r)] *n.* 访问者，参观者；视察者

> **单词串联**
>
> The paintings are **visible** to the **visitors** that **visit** the palace. 参观宫殿的游客可以看到这些画。

vision

vision ['vɪʒn] *n.* 视力；美景；眼力；幻象；想象力

-vision 结构：

division [dɪ'vɪʒn] *n.* 除法；部门；分配；分割；分歧

revision [rɪ'vɪʒn] *n.* 修正；复习；修订本；修订版；校订版

> **单词串联**
>
> My **vision** of the editorial **division** is that it is responsible for the **revision** of books. 我对编辑部门的憧憬是，它负责书籍的修订。

-vity

-vity 结构：

levity ['levətɪ] *n.* 多变；轻浮；轻浮行为；轻率；不稳定

gravity ['grævətɪ] *n.* 重力，地心引力

brevity ['brevətɪ] *n.* 简洁，简短；简便；短暂，短促

activity [æk'tɪvətɪ] *n.* 活动；行动；活跃

单词串联

Perhaps we need some **levity** and fun **activities** because of the **brevity** and **gravity** of life. 也许由于生命的短暂和沉重，我们需要一些放松和有趣的活动。

viv-

viv- 结构：

vivo ['viːvəʊ] *adj.* （音乐）生动的；活泼的

vivid ['vɪvɪd] *adj.* 生动的；鲜明的；鲜艳的

vividly ['vɪvɪdlɪ] *adv.* 生动地；强烈地

单词串联

I **vividly** remember the **vivid** dream I had in which I played a piece of **vivo** music. 我清楚地记得我曾做过的一个生动的梦，在梦里我演奏了一首美妙的音乐。

volu-

volu- 结构：

volume ['vɒljuːm] *n.* 量；体积；卷；音量；大量；册

volunteer [ˌvɒlən'tɪə(r)] *n.* 志愿者；志愿兵

voluntarily ['vɒləntrəlɪ] *adv.* 自动地；以自由意志

单词串联

The **volunteers voluntarily** donated many **volumes** of books. 志愿者们自愿捐赠了许多卷书。

volution

volution [vəˈl(j)uːʃ(ə)n] *n.* 涡旋；螺旋

-volution 结构：

evolution [ˌiːvəˈluːʃn] *n.* 演变；进化论；进展

revolution [ˌrevəˈluːʃn] *n.* 革命；旋转；运行

单词串联

Human **evolution** is also a **revolution.** 人类的进化也是一场革命。

-vor

-vor 结构：

favor ['feɪvə(r)] *v.* 较喜欢；偏袒；有利于 *n.* 帮助；提拔；赞同（= favour）

flavor ['fleɪvə] *n.* 情味，风味；香料；滋味（= flavour）

survivor [sə'vaɪvə(r)] *n.* 幸存者；生还者

单词串联

The only **survivor favors** chocolate **flavored** ice creams. 唯一的幸存者喜欢巧克力口味的冰淇淋。

VOW

vow [vaʊ] *n.* 发誓；誓言；许愿 *v.* 发誓；郑重宣告

vow- 结构：

vowel ['vaʊəl] *n.* 元音

-vow 结构：

avow [ə'vaʊ] *v.* 承认；公开宣称；坦率承认

disavow [ˌdɪsə'vaʊ] *v.* 否认；抵赖；拒绝对……的责任

单词串联

I will not **disavow** the **vow** I **avowed** in front of everybody. 我不会否认我在大家面前发过的誓。

W

walk

walk [wɔːk] **v.** 走，步行；散步；走过；陪伴……走；遛

walk- 结构：

Walkman [ˈwɔːkmən] *n.* 随身听

-walk 结构：

sidewalk [ˈsaɪdwɔːk] *n.* 人行道

crosswalk [ˈkrɒswɔːk] *n.* 人行横道

单词串联

A man, listening to a **Walkman**, is **walking** his dog along the **sidewalk**. 一个听着随身听的男人，正沿着人行道遛狗。

ward

ward [wɔːd] *n.* 病房；保卫；监视；区

-ward 结构：

inward [ˈɪnwəd] *adj.* 向内的；内部的；精神的 *adv.* 向内；内心里

forward [ˈfɔːwəd] *adv.* 向前 *adj.* 向前的；前进的

upward [ˈʌpwəd] *adj.* 向上的；上升的 *adv.* 向上地；增涨地

onward [ˈɒnwəd] *adj.* 向前的；前进的

backward [ˈbækwəd] *adj.* 向后的；倒退的 *adv.* 向后地；往回地

downward [ˈdaʊnwəd] *adj.* 向下的，下降的 *adv.* 向下

单词串联

A man in the **ward** keeps murmuring: "**Onward**! Don't stop moving **forward**." 病房里的一个人不停地喃喃地说："继续！不要停止前进。"

Though **inward** she is shy, she never takes **backward** steps. 虽然她很害羞，但她从不退缩。

award [ə'wɔːd] *n.* 奖；（收入的）增加；（毕业证书等的）授予；奖学金

reward [rɪ'wɔːd] *n.* 报酬；报答；酬谢 *v.* 奖赏；奖励

coward ['kaʊəd] *n.* 懦夫，懦弱的人 *adj.* 胆小的，懦怯的

steward ['stjuːəd] *n.* 管家；乘务员；膳务员；工会管事

awkward ['ɔːkwəd] *adj.* 尴尬的；笨拙的；棘手的；不合适的

单词串联

That **steward** is a **coward** because he is **awkward** in asking for the **reward** he deserves. 那个管家是个懦夫，因为他在要求他应得的奖励方面很笨拙。

-wards

-wards 结构：

towards [tə'wɔːdz] *prep.* 朝；接近；将近（某一时间）；对于；向……致敬

forwards ['fɔːwədz] *adv.* 向前；今后

backwards ['bækwədz] *adv.* 倒；向后；逆；每况愈下地

westwards ['westwədz] *adv.* 向西

afterwards ['ɑːftəwədz] *adv.* 后来；然后

单词串联

Afterwards, she turned **westwards**, and went **forwards towards** the lighthouse. 之后，她向西转，向着灯塔走去。

ware

ware [weə(r)] *n.* 陶器，器皿；制品；器具；货物

-ware 结构：

aware [ə'weə(r)] *adj.* 意识到的；知道的

unaware [ˌʌnə'weə(r)] *adj.* 不知道的，无意的；未察觉到的

software ['sɒftweə(r)] *n.* 软件

hardware ['hɑːdweə(r)] *n.* 计算机硬件；五金器具

单词串联

I am **aware** of the usages of the **software**. 我知道这个软件的用法。
She is **unaware** of the position of the **hardware** store. 她不知道五金店在哪里。

wash

wash [wɒʃ] *v.* 洗涤；洗澡；耐洗；洗刷；冲走

-wash 结构：

whitewash [ˈwaɪtwɒʃ] *n.* 粉饰；白色涂料 *v.* 掩饰；把……刷白

mouthwash [ˈmaʊθwɒʃ] *n.* 嗽口水，洗口药

单词串联

I bought a bottle of **mouthwash** in a store, and the walls of which were just **whitewashed**. 我在一家墙壁刚刚粉刷过的商店买了一瓶漱口水。

wave

wave [weɪv] *v.* 挥手；挥手示意；挥舞 *n.* 海浪；心潮

-wave 结构：

heatwave [ˈhiːtweɪv] *n.* 热浪

shortwave [ˈʃɔːtweɪv] *n.* 短波

单词串联

During the **heatwave**, I use a **shortwave** radio to listen to the sound of **waves**. 天气特别热的那段时间，我用短波收音机听海浪声。

way

way [weɪ] *n.* 方法；道路；方向

-way 结构：

sway [sweɪ] *v.* 影响；摇摆；改变看法；犹豫不决

byway [ˈbaɪweɪ] *n.* 偏僻小路；旁道；次要的领域

anyway [ˈeniweɪ] *adv.* 无论如何，不管怎样总之

airway [ˈeəweɪ] *n.* 导气管；空中航线；通风孔

halfway [ˌhɑːfˈweɪ] *adv.* 到一半；在中途 *adj.* 中途的；不彻底的

freeway [ˈfriːweɪ] *n.* 高速公路

doorway [ˈdɔːweɪ] *n.* 门口；途径；门道；（进入或逃离的）门路

stairway [ˈsteəweɪ] *n.* 阶梯，楼梯

highway [ˈhaɪweɪ] *n.* 公路，大路

noway [ˈnəʊˌweɪ] *adv.* 决不，一点也不；不行；绝无可能

railway [ˈreɪlweɪ] *n.* （英）铁路；轨道；铁道部门

runway [ˈrʌnweɪ] *n.* 跑道；河床；滑道；围场，饲养场

subway [ˈsʌbweɪ] *n.* 地铁；地道

midway [ˌmɪdˈweɪ] *n.* 中途 *adj.* 中途的

tramway [ˈtræmweɪ] *n.* 电车；电车轨道

roadway [ˈrəʊdweɪ] *n.* 道路；路面；车行道；车道

headway [ˈhedweɪ] *n.* 取得（缓慢的或艰难的）进展

speedway [ˈspiːdweɪ] *n.* 高速公路；（摩托车或汽车的）赛车跑道

Anyway, don't **sway** away from the **byway** or stop **halfway**. 无论如何，不要偏离小路或中途停止。

Noway can he ride his bike on the **freeway** or the **highway**. 他不可能在高速公路或大路上骑自行车。

After the **railway**, I took the **subway** but it stopped in the **midway**. 坐火车后，我坐地铁，但地铁中途停了下来。

A **tramway** can only run on the **roadway**, not on the **speedway** or the **stairway**. 有轨电车只能在公路上行驶，不能在高速公路上或楼梯上行驶。

-wel-

wel- 结构：

welcome ['welkəm] *v./n.* 欢迎，迎接；迎新；乐于接受

well [wel] *adv.* 很好地 *adj.* 良好的；健康的；适宜的 *n.* 井；源泉

well-being ['wel biːɪŋ] *n.* 幸福；康乐

We **welcome** the policy that will bring us **well-being** and welfare. 我们欢迎将给我们带来福祉和福利的政策。

-wel 结构：

jewel ['dʒuːəl] *n.* 宝石

towel ['taʊəl] *n.* 毛巾，手巾

bowel ['baʊəl] *n.* 肠；内部

Those **jewels** will be wrapped in **towels**. 那些珠宝会用毛巾包着。

wind

wind [wɪnd] *n.* 风

wind- 结构：

windy ['wɪndɪ] *adj.* 多风的，风大的

window ['wɪndəʊ] *n.* 窗口；窗户

windscreen ['wɪndskriːn] *n.* 挡风玻璃

windmill ['wɪndmɪl] *n.* 风车（磨坊）

-wind 结构：

unwind [ˌʌnˈwaɪnd] *v.* 放松；解开

> **单词串联**
>
> It was **windy** and the **wind** blew the **windows** wide open. 风很大，把窗户吹得大开。

Listening to music helps me **unwind**. 听音乐有助于我放松。

worth

worth [wɜːθ] *adj.* 值……的 *n.* 价值；财产

worth- 结构：

worthy [ˈwɜːðɪ] *adj.* 值得的；有价值的；配得上的；可尊敬的

worthwhile [ˌwɜːθˈwaɪl] *adj.* 重要的；令人愉快的；值得的；有价值的

> **单词串联**
>
> This book is **worth** reading. 这本书值得一读。

This is a **worthwhile** book. 这是一本有价值的书。

He is a **worthy** member of the basketball team. 他是篮球队中一个有价值的成员。

Y

yard

yard [jɑːd] *n.* 院子；码

-yard 结构：

farmyard [ˈfɑːmjɑːd] *n.* 农家庭院；农场；农家

courtyard [ˈkɔːtjɑːd] *n.* 庭院，院子

graveyard [ˈɡreɪvjɑːd] *n.* 墓地；（尤指）小墓地，教堂墓地；失意之地

churchyard [ˈtʃɜːtʃjɑːd] *n.* 境内；教堂院落；（通常作为墓地的）教堂庭院

单词串联

There is a garden in the **courtyard**, and many fruit trees in the **farmyard**. 院子里有一个花园，农场里有许多果树。
The **graveyard** is close to the **churchyard**. 这块墓地靠近教堂院落。

-yer

-yer 结构：

flyer [ˈflaɪə(r)] *n.* 飞行员

dryer [ˈdraɪə(r)] *n.* 烘干机

buyer [ˈbaɪə(r)] *n.* 买主；采购员

lawyer [ˈlɔɪə(r)] *n.* 律师；法学家

单词串联

The **dryer** the **buyer** bought was covered with a **layer** of dust. 顾客买的烘干机上覆盖着一层灰尘。

The **flyer** said **prayers** before flying. 飞行员在飞行前祈祷。

Z

-zer

blazer ['bleɪzə(r)] *n.* （带有学校、俱乐部等标记的）夹克；轻便短上衣

freezer ['friːzə(r)] *n.* 冰箱；冷冻库；制冷工

fertilizer ['fɜːtəlaɪzə(r)] *n.* 肥料；化肥；促进发展者

appetizer ['æpɪtaɪzə(r)] *n.* 开胃食品；前菜

> **单词串联**
>
> A boy in a **blazer** put the **fertilizer** and the **appetizer** into the **freezer**. 一个穿夹克的男孩把肥料和开胃菜放进了冰箱里。

-zzle

-zzle 结构：

dazzle ['dæzl] *v.* （强光等）使目眩；（美貌、技能等）使倾倒；使眼花缭乱

puzzle ['pʌzl] *v.* 迷惑，（使）困惑 *n.* 谜；拼版玩具

drizzle ['drɪzl] *v.* （毛毛雨似地）洒；（在食物上）浇（液态调料）；下毛毛雨

> **单词串联**
>
> The **dazzling** lights in the **drizzling** night **puzzled** me. 夜晚细雨中耀眼的灯光使我感到迷惑。

-zzy

-zzy 结构：

fuzzy ['fʌzɪ] *adj.* 模糊的；失真的；有绒毛的；卷曲的

dizzy ['dɪzɪ] *adj.* 晕眩的；使人头晕的；昏乱的

muzzy ['mʌzɪ] *adj.* 头脑混乱的，迷糊的

> **单词串联**
>
> She feels **dizzy** and **muzzy** after playing with the **fuzzy** bear. 和毛茸茸的熊玩耍后，她感到头晕目眩。